Barbara Sichtermann
Agatha Christie

Barbara Sichtermann

AGATHA CHRISTIE

Eine Biografie

Osburg Verlag

Zweite Auflage 2023
© Osburg Verlag Hamburg 2020
www.osburgverlag.de
Alle Rechte vorbehalten,
insbesondere das der Übersetzung, des öffentlichen Vortrags
sowie der Übertragung durch Rundfunk und Fernsehen,
auch einzelner Teile.
Kein Teil des Werkes darf in irgendeiner Form
(durch Fotografie, Mikrofilm oder andere Verfahren)
ohne schriftliche Genehmigung des Verlages reproduziert
oder unter Verwendung elektronischer Systeme
verarbeitet, vervielfältigt oder verbreitet werden.
Lektorat: Bernd Henninger, Heidelberg
Korrektorat: Mandy Kirchner, Weida
Umschlaggestaltung: Judith Hilgenstöhler, Hamburg
Satz: Hans-Jürgen Paasch, Oeste
Druck und Bindung: CPI books GmbH, Leck
Printed in Germany
ISBN 978-3-95510-215-9

Für Ingo, meinen ersten Leser

Inhalt

Prolog

Im Dezember des Jahres 1926 kannte die englische Boulevardpresse nur ein Thema: Die verschwundene Lady. Eine 36-jährige Dame ist von ihrem Haus in Sunningdale, südwestlich von London, mit dem Auto aufgebrochen und nicht zurückgekehrt. Die Familie gibt eine Vermisstenanzeige auf, die Polizei startet eine Suchaktion – vergebens. Man findet den Morris in einem Waldstück bei Guildford am Rande eines Steinbruchs, im Wagen eine Tasche und einen Ausweis, aber keine Spur der Fahrerin, nirgends. Die Zeitungen veröffentlichen Fotos, die *Daily News* setzt gar eine Belohnung für zielführende Hinweise aus, ohne Erfolg. Auch die Initiative der *Evening News*, die zu einer »großen Sonntagsjagd« bläst und die Anwohner nahe Guildford auffordert, Bluthunde mitzubringen, führt zu nichts. Die Lady blieb verschwunden. Elf Tage lang. Sie hieß *Agatha Christie*.

Liebhaber der Kriminalliteratur kannten ihren Namen, denn im selben Jahr war ein neues Buch von ihr erschienen, das Aufsehen erregt hatte, weil es eine ganz und gar ungewöhnliche Lösung bereithielt: *The Murder of Roger Ackroyd* – deutsch: *Alibi*. Und so war es nicht verwunderlich, dass sich ganz England für den Fall interessierte. Was war da los? Wo konnte Mrs Christie sich verborgen halten? Lebte sie noch? Wurde sie womöglich umgebracht? Wer hat sie zuletzt gesehen? Ein ganz eigener Agatha-Christie-Krimi schien sich da in der Wirklichkeit abzuspielen – mit der Autorin als Opfer.

Die Polizei verhörte die Familie. Es stellte sich heraus, dass der Ehemann Archie Christie vorwiegend in seinem Golfclub wohnte und nur selten heimkam. Eifrig mühte sich der smarte junge Banker, die Presse von Nachforschungen bei sich zu Hause abzuhalten, schon um seiner siebenjährigen Tochter Rosalind willen, die völlig durcheinander war und derzeit von der Sekretärin betreut wurde. Er gab ein paar gewundene Erklärungen ab, so etwa, dass sich seine Frau guter Gesundheit erfreue und er sich ihr Verschwinden nicht erklären könne. Aber in der Nachbarschaft wurde getuschelt. Man hatte davon gehört, dass eine andere Frau im Leben des Mr Christie aufgetaucht sei, seine Golfpartnerin, die sehr schön sein solle. Könnte am Ende der Ehemann schuldhaft verstrickt sein, etwa seine Gattin in den Selbstmord getrieben haben? Die Zeitungsleser stürzten sich allmorgendlich auf die Lektüre in der Hoffnung, Archie Christie sei des Mordes an seiner Frau überführt.

Was sich im Einzelnen ereignete, wird sich niemals klären lassen. Denn die Verschwundene ist die Einzige, die alles weiß. Sie ist zwar wieder aufgetaucht, hat aber ihr Lebtag über jene elf Tage geschwiegen. In ihrer Autobiografie vermerkt sie knapp: *Wenn man den Blick zurückwendet auf die lange Reise, die unser Leben ist, hat man das Recht, die Erinnerungen, die einem zuwider sind, zu ignorieren. Oder ist das feige?* Sie hat also gezweifelt, ob es richtig sei, nichts über jene elf Tage preiszugeben, hat sich aber dafür entschieden, das Stillschweigen zu bewahren. Es ist indes gar nicht schwer, sich auszumalen, was in ihr vorgegangen ist, wenn man weiß, in welcher Lebenskrise sie sich im Jahre 1926 befand. Die Einzelheiten sind nicht wichtig. Was wir mit Gewissheit sagen können, ist, dass die Schriftstellerin einen Schock erlitten und tatsächlich den Wunsch gehabt hatte, von der Erdoberfläche zu verschwinden.

Einige Monate zuvor hatte Agathas Ehemann ihr mitgeteilt, dass er sich scheiden lassen wolle, weil er eine andere zu heiraten beabsichtige, eine junge Dame mit Namen Nancy Neele. Die gehörte zum

Freundeskreis der Christies, Agatha kannte und mochte das Mädchen. Sie verstand auch, dass Archie sich verliebt hatte – aber seine Ehe deshalb aufzugeben, dass er dazu imstande sei, das erschien ihr undenkbar, abscheulich, gottlos. Sie konnte es nicht fassen und war nicht bereit, es hinzunehmen. Sie liebte ihren Mann, mit dem sie seit zwölf Jahren verheiratet war, aus tiefstem Herzen und sah ihre und der Tochter Zukunft durch eine Scheidung zerstört. Deshalb verweigerte sie die Auflösung ihrer Ehe, flüchtete sich in die Hoffnung, dass Archie es sich überlegen und zu ihr zurückkehren möge und war sich doch im Klaren, dass das nie passieren würde. Sie kannte ihren Mann und wusste, wie er aussah, wenn er fest entschlossen war. Sie hatte ihn verloren. Aber sie konnte und wollte das nicht wahrhaben. In dieser Situation tiefsten Kummers, flackernder Hoffnung und unerträglicher Herzenspein wünschte sie sich nichts so sehr, wie einfach weg zu sein. Nein, einfach würde es nicht sein, das wusste sie, aber sie wollte es versuchen. Und setzte sich ins Auto und fuhr los.

›Ich möchte, dass er mich suchen geht‹, so hat sie wohl zu sich gesprochen, ›und wenn er mich findet, wird er wissen, dass es ein Fehler war, mich aufzugeben. Er wird um mich fürchten, wird glauben, dass ich mich umgebracht habe und nur zu erleichtert sein, wenn er mich wieder in die Arme schließen kann. Mit der Erleichterung wird die Liebe in sein Herz zurückkehren und alles wird gut. Damit es so komme, muss ich ihm einen Hinweis liefern, den er sofort versteht. Aber ich muss einen Umweg wählen, ich kann es ihm nicht zu leicht machen. Wenn er mich zu schnell aufspürt, wird es womöglich nichts nützen. Die Angst um mich muss erst wachsen. Also werde ich einen Brief an seinen Bruder schicken, in dem ich mitteile, ich sei mit den Nerven am Ende und benötigte eine Auszeit. Und in dem ich die Gegend erwähne, in die ich mich zurückziehen werde. Campbell Christie wird seinen Bruder Archie umgehend informieren, man wird ein wenig herumsuchen und mich schließlich im schönsten und größten Resort in Harrogate auffinden. Ich habe ein Recht darauf, zu entfliehen. Er hat die Pflicht, mich zurückzuholen – in sein Herz.‹

Mit diesem vagen Plan im Kopf hat sich Agatha Christie an jenem 3. Dezember in ihren kleinen Wagen gesetzt und ist erst einmal zu jener Ortschaft gefahren, wo, wie sie wusste, Archie das Wochenende mit Freunden verbrachte – zu denen auch seine junge Golfpartnerin zählte. Sie fuhr auf das Haus zu, sah das Licht darin, fuhr weiter und in den Wald, hielt an, stieg aus und ließ den Wagen einen Hügel abwärts auf einen Steinbruch zurollen, bis er in einem Busch zum Stillstand kam. Sie kämpfte sich aus dem Wald heraus, erreichte die Landstraße und marschierte bis Chilworth, wo sie am Bahnhof auf den Zug nach London wartete. An der Station Waterloo warf sie den Brief an ihren Schwager Campbell ein. Danach setzte sie sich in aller Seelenruhe in den Zug und fuhr nordwärts in den Kurort Harrogate. Dort besorgte sie sich ein paar neue Kleider und mietete sich im Hydropathic Hotel ein unter dem Namen Mrs Teresa Neele aus Kapstadt.

Sie war vor sich selbst geflüchtet. Mrs Christie wollte sie für den Moment nicht mehr sein. Stattdessen hatte sie sich den Nachnamen ihrer Rivalin übergestreift – eine Tarnung und zugleich ein Appell: Archie, ich bin hier, und ich bin die Frau, die du liebst. Das Hotelpersonal war höflich, das Zimmermädchen freundlich, im Salon wurde des Abends soupiert und Karten gespielt, ein kleines Orchester machte Musik, und die Gäste tanzten. Die attraktive Mrs Neele wurde eingeladen, mitzutun, und sie zierte sich nicht, sondern sang sogar auf der Bühne. Derweil las sie in der Zeitung von der verschwundenen Agatha Christie und wunderte sich. Das hatte sie nicht vorausgesehen: dass man landesweit nach ihr suchen und die Presse den Fall derart aufbauschen würde. Der arme Archie! Er hasste alle Arten von Publicity und hatte wohl jetzt eine schwere Zeit. Warum auch erschien er nicht endlich in der Tür des Hydropathic Hotel?

Es war nicht so gekommen, wie Agatha es sich ausgemalt hatte. Schwager Campbell hatte den Brief achselzuckend weggeworfen und nicht mit Archie telefoniert. Ihre Familie stand schreckliche Ängste aus, denn sie wussten ja alle, dass die Trennung bevorstand, und so fürchtete man, dass die verzweifelte Agatha den Freitod gewählt habe. Auch der Polizeikommissar rechnete nicht damit, Agatha lebend aufzufinden – wobei er sich insgeheim darauf freute, den arroganten Ehemann wegen Mordverdachts zu verhaften. Aber die große Publizität, die das Verschwinden der beliebten Schriftstellerin inzwischen erlangt hatte, sorgte dafür, dass immer mehr Engländer ihr Bild vor Augen hatten. Das Zimmermädchen schöpfte Verdacht und besprach sich mit der Rezeptionistin. Die wiederum vertraute sich dem Orchester an. Zwei Musiker waren es schließlich, die die Polizei verständigten. Der Kommissar rief Archie an, und der fuhr schnurstracks nach Harrogate. Am 13. Dezember stand er Agatha in der Lounge gegenüber. Er hatte sie gefunden. Aber hatte er zu ihr gefunden? Wie in Trance gab sie ihm ihre Hand. Und er bestätigte gegenüber der Polizei und der Presse: Ja, sie ist es, meine Frau. Um die Fotografen und Journalisten abzuschütteln, verließen die zwei das Hotel durch den Hintereingang und fuhren, um ihre Spur zu verwischen, erstmal nach Abney Hall nahe Manchester, wo Madge Watts lebte, Agathas Schwester.

Die Öffentlichkeit war empört. Was hatte man nicht alles in die Wege geleitet, um die Vermisste zu finden, und jetzt stellte sich heraus, dass sie eine Art Spiel gespielt und alle, ihren Mann, die Ermittler, die Medien, an der Nase herumgeführt hatte. Die Zeitungsschreiber beschimpften sie und unterstellten ihr, sie habe durch ihr Untertauchen bloß auf sich und ihre Bücher aufmerksam machen wollen, das Ganze sei ein PR-Gag gewesen. Ihr Mann gab eine offizielle Erklärung ab: Seine Frau habe kurzzeitig ihr Gedächtnis verloren und könne für ihr Tun nicht verantwortlich gemacht werden. Und Agatha selbst? Sie wusste nun, dass ihr Ehemann nicht zu ihr zurückkommen würde und willigte in die Scheidung ein. Sie vergaß nie die Schmerzen, die sie um Archies willen erleiden musste und erkannte an, dass sie, wenn sie auch ihr Gedächtnis nicht verloren, so doch sich in zwei Personen aufgespalten hatte: in Agatha Christie, die nicht mehr auf der Welt sein wollte und in Teresa Neele, die auf den Mann wartete, der sie liebte. Sie erkannte, dass die Menschen in sich widersprüchlich und nach außen hin mehrdeutig sind. Sie hatte ein neues Thema gefunden, das sie in ihren Büchern variieren wollte und das genauso bedeutsam für den Verlauf der Handlungen in ihren Krimis sein würde wie die Aufrechterhaltung der Spannung: Die menschliche Natur.

I
Ashfield

»Das ist ja eine wunderbare Nachricht«, sagte Clara Miller und schloss ihre Tochter fest in die Arme. »Ich wusste es. Du hast die Gabe. Agatha, du hast die Gabe. Und du darfst Mr Philpotts vertrauen. Wenn er sagt, dass du schreiben kannst, dann ist das so. Sein Urteil ist absolut vertrauenswürdig. Hast du den Brief dabei? Lies mir daraus vor!«

Agatha küsste ihre Mutter auf die Wange, löste sich aus der Umarmung und fiel in einen Gartenstuhl. Sie genoss eine rare Empfindung von Stolz und Anerkennung, die sie sogar in den Fingerspitzen wahrnahm. »Hier, Mama«, sagte sie und zog ein Blatt Papier aus der Rocktasche, »er schreibt, ich hätte Talent für den Dialog! Er übt auch Kritik, er hält nicht hinterm Berg. Warte –«, sie faltete den Brief auseinander, »hier steht: ›*Versuchen Sie, moralische Betrachtungen aus Ihren Romanen herauszuhalten. Sie haben viel zu viel dafür übrig, und nichts liest sich langweiliger.*‹«

»Na, da hat er recht.«

»Aber dann kommen wieder Worte wie ›ausgezeichnet‹. Und er meint, ich solle de Quinceys ›Bekenntnisse eines englischen Opiumessers‹ lesen, die Lektüre würde mein Vokabular vergrößern.«

Clara ging auf der Terrasse hin und her. Sie strahlte. »Ich werde zu ihm rübergehen und mich bei ihm bedanken, dass er ihn gelesen hat, deinen Roman, und dann auch noch so sorgfältig. Und dass er dir geschrieben hat. *Snow upon the Desert*. Wenigstens einen Leser außer mir hat dein Buch gefunden. Ein wahrer Freund, Mr Philpotts.«

Agatha lächelte. »Das ist er. Und weißt du was, Mama? Den Zuspruch konnte ich gebrauchen. Du … äh … kannst es dir ja denken … Ich bin noch nicht ganz darüber weg.«

»Soll ich dir ehrlich die Meinung sagen, *darling*?«

»Das tust du doch immer, Mama.«

»Wenn ich zu wählen hätte, für mich selbst oder für meine Tochter, zwischen der Begabung für den Gesang oder die Poesie, für die Opernbühne oder die Literatur, ich würde immer die Literatur wählen. Was bedeutet es denn für eine Frau, wenn sie zur Oper geht? Jede Menge Kraftakte, sage ich dir, mein Herz. Die Abende gehören dem Publikum, die Tage den Proben, und trotz all deiner Mühen ziehen die Kritiker vom Leder und treiben dich zur Verzweiflung. Die Theaterdirektoren wollen mit ihren Primadonnen Geld verdienen, sie kommen ständig mit neuen Extravorstellungen, und statt Urlaub zu machen, muss die Sängerin auf Tournee gehen. Wie soll sie all das mit einer Ehe und einer Familie vereinbaren? Das ist so gut wie unmöglich. Aber auf Heirat und Kinder zu verzichten – das ist erst recht unmöglich. Das wäre ein Opfer, wie es von keiner Frau in der ganzen Welt erwartet werden kann.«

Agatha stimmte zu. Sie dachte kurz an den Papa, an den liebevollen Bonvivant, als der er bei jedermann in Erinnerung war und an das sanfte Glück, das sie verspürt hatte, wenn sie als Kind, je eines ihrer Händchen in den Händen von Mutter und Vater, mit beiden spazieren ging. Mama hatte recht wie stets. Dennoch schmerzte die Erinnerung an das Vorsingen neulich und das Urteil der Lady von der Metropolitan Opera.

»Vielleicht«, seufzte sie, »ist es wirklich besser für mich, wenn ich keine Sopranistin werde. Aber ich möchte offen sein. Hätte ich mir nicht sagen lassen müssen, dass meine Stimme zu schwach sei für die Oper – ich hätte es versucht, Mama. Ich hätte die Ausbildung zu Ende gemacht. Obwohl ich nie, wirklich niemals, daran gedacht habe, wegen einer Bühnenlaufbahn ledig zu bleiben. Ich weiß, das ist nicht konsequent und vielleicht sogar verrückt, aber ich hatte mir eingebildet, ich könnte beides haben: abends die Tosca singen und morgens mein Kind wiegen.«

»Bis der Ehemann die Abende mit einer anderen verbringt! Ja, was soll er denn sonst tun, der arme Kerl? Ich bin sehr froh, dass du eine gute Beratung hattest, dass schon dein Lehrer in Paris nicht den Fehler beging, dich zu ermutigen, obwohl es dann ja doch nicht gereicht hätte mit der Stimme. Und noch froher bin ich, dass du jetzt eine Alternative hast – was deinen künstlerischen Ehrgeiz betrifft. Schreiben kannst du am Küchentisch und wenn die Kinder schlafen. Schreiben ist nichts, was dich um die Welt treibt, das geht zu Hause. Ja, dein Ehrgeiz, Agatha Miller. Der ist nun mal da, mit dem muss sich auch dein zukünftiger Ehemann abfinden.«

Der Ehemann. Lange war er für Agatha ein Phantom gewesen – unwirklich, aber immer freundlich, ja verheißungsvoll. Jetzt, kurz vor ihrem 20. Geburtstag, nahm er allmählich Gestalt an – er könnte z. B. Reggie heißen. Genauer: Reggie Lucy. Die Lucys waren eine befreundete Familie, ziemlich unkonventionelle, lebenslustige Leute, die Töchter Blanche und Muriel machten viel mit Agatha zusammen, und dann war da Sohn Reggie. Wenn Agatha bei den Lucys vorbeikam und mit Blanche oder Muriel im Garten saß und einen Wochenendausflug plante oder die Mädchen miteinander für eine Laientheateraufführung probten, kam er immer dazu. Er übte sich in Wortwitzen, die manchmal nicht zündeten, wofür er sich dann schämte. »Er ist sonst nie so komisch«, flüsterte Blanche Agatha zu, »er redet so, um dir zu imponieren.« Aber er, der Ehemann, könnte auch ganz anders heißen, etwa Bolton Fletcher. Sie hatte den Oberst auf einem Kostümball kennengelernt, wo sie als schöne Helena in weißer Tunika Eindruck machte und er in seiner Jagduniform auftrat – ein gut aussehender Mann Mitte dreißig. Er schrieb ihr Liebesbriefe und schickte Pralinen, Blumen und Bücher. Er war so stattlich und weitgereist. Und offenbar sehr von ihr angetan. Ferner war da Wilfred Pirie, der sie geduldig umwarb. Ihrer beider Mütter waren befreundet, und Wilfred, Oberleutnant zur See, lief mit seinem U-Boot häufig Torquay an – das schöne Torquay, Agathas Heimat, in der sie zu bleiben hoffte, ein Leben lang. Mit Wilfred an ihrer Seite? Als Mrs Pirie? Oder Mrs Fletcher? Oder gar Mrs Lucy? Dann würden die abenteuerlustigen Lucy-Mädchen ihre Schwägerinnen sein. Aber das war kein Grund, eine Ehe einzugehen. Agatha war ein bisschen enttäuscht von sich selber – dass da keine Leidenschaft in ihr wuchs, kein Sehnen, kein Verlangen. Reggie? War wirklich sehr nett, aber zu jung. Fletcher? *Ich bin von ihm restlos bezaubert*«, so beschrieb sie ihr Gefühl, »*und dennoch, wenn er fort ist und ich in seiner Abwesenheit an ihn denke, bedeutet er mir – nichts*.« Als der Oberst sie geradeheraus fragte, ob sie seine Frau werden wolle, gab sie ihm einen Korb. Also Wilfred. Für ihn sprach manches. War er doch tüchtig und zuverlässig und gewohnt, für eine Familie zu sorgen, denn sein Vater war lange schon tot. Während Agatha die Aussicht prüfte, als Mrs Pirie zu leben, entdeckte sie, dass es Lilian Pirie, die Mutter des Kandidaten und enge Freundin Claras war, auf deren Nähe sie sich gefreut hätte ... ›Ich empfinde also Wilfred als Bruder‹, dachte sie, ›das ist keine Basis für eine Ehe‹. Also blieb ihr nichts übrig, als erst einmal ihren Platz im alten Schulzimmer wieder einzunehmen, wo sie Klavier spielte oder am Pult saß und Geschichten schrieb. Einige hatte sie an Zeitschriften mit der Bitte um Veröffentlichung gesandt – sie waren alle zurückgekommen. Jetzt aber, nach der Ermutigung durch Eden Philpotts, der nicht nur ein netter Nachbar der Millers war, sondern auch ein angesehener und erfolgreicher Schriftsteller, hatte Agatha neue Zuversicht gefasst. *Snow upon the Desert*, der Roman, den sie Mr Philpotts hatte zukommen lassen, spielte in Kairo, wo sie selbst eine ganze Saison lang gelebt hatte und sich auskannte. Es war eine Dreiecksgeschichte mit überraschenden Wendungen und einer gehörlosen Heldin. Jetzt wollte sie etwas weniger Ausgefallenes, etwas Schlichteres versuchen, und der Schauplatz sollte England sein, vielleicht London oder die Gegend um Torquay. Sie spitzte ihren Bleistift und notierte sich Namen für die Hauptpersonen. Bis der Gedanke an Mr X, den ebenso willkommenen wie einstweilen noch unbekannten Ehemann, sie wieder ablenkte. Sie schaute aus dem Fenster über den Garten und auf die Terrasse mit den Korbstühlen, sie legte eine Hand auf das Fensterbrett vor ihr. ›Vielleicht‹, dachte sie, ›verliebe ich mich deshalb nicht, weil mein Herz schon vergeben ist. An Ashfield. Ich könnte doch niemals von hier fortgehen. *Wenn ich träume, dann immer von Ashfield, die Umgebung, in der mein Leben begann. Der ausgefranste rote Teppich, der die Küche vom Gang trennt, das kupferne Gitter mit den Sonnenblumen am Kamin in der Diele, der türkische Teppich auf der Treppe, das große schäbige Schulzimmer mit seiner reliefartigen blaugoldenen Tapete.* Etwas in mir sträubt sich gegen den Ehemann und das Eheleben, weil ich ja dann nicht mehr in Ashfield leben könnte.‹ Und sie murmelte einen Vers vor sich hin, von dem sie nicht mehr genau wusste, woher sie ihn hatte: »*Ô ma chère maison, mon nid, mon gîte, / Le passé t'habite* …«, und während sie leise so sprach, stieg es in ihr hoch, das Gefühl, das sie so sehr vermisste, wenn sie an Reggie oder Bolton oder Wilfred dachte. Das Gefühl der Zugehörigkeit, der Nähe, der Liebe. Es galt ihrem Haus.

Die prachtvolle viktorianische Villa mit Namen Ashfield, lag in Torquay, Grafschaft Devon, ein Städtchen, das im späten 19. Jahrhundert ein elegantes Seebad war. Vater Frederick Miller, der aus Amerika stammte, war sehr beeindruckt von der Schönheit des Ortes und der heiteren Gelassenheit seiner Menschen; Torquay half ihm dabei, ein Engländer zu werden. Eigentlich wollte er mit seiner jungen britischen Frau Clara in den Staaten leben, aber sie entschied sich für die englische Riviera, und da Frederick ein äußerst verträglicher Mitmensch und Ehemann war, stimmte er zu. Das Haus

Ashfield mit dem großen Garten hatte Clara ebenfalls ausgesucht, und sie richtete es voller Hingabe im großbürgerlichen Stil der Zeit, mit Samtportieren, schweren Büfetts und schimmernden Kristalllüstern ein. Alle ihre drei Kinder kamen hier zur Welt: die älteste Tochter Margaret, genannt Madge, Sohn Louis Montant, genannt Monty, und schließlich, am 15. September des Jahres 1890, das Nesthäkchen Agatha Mary Clarissa. Die Kleine wuchs auf, wie es damals üblich war in der englischen Gentry: Wenn sie Zeit mit den Eltern verbrachte, so erschien es allen als etwas Besonderes wie ein Sonntag. Den Alltag brachte sie mit Nursie zu, ihrer Kinderfrau, der sie rückhaltlos zugetan war. Nursie war schon alt, dabei unendlich lieb und geduldig. Sie las Agatha aus der Bibel vor, ging mit ihr in den Garten und zum Einkauf in den Ort, Nursie fütterte sie und brachte sie zu Bett, tröstete und streichelte sie und erklärte freundlich alle Rätsel der seltsamen Welt. Und dann war da Jane, die Köchin, die wohlbeleibte Herrscherin über die Küche und die Vorratskammer, auf deren Schoß Agatha Cremetörtchen probieren und Sirup umrühren durfte. Auch der Gärtner hatte das Kind gern, aber da er öfter ziemlich brummig war, hatte Agatha vor ihm ein bisschen Angst. Schwester Madge war elf Jahre älter als Agatha und Bruder Monty zehn Jahre, somit fielen die Geschwister als Spielkameraden für die Jüngste aus. Gewiss, die beiden waren da, Madge las Agatha selbst verfasste Märchen vor und Monty spielte mit ihr Gespenst, aber so unverhofft die beiden sich ihr zuwandten, so schnell waren sie wieder auf und davon, wenn ihre gleichaltrigen Freunde sie riefen. Solche Freunde gab es für Agatha nicht. Das Mädchen war arg schüchtern, Versuche, sie mit Kindern aus der Nachbarschaft zusammenzubringen, fruchteten nicht, und Nursie hatte dazu auch wenig Neigung. Sie war am liebsten mit ihrem Schützling allein, und Agatha war gern allein mit ihr. Mit ihr und mit sich selbst und mit Hund Toni. Sie konnte stundenlang im Garten mit ausgedachten Spielgefährten, mit Kobolden und Feen und fiktiven gleichaltrigen Mädchen Spiele spielen und unter Büschen Geschichten ersinnen

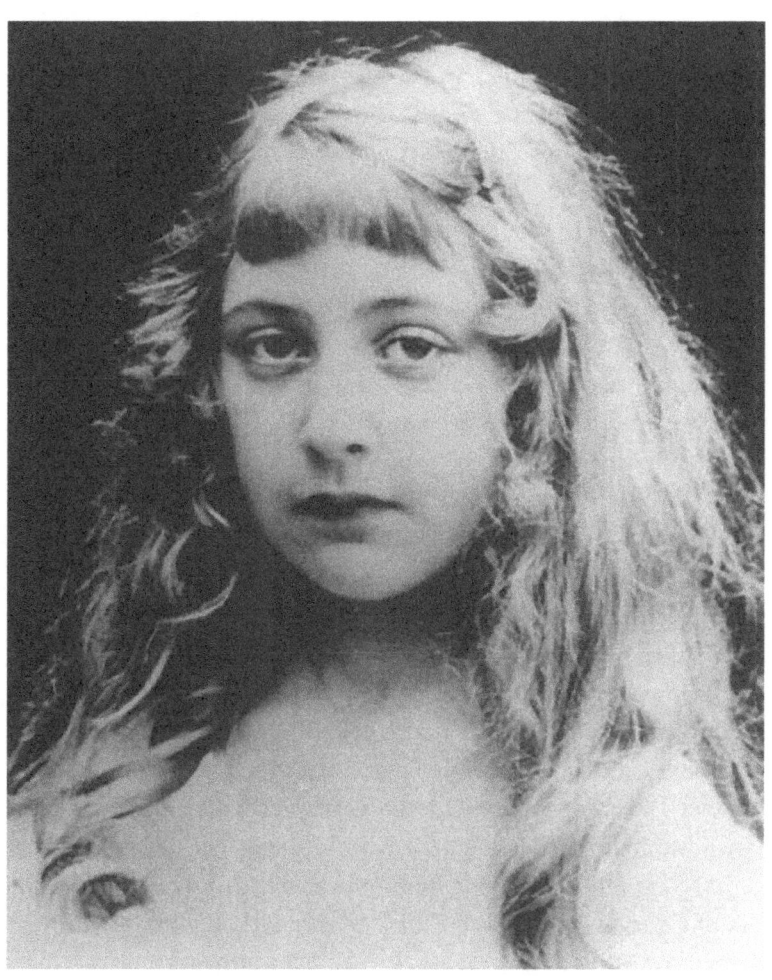

Agatha Christie als Kind.

und aus bunten Steinen Figuren legen, manchmal waren Buchstaben dabei. Auch das Haus bot viel Abwechslung. Da war das Klavier, auf dem sie klimpern durfte so viel sie wollte, da waren die Zimmer, in die sie eigentlich nicht hineindurfte, das Herrenzimmer, die Ankleidezimmer, das Rauchzimmer, die Wäschekammer und die Abseiten, aber niemand schalt sie aus, wenn sie sich dort hineinschlich, alle lächelten nur. Und dann war da das Schulzimmer mit der Tafel und dem Globus. Und die Bibliothek! Als sie ein wenig größer war, setzte sie sich auf den Boden am Fuß eines mächtigen Regals, nahm einen Band heraus und blätterte vorsichtig – sie guckte nicht nur nach Bildern, sondern auch nach Wörtern. Madge las ihr hier *Alice im Wunderland* vor und zeigte auf Wörter, und Nursie erklärte ihr beim Einkauf die großen Zeichen auf Plakaten und über den Kaufläden, da stand »Heute neu« und »Äpfel« und »Bäckerei«. Jetzt entdeckte Agatha die Buchstabenfolgen in den Büchern wieder und war ganz aufgeregt. Manchmal spielte sie in der Bibliothek nur, dass sie ein Kätzchen sei und mit anderen Kätzchen eine Reise entlang der Stuhlbeine unternahm, aber dann kam sie wieder auf die Bücher zurück und träumte über den gedruckten Seiten.

Bücher galten zu jener Zeit als Quellen wichtiger Erkenntnis und schöner Erbauung, aber auch von gefährlicher Reizung der Phantasie – weshalb Kinder nicht zu früh in die Kunst des Lesens eingeführt werden sollten. Für Töchter war ohnehin keine schulische Bildung vorgesehen. Was sie zu lernen hatten, konnte man ihnen daheim vermitteln, es sei denn, sie zeigten in irgendeiner Disziplin besondere Begabung – dafür wurde dann ein Hauslehrer engagiert oder eine Gouvernante. Bei Agatha galt es erstmal abzuwarten, das stille, in sich gekehrte Kind zeigte scheinbar keine besondere Wissbegier. Bis die Fünfjährige auf Nursies Schoß plötzlich bei der Bibellektüre Worte zu entziffern vermochte und Nursie das Buch zu und eine Hand vor den Mund schlug. »O-O«, sagte sie, »meine Kleine, was ist denn das?« Und gehorsam machte sie Meldung bei Mutter Clara: *»Ich fürchte, Madam – Miss Agatha kann lesen.«* Clara war durchaus ein wenig besorgt. »Aber«, sagte sie nach Rücksprache mit ihrem Mann, »*da es nun so ist, soll sie lesen.* Doch wir müssen auch an andere Fächer denken. Papa wird ihr Rechenstunden geben und ich sie schreiben lehren.« Ach, das Schreiben machte Agatha überhaupt keinen Spaß. Auf die Rechenstunden aber freute sie sich. Der Papa war überrascht. »Ihr Gehirn funktioniert mathematisch«, sagte er. Agatha war ziemlich stolz darauf, nun eine Schülerin zu sein. Zwar waren Madge und Monty als Internatszöglinge ihr weit voraus, aber auch sie ging jetzt die ersten Schritte in Richtung auf Erkenntnis und Wissen. Allerdings fürchtete sie sich stets vor den Rechtschreibstunden. Ihr Leben lang blieb Orthografie ihre schwache Seite. Sie hatte die Wörter durch Nursies Erklärungen nach der Ganzheitsmethode erlernt und schrieb nach Klang. O ja, sie war sehr musikalisch. Als ihre Hände ein bisschen größer geworden waren, kam eine Klavierlehrerin ins Haus, und die war bald richtig beeindruckt von Agathas flüssigem und ausdrucksstarkem Spiel.

Schon als Kind erlebte Agatha eine erste schmerzhafte Trennung vom Ashfieldschen Kosmos mit seinen Menschen, Tieren, Bäumen und Büchern. Ihr Vater schrieb, wenn er beim Ausfüllen eines Formulars oder beim Einzug in ein Hotel seinen Beruf angeben sollte, stets schlicht »Gentleman« hinein. Er arbeitete nicht, sondern lebte das angenehme und abwechslungsreiche Leben eines vermögenden Herrn zwischen Club, Cricketground, Kunst-Auktionen, Wochenend-Einladungen, Theatervorstellungen, Gardenpartys, Reisen und Ashfield. Er sammelte Antiquitäten, las interessante Autoren, kaufte antike Möbel, verwöhnte seine Frau und unterrichtete seine Kinder. Frederick Miller war ein äußerst beliebter Zeitgenosse, hatte viele enge Freunde und angeheiratete Verwandte. Finanzieren konnte er sein müßiges Leben durch den Besitz ausgedehnter Liegenschaften in den Vereinigten Staaten; seine Häuser in New York warfen seit vielen Jahren eine bedeutende Summe ab. Leider aber stellte sich eines Tages heraus, dass seine Verwalter drüben doch nicht die tüchtigsten und auch nicht die vertrauenswürdigsten waren. Sein Vermögen war zusammengeschmolzen, die finanzielle Lage angespannt, die Aussicht düster. Eine Weile besprach sich Frederick mit seinen Anwälten, Kabel und Briefe mit unerquicklichen Abrechnungen gingen hin und her – und am Ende stellte sich heraus, dass der Lebensstil der Millers so nicht zu halten war. Frederick redete mit Clara. Man würde sich einschränken müssen.

Um die Jahrhundertwende war es eine beliebte Methode der Geldersparnis für großbürgerliche Engländer, ihre herrschaftlichen Villen über den Sommer oder sogar das ganze Jahr zu vermieten und sich derweil im Süden Europas oder im Nahen Osten niederzulassen, wo die Lebenshaltungskosten nur einen Bruchteil der britischen betrugen und das Wetter obendrein besser war. Es gab genügend Touristen vom Kontinent, die sich während der Sommermonate in so reizenden Orten wie Torquay aufhalten wollten, auch Industriekapitäne aus dem Norden zog es sommers an die Küste. Das war nun vorerst die Lösung für die Familie Miller: Sie vermieteten Ashfield, schickten das Personal mit einer Abfindung vorübergehend nach Hause und fuhren nach Südfrankreich. Dem Papa, der seit den schlechten Nachrichten aus Amerika Gesundheitsprobleme hatte, würde das Klima guttun, und für die Jüngste wurde es Zeit, Französisch zu lernen. Solange die Eltern bei ihr waren, machte Agatha gern alles mit, aber sie war jedes Mal nur allzu froh, wenn sie zurück nach Ashfield kam, wenn sie Toni bellen und ihren Kanari piepsen hörte, wenn sie wieder in ihrem eigenen Bett schlafen durfte und es Jane war, die die Mahlzeiten zubereitete. Und wenn sie in der Bibliothek mit einem Buch im Schoß auf dem Boden saß und den schweren süßen Holzgeruch einatmete.

Der Vater war aber nun krank geworden vor lauter Sorgen um sein Vermögen. Erst suchte er Ärzte in Torquay und London auf, dann kamen die Ärzte nach Ashfield, es wurde viel ausprobiert mit Medizin und Diät, und es hieß, dass Luftveränderungen nun nicht mehr helfen würden. Als Agatha elf Jahre alt war, starb Frederick

Miller an einem Herzleiden; das Töchterchen wurde vorübergehend zur Großmutter geschickt, die Mutter war untröstlich, und am Ende – Madge und Monty waren längst aus dem Haus – blieben im großen Anwesen Ashfield nur Clara und ihre Jüngste übrig. »Ashfield ist zu groß für uns beide«, sagte Clara, »und zu aufwendig dazu. Wir müssen es verkaufen.« Die Verzweiflung, die Agatha bei diesen Worten ergriff, war so tief, ihr Schluchzen so fürchterlich, dass Clara erschrak. »Vielleicht können wir es halten«, sagte sie und klopfte Agathas Scheitel, »wenn wir es zwischenzeitlich wieder vermieten.«

Wie sehr ihre Mama den Mann vermisste, erkannte die Tochter bald, und das Mitleid mit der Mutter mischte sich mit ihrem eigenen Schmerz um den Verlust des Vaters. Manchmal fürchtete Agatha, ihre Mutter könne vor Kummer sterben und schlich nachts an ihr Bett, um sie atmen zu hören. Schwester Madge stand kurz vor ihrer Verheiratung mit James Watts, dem Besitzer des weitläufigen Anwesens Abney Hall nahe Manchester, und Bruder Monty, der nach einer gescheiterten Ingenieursausbildung zum Militär ging, war in Indien stationiert, aber beide machten sich von ihren Verpflichtungen vorübergehend frei und kamen für ein paar Wochen nach Ashfield, um Clara beizustehen. Sie hatten ihrerseits heftig gegen einen Verkauf des Hauses protestiert und stifteten ein wenig Geld für den Erhalt von Ashfield. Zur Trauer um den Papa kam die Enttäuschung, was das Erbe betraf: Außer einer schmalen Pension für Clara und geringfügiger monatlicher Unterstützung für die drei Kinder war nichts geblieben. Jetzt gingen in Ashfield die Kristalllüster aus, Clara konnte es sich nicht mehr leisten, große Gesellschaften oder Bälle zu geben wie in besseren Zeiten. Manchmal ging sie mit ihrer Tochter abends ins Theater, meist aber saß sie einfach nur mit ihr in der Bibliothek, und sie lasen einander ihre Lieblingsautoren vor: Charles Dickens, William Thackeray, Walter Scott und Shakespeare. Clara hielt nichts von schulischer Mädchenbildung, aber um die verwaiste Agatha auf andere Gedanken zu bringen, meldete sie ihre Jüngste nun doch bei einem Institut mit gutem Ruf an, bei Miss Guyers Schule für Töchter höherer Stände. Agatha ging nach anfänglichem Fremdeln gern dorthin, und sie verblüffte alle – auch sich selbst – durch ihre glänzende Begabung fürs Rechnen, aber auch was englische und französische Literatur betraf, konnte sie mithalten. Bei der Orthografie allerdings haperte es weiterhin, und an ihren Aufsätzen bemängelte die Lehrerin ein Zuviel an Phantasie. Was Agatha gefiel, waren die Tanzstunden, auch in Musik war sie stark. Handarbeiten machten ihr großen Spaß, sie strickte gern und bestickte Kissenbezüge – nach Vorlagen oder eigenem Design. An den Nachmittagen kamen die Lucy-Mädchen und nahmen die Freundin mit zum Rollschuhlaufen auf dem Pier oder zum Tennis. Im Sommer ging Agatha für ihr Leben gern schwimmen. Bis ins hohe Alter hat sie an diesem Sport festgehalten und sich immer Gelegenheiten gesucht, ihn auszuüben.

Für die Sechzehnjährige hieß es dann: Jetzt musst du eine Dame werden. Agatha hatte auch gar nichts dagegen – außer dass ihr die Korsetts den Atem nahmen und die Fischbeinkragen den Hals wund scheuerten. Aber wie alle Mädchen jener Zeit nahm sie das hin. Schwerer wog schon der Abschied von Ashfield – denn für den »letzten Schliff«, wie das damals hieß, war ein Aufenthalt in Paris und ein intensives Studium der französischen Sprache sowie der Sitten, Musik und Küche Frankreichs unumgänglich. Clara verwendete ihre letzten Ersparnisse für Agathas Bildung, sie brachte die Tochter in einem angesehenen Internat unter. Paris war ein Traum, und die Internatsschülerinnen – viele Amerikanerinnen unter ihnen – erwiesen sich als lustige Truppe. Agatha konzentrierte sich vor allem auf die Klavier- und Gesangsstunden; eine tiefe Enttäuschung erlitt sie, als sie bei einem Schulkonzert versagte und sich eingestehen musste, dass es ihr nicht gegeben war, in der Öffentlichkeit Klavier zu spielen. Ihre Nervosität war einfach zu groß, und die wiederum war eine Folge ihrer Selbstzweifel. »*Damals ermutigte man junge Mädchen nicht zu musikalischen Karrieren*«, schrieb

Agatha in ihren Lebenserinnerungen. »*Ich bin ganz sicher, dass es im Leben keine größeren Seelenqualen geben kann, als wenn man um jeden Preis etwas erreichen will und doch weiß, dass es bestenfalls zur Mittelmäßigkeit reicht.*« Aber singen konnte Agatha problemlos vor Publikum. Sie übte täglich hingebungsvoll. Ihr Lehrer fand, dass sie eine gute Kopfstimme habe und auch ihr Brustton überzeugend sei, aber die mittlere Lage habe nicht genug Kraft. »Das kann ja noch kommen«, sagte sich Agatha und intensivierte die Übungen für die mittlere Lage. Sie freundete sich mit einigen Schülerinnen an und ließ sich vom Reiz des französischen *savoir vivre* beeindrucken. Tief in ihrem Herzen aber blieb sie davon überzeugt, dass wahre Wohnkultur nirgendwo anders zu Hause sei als in Ashfield und dass die Kochkunst Janes letzten Endes unübertroffen blieb.

Ihre Pariser Zeit dauerte ein Jahr. Sie war siebzehn, als sie zurückkehrte und sehr froh, daheim zu sein. ›Meine Mutter‹, dachte sie, ›ist die, mit der ich zusammen sein will, alle anderen müssen warten.‹ Im Schulzimmer saß sie gern allein, las und schrieb Geschichten oder sang, sich selbst am Klavier begleitend. Und es gab auch immer mal wieder einen Kissenbezug, der darauf wartete, bestickt zu werden. Jane war noch im Hause, außerdem ein Stubenmädchen, aber der Gärtner kam nur noch zweimal die Woche, einen Butler, eine Nähmamsell sowie zusätzliche Küchenhilfen konnte Clara sich nicht mehr leisten. Das Leben in Ashfield war einfacher, frugaler und stiller geworden. Agatha focht das nicht an. Solange sie im Schulzimmer für sich sein, mit Clara auf der Terrasse plaudern und dabei Toni kraulen, solange sie Janes wunderbare Pasteten und Puddings verspeisen konnte, war sie zufrieden. Zumal sie inzwischen Emile Zola las, May Sinclair, Arthur Conan Doyle und Edgar Allan Poe. Ihre Mutter aber hatte einen weitergehenden Erziehungsplan für die Jüngste. Agatha musste als Nächstes »in die Gesellschaft eingeführt werden«, und es gab in ganz Großbritannien innerhalb der Society wohl kein einziges Mädchen, das nicht auf diese ihre Rolle als Debütantin hinfieberte – mit allem was an Garderobe,

Glanz und Geselligkeit damit zusammenhing. Allerdings kostete eine solche »Einführung« ziemlich viel Geld – das begann mit der Ausstattung und endete noch nicht bei den Mietkutschen, in denen eine Debütantin auf Bälle und zu Wochenendpartys gefahren werden musste. Clara fand eine Lösung: sie würde für Agathas »Saison« mit ihr nach Kairo gehen, wo man preisgünstig lebte. Es gab dort eine tonangebende britische Gesellschaftsschicht, die mit den lokalen Autoritäten zusammenwirkte, dorthin hatten Millers Kontakte. Kurzerhand ließ Clara für die Tochter drei elegante Abendkleider schneidern, Mutter und Tochter packten die Koffer und reisten im Herbst 1910 nach Ägypten. Ihre Lieblingsrobe, ein roséfarbenes Satinkleid mit Rosenknospen auf der Schulter, hat Agatha ihr Leben lang aufbewahrt.

Die junge Miss Miller war ein introvertiertes Mädchen, sie hatte, wie sie in ihren Memoiren bedauert, kein Talent für *small talk* und fühlte sich »in Gesellschaft« stets gehemmt. Das hat sich nie geändert. Als sie längst eine weltberühmte Schriftstellerin war, brauchte sie immer noch eine Art Autosuggestion oder auch ironische Anfeuerung, die sie sich vor Auftritten in der Öffentlichkeit selbst zuflüsterte: »*Das ist Agatha, die so tut, als wäre sie eine erfolgreiche Autorin, die jetzt zu ihrer eigenen großen Party geht, die so aussehen muss, als wäre sie eine Persönlichkeit und eine Rede halten soll, die sie nicht halten kann und überhaupt etwas sein muss, was sie nicht ist.*« Wahrscheinlich war es ihr überreiches Innenleben, ihre ausschweifende Phantasie, die ihr im Wege standen, wenn sie sich im wirklichen Leben inszenieren oder auf Herausforderungen reagieren sollte. Wurde ihr zum Beispiel ein junger Mann vorgestellt, so dachte sie sich sofort einen Lebenslauf und ein Schicksal für ihn aus, anstatt ihm in die Augen zu schauen und Fragen zu stellen. Sie wich aus in ihre Vorstellungswelt und verweigerte so die Realität. Einer ihrer Tanzpartner während der »Saison« sprach mit Clara über sie, er lobte ihr Aussehen und ihren Tanzstil und fügte hinzu: »*Jetzt sollte sie auch noch reden lernen.*« Dennoch hatte Agatha an den Kairoer Bällen und Geselligkeiten ihren Spaß. Sie erwartete nicht von sich, als Ballkönigin aufzutrumpfen. Sie stand gerne auch mal daneben und sah zu. Oft hatte sie das Gefühl, dass sie bei all diesen Vergnügungen, um die so viel Aufhebens gemacht wurde, nur eine Nebenrolle spielte. Zugleich hoffte sie insgeheim, dass ihre Stunde irgendwann schlagen würde. Zumal sie wusste, dass sie gut aussah: groß, schlank, mit einem ausdrucksvollen Gesicht, über dem eine Krone dichter blonder Locken glänzte. In Kairo hatte sie Gelegenheit, ein gutes Quantum an femininer Selbstsicherheit zu entwickeln – es gab einen Ball nach dem anderen, das rosa Satinkleid musste immer wieder aufgebügelt werden. Agathas Tanzkarte war meistens gut gefüllt, sie erhielt sogar zwei ernst gemeinte Heiratsanträge. Höflich lehnte sie ab. Am Ende ihrer Kairoer Saison konnte sie sich als eingeführte junge Dame fühlen, bereit und fähig, einem interessanten und gut situierten Ehemann das Haus zu führen. Möglichst in Torquay.

Zurück in England überdachte Agatha ihre Lage. Nein, lange wollte sie mit der Eheschließung nun nicht mehr warten. Ihre Schwester Madge hatte ein Jahr nach ihrer Heirat einen kleinen Jungen geboren, Clara und Agatha nahmen immer wieder die Gelegenheit wahr, die Familie Watts auf Abney Hall zu besuchen und sich um das Kind zu kümmern, während Madge einen ihrer geliebten London-Trips unternahm, und Agatha bekam eine Ahnung von den Freuden der Mutterschaft. Sie war ihrem Neffen Jack zärtlich zugetan und fand große Freude daran, Spiele, Lieder und Reime für ihn auszudenken. Sie hatte ja nun ihrerseits eine ganze Reihe treuer Verehrer, unter denen Reggie, der es zum Major bei den Kanonieren gebracht hatte, ihr am besten gefiel. Und es geschah in der Tat, dass der junge Mann kurz nach seiner Rückkehr aus Hongkong um ihre Hand anhielt. Agatha war gerührt und sagte Ja. Reggie vergalt es ihr mit einem scheuen Kuss und fügte hinzu, dass er die nächste Zeit im Ausland stationiert sein würde und sie deshalb mit der Hochzeit noch warten müssten. Zu Agathas Ideal leidenschaftlicher Liebe passte ein solcher Aufschub nicht. Sie bat ihren Zukünftigen, doch eine baldige Heirat ins Auge zu fassen. Aber der sprach von Verpflichtungen, die leider bindend seien. Agatha senkte den Kopf. Sie hatte Ja gesagt, und er fuhr erstmal weg. War das Liebe? Doch Reggie war fair. Er wollte sie nicht nötigen, herumzusitzen und nur auf ihn zu warten. »Geh nur aus und vergnüge dich«, sagte er, »und wenn du einen anderen findest, habe ich eben Pech gehabt.« Spätestens jetzt wuchs sich Agathas Enttäuschung zur Abwehr aus. Sie wahrte die Form, sie stimmte zu, aber sie dachte bei sich: ›Das kannst du haben!‹ Dennoch akzeptierte sie, dass das, was Reggie und sie zustande gebracht hatten, eine Verlobung war.

Clara mochte Reggie gern, sie beglückwünschte Agatha zu ihrer Wahl. Zwar hatte sie auf einen vermögenden Schwiegersohn gehofft, und Reggie hatte nur seinen Sold, aber wichtiger war ja doch, dass Herz zum Herzen fand. Was aber das Herz betraf, war Agatha sich nicht mehr sicher.

»Was ist mit dir, *darling*?«, fragte Clara und warf noch ein Scheit in den Kamin, »du hast Post von deinem Verlobten und machst den Brief nicht auf?«

»Was Briefe betrifft«, antwortete Agatha und putzte sich die Nase, »ist Reggie nicht gerade die Nr. 1. Wenn ich da an Boltons Briefe denke ... Die reinste Dichtkunst dagegen.«

»Vielleicht hat er die Briefe von einem Schriftsteller schreiben lassen, so à la Cyrano de Bergerac?«, erwog Clara.

»Meinst du wirklich?«

»Aber ja, das ist sehr wahrscheinlich. Die Herren haben doch gar nicht Zeit dafür und oft auch nicht die Gabe, mit geschriebenem Wort das Herz eines Mädchens zu rühren. Vor allem nicht, wenn sie beim Militär sind. Bei einem unbeholfenen Brief bist du wenigstens sicher, dass der Junge ihn selbst geschrieben hat.«

»Du willst nur, dass ich gut von Reggie denke, Mami, ich verstehe. Aber ich zweifle wirklich, ob er der Richtige ist.«

»Zweifeln ist deine Lieblingsbeschäftigung, Herzchen. Irgendwann musst du damit aufhören.« Agatha starrte ins Kaminfeuer. Eine Weile sagte sie nichts. Dann: »Mama, ich fürchte, er würde nicht wollen, dass ich singe.«

»Darauf wollte ich dich ansprechen, Tochter. Du erinnerst dich an die Fishers, Freunde von Papa aus New York –«

Es war sonst nicht ihre Art, der Mama ins Wort zu fallen, aber jetzt tat sie es.

»Wenn ich die Mimi singe oder die Margarete, dann bin ich in einer eigenen Welt. Und ganz anders als am Piano stört mich das Publikum nicht. Im Gegenteil, ich kann es anschauen, wenn ich eine Koloratur anstimme. Mama, in diese Welt müsste mein Ehemann mich gehen lassen, hörst du, und wenn er dazu nicht imstande wäre …«

»Davon will ich ja gerade reden«, sagte Clara, »von dieser eigenen Welt. Ich treffe mich morgen mit den Fishers. Sie sind hier in Begleitung einer sehr wichtigen Persönlichkeit, einer Dame mit besten Beziehungen zur Metropolitan Opera, sie unterrichtet dort den Nachwuchs. Ich habe die Fishers gebeten, sie zu fragen, ob du ihr vorsingen könntest. Ob sie bereit wäre, dich anzuhören und ein Urteil abzugeben. Sie hat Ja gesagt, und das ist ein großes Entgegenkommen. Na, was sagst du? Wenn du schon immer so viel zweifelst – vielleicht kann diese Gesangslehrerin deine Zweifel zerstreuen?«

Es kam anders. Die Gesangslehrerin zerstreute nicht Agathas Zweifel an ihrem Talent, sondern ihre Gewissheit, zur Sängerin geboren zu sein. Sie habe eine gut gebildete, schöne Stimme, sagte die Amerikanerin, und zu einer passablen Konzertsängerin würde es reichen. Aber nicht für die Bühne. Dafür fehle Agatha das Volumen, vor allem in der mittleren Lage. Und darauf komme es an. Agatha weinte auf dem Heimweg, sie weinte im Schulzimmer und in der Küche bei Jane, und dann hörte sie unvermittelt damit auf. So war es nun. Es war die zweite arge Niederlage bei ihrem Versuch, in der Welt der Musik Fuß zu fassen, und es tat grausam weh. Aber so jung Agatha war, sie konnte verlieren. Zumal sie fest davon überzeugt war, dass ihr wahres Lebensziel woanders lag. Es hatte nichts mit Chopin zu tun und nichts mit Rossini und nichts mit der Opernbühne, sondern mit – nein, womöglich nicht mit Reggie. Aber auf jeden Fall mit einem, mit ihrem Ehemann. Sie wollte heiraten und glücklich werden. Das sei ihre Bestimmung, so sagten Clara und Madge und die Großmutter und die Großtante. So sagten alle, also auch sie selbst.

Clara aber hatte schon eine Idee, wie sie ihren Liebling trösten konnte. Sie ging rauf ins Schulzimmer, nahm das Manuskript von *Snow upon the Desert*, von dem sie wusste, dass Agatha es kürzlich überarbeitet hatte, in die Hand und trug es über die Straße zu Eden Philpotts. Der Schriftsteller versprach, es zu lesen und eine Beurteilung zu schicken. Er hielt sein Wort.

Es war stets eine Freude für Agatha und Clara, wenn Madge zu Besuch kam. Sie zog in Ashfield ein als eine alte Bewohnerin, die sie ja war, mit allen Rechten und Pflichten und prüfte sehr genau, ob auch alles noch am rechten Platze stand. Madge galt immer als das große poetische Talent in der Familie. Sie hatte schon Gedichte veröffentlicht, als Agatha noch klein war, und ihre Kurzgeschichten stießen bei Lesungen in der Familie und im Freundeskreis auf große Resonanz. Einige verkaufte sie sogar an Zeitschriften. Agatha war stolz auf ihre Schwester, aber auch ein wenig neidisch, wobei dieser Neid durch den beträchtlichen Altersabstand, der zwischen der Erstgeborenen und ihr bestand, gemildert wurde. Aber seit Agatha erwachsen war, fühlte sie eine Verpflichtung, es der Schwester gleichzutun, und die positive Beurteilung ihres Erstlings durch Mr Philpotts war nun eine Trumpfkarte, die sie ausspielen konnte.

»Aber wie wird es jetzt weitergehen?«, fragte Madge, die sich nie auf ihren Erfolgen ausruhte. »Wirst du *Snow upon the Desert* an einen Verlag schicken?«

»Aber ja, das werde ich. Drück mir die Daumen, dass jemand anbeißt.«

»Du musst weiterschreiben. Nur keine größeren Pausen, sonst kommst du aus der Übung. Was machst du als Nächstes?«

»Ich sitze an einer Kurzgeschichte, genauer gesagt: an zweien. Ich möchte sie wieder Eden Philpotts vorlegen – mal sehen, ob er findet, ich sei weitergekommen.«

Natürlich sprachen die Schwestern auch über das Ende von Agathas musikalischer Karriere.

»Weißt du«, sinnierte Agatha, »ich habe etwas erkannt. *Wenn das, was du dir mehr als alles andere wünschst, nicht möglich ist, ist es besser, es hinzunehmen, als sich mit Reue oder vergeblicher Hoffnung aufzuhalten. Man muss nach vorne blicken.*«

Madge legte ihr einen Arm um die Schulter. »Ich habe gerade den neuesten Kriminalroman von Gaston Le Roux gelesen«, sagte sie, »musst du auch lesen, unbedingt. Und überleg dir, ob das nicht was für dich wäre: einen Kriminalroman zu schreiben. Ich hab es schon versucht. Ist höllisch schwer. Na ja, womöglich schaffst du es nicht, man soll sich auch nicht überfordern.«

»*Ich möchte es versuchen.*«

»*Wetten, du schaffst es nicht?*«

»*Es war keine richtige Wette*«, so erzählt es Agatha im Rückblick, »*aber mein Ehrgeiz war geweckt. Von diesem Augenblick an war ich wild entschlossen, einen Krimi zu schreiben. Ich fing nicht gleich damit an, legte mir auch keine Handlung zurecht, aber die Saat war im Boden.*«

Das andere große Thema bei Madges Besuchen waren Agathas Eheaussichten.

»Reggie Lucy«, sagte Madge, »ist ein reizender Junge, und er ist von hier. Hat er vor, sich in Torquay niederzulassen?«

»Vermutlich.«

»Du klingst nicht gerade begeistert …«

»Er hält um meine Hand an und geht mit meinem Ja nach Indien. Ist das in Ordnung?«

»Längere Verlobungszeiten sind üblich. James und ich waren doch auch eine ganze Weile verlobt. Ein Paar hat dann Zeit, alles zu überdenken.«

»Das ist es ja. Wenn ich anfange, alles zu überdenken, möchte ich hier in unserem Ashfield bleiben.«

»Um dich dazu zu bringen, eine Ehe einzugehen, müsste man dich also entführen wie ein Raubritter, des Nachts und mit Gewalt. Ist es das, was du sagen willst?«

Agatha überlegte. Und nickte. »Ja, genauso ist es. Ich möchte überwältigt werden – aber natürlich nicht körperlich, sondern seelisch. Was meinst du: Ist das falsch?«

Es war im Oktober 1912, als Lord und Lady Clifford von Chudley in Exeter einen Ball gaben – für die Offiziere und die Truppe der dortigen Garnison. Selbstverständlich waren junge hübsche Damen hochwillkommen, und so erhielt auch Agatha diese unverhoffte Einladung. Alte Freunde von Frederick Miller hatten sie empfohlen, nahmen sie in ihrer Kutsche mit und stellten sie ein paar Bekannten vor. Ihre Tanzkarte war bald gefüllt, und als der erste Kavalier sich aufmachte, seine Dame abzuholen, kam ihm ein hochgewachsener junger Soldat zuvor. Er war Agatha schon aufgefallen, weil er so gut aussah. Er verbeugte sich vor ihr, sie schmiegte sich in seinen Arm, und er schwang sich mit ihr über das Parkett; ihr Gewissen pochte, weil ja ein anderer Kandidat auf ihrer Karte stand. Laut genug, um den Geräuschteppich aus Musik, Tanz und Gelächter zu übertönen, stellte sich ihr Tanzpartner vor: Leutnant Archibald Christie, Königliche Feldartillerie von der Brigade Exeter. Ob sie ihm auch den nächsten Tanz gönnen könne? »Sorry«, sagte Agatha, »der ist vergeben.« Archibald führte Agatha von der Tanzfläche zu den

Stühlen am Rand des Saales, ließ sich ihre Karte zeigen, zog einen Stift aus seiner Uniformtasche und strich die nächsten drei Anwärter aus. »A-Aber –«, sagte Agatha, doch da war sie schon wieder am Arm ihres Kavaliers mitten unter den tanzenden Paaren. Der Leutnant hatte den Kopf in den Nacken gelegt, die Augen halb geschlossen, als könne er so besser auf die Musik und den Rhythmus achten, und lächelte.

Was der sich herausgenommen hat, dachte Agatha auf der Heimfahrt von Exeter nach Torquay, ganz schön unverschämt. Er war ein Hasardeur, dieser Leutnant Christie, ein Abenteurer offenbar, aber auch ein Mann mit viel Mut. Er war vierundzwanzig Jahre alt, in Indien geboren und bei der Mutter mit Bruder Campbell in Bristol aufgewachsen. Das Soldatenleben, hatte er ihr erzählt, bedeute ihm weiter nichts, aber beim Militär könne er etwas machen, was für ihn als Zivilisten unerschwinglich sein würde: fliegen. Er habe sich bereits für das Königliche Fliegerkorps qualifiziert und besäße ein entsprechendes Zertifikat. Wie stolz er darauf war! Agatha sagte, dass sie ihn sehr gut verstehe und dass sie auch schon mal in die Lüfte aufgestiegen sei, bei einer Flugschau mit ihrer Mutter. Da konnte man einmal kurz mit einer Maschine in die Wolken tauchen, es kostete die enorme Summe von fünf Pfund. Es habe ihr unwahrscheinlich gut gefallen. Archibald küsste ihr die Hand. Jetzt lächelte auch sie.

Ein paar Wochen später spielte Agatha gerade bei der Nachbarsfamilie Mellors mit dem jungen Mellors Badminton, als ihre Mutter sich am Telefon meldete: sie solle doch bitte sofort nach Hause kommen, es sei Besuch für sie da. Agatha wusste, dass es Clara überhaupt nicht gefiel, wenn sie die Honneurs für einen Verehrer ihrer Tochter machen musste, und so lief sie gleich rüber nach Ashfield. Da saß im Salon niemand anderes als der blonde Soldat aus Exeter. ›Habe ich ihm denn gesagt, wo ich wohne?‹, schoss es ihr durch den Kopf. ›Nein, habe ich nicht, er muss sich bemüht haben, es rauszufinden.‹ Jetzt stand er auf, sie zu begrüßen, und er teilte ihr mit, dass er mit dem Motorrad gekommen sei. Allerhand, dachte sie. Und sagte: »Wie nett, Leutnant Christie, dass Sie vorbeigekommen sind.«

Nach diesem Überraschungsbesuch in Ashfield dauerte es nur ein paar Tage, und Archie war wieder da. Er kannte ja nun den Weg. Clara war skeptisch, was diesen selbstsicheren Jüngling betraf, er gefiel ihr, aber sie zweifelte, dass er für ihr Mädchen der Richtige sei. Sie fürchtete, er sei der Typ, der keine Rücksicht nimmt. Ganz anders Agatha. Sie interessierte sich jetzt für die Luftschifffahrt. Sie verschwand manchmal halbe Tage. Ihr Verehrer lud sie zu einem Konzert in Exeter ein und zum Neujahrsball in Torquay. Er wanderte mit ihr durch das unwegsame Dartmoor und erzählte dabei von den neuesten Fluggeräten. Wenn er sie nach Hause brachte, nahm er ihre Hand, und sie schaute nicht an ihm vorbei, sondern in sein Gesicht. Ihr Vorstellungsvermögen dichtete ihm keine Geschichte an, sondern verhielt sich ganz ungewöhnlich: es schwieg. Es überließ sie der Wirklichkeit. Sie drückte seine Hand, ging langsam ins Haus und in ihr Bett und sagte zu sich nur ein Wort, seinen Namen: Archie. Und dachte bei sich: ›Er ist mir so fremd.‹ Und schlief ein. Eines Abends, als sie im Pavillon an der Seepromenade Tee getrunken und sich von ihren Stühlen erhoben hatten, sagte er zu ihr mit ernster Miene: »Bitte heirate mich, Agatha!« Sie konnte gerade noch Ja sagen, dann kamen seine Arme und sein Kuss.

Agatha nannte ihre beiden Novellen, die sie für die kritischen Augen von Eden Philpotts ein letztes Mal überarbeitet hatte *Vision* (englisch: *Vision*) und *Was für ein Eigensinn* (englisch: *Being so Very Wilful*) und machte eine Randnotiz, in der sie Philpotts bat, es mit der Rechtschreibung nicht so genau zu nehmen, das könne man alles korrigieren. Diesmal brachte sie die Manuskripte ihrem Nachbarn selbst. Der Schriftsteller saß in einem Sessel am Fenster, er litt unter Gelenkbeschwerden und ging nur selten aus. Er bot Agatha den zweiten Sessel an.

»Ich bin sehr gespannt auf Ihr neues Werk«, sagte er. »Es kommt öfter vor, dass mir Manuskripte zur Begutachtung zugesandt werden. Meistens schicke ich sie mit ein paar Worten des Bedauerns zurück, denn meine Kräfte schwinden, ich kann nicht mehr allen gerecht werden. Aber auf Ihr Manuskript freue ich mich tatsächlich, da ist Leben im Text.«

Agatha errötete und stotterte: »Da-danke.«

»Man hört ja so dies und das«, fuhr Mr Philpotts fort, »und unsere Haushälterin ist sehr redselig. Es heißt, Sie hätten sich verlobt?«

Agatha lächelte und sagte: »Ja, ich bin verlobt und hoffe, bald zu heiraten. Und wenn ich Ihnen jetzt sage, dass ich unglücklich bin«, fügte sie, plötzlich entschlossen, ihrem Mentor die ganze Wahrheit zu sagen, hinzu, »dann dürfen Sie nicht denken, es sei wegen der Wahl, die ich getroffen habe. Es liegt daran, dass ich mich doppelt verlobt habe.«

»Nun, solange Sie nicht beide Männer heiraten, begehen Sie keine Straftat.«

»Das ist es ja. Ich muss einen von beiden furchtbar vor den Kopf stoßen.«

»Ich nehme an, derjenige, den Sie nicht heiraten wollen, ist der sympathische Lucy-Sohn, der derzeit in Indien stationiert ist?«

Agatha nickte. »Ich mag ihn sehr gern, wissen Sie. Deshalb steht es mir so bevor –«

»Verständlich, verständlich. Und der Glückliche, dem Sie Ihre Hand geben, ist dieser Leutnant aus Bristol vom Fliegerkorps, nicht wahr? Ein Pilot … Das ist natürlich ganz was anderes als ein Kanonier.«

»Es ist nicht nur das. Ich –«

»Natürlich. Sie lieben diesen Flieger, und Lucy ist nur sympathisch. Sie machen es richtig. Und wenn Sie in Zukunft nicht mehr so viel zum Schreiben kommen, dann grämen Sie sich nicht. Leben Sie, lieben Sie –« Er sah aus dem Fenster und murmelte: »Ich sah Sie da neulich entlanggehen mit Ihrem feschen jungen Mann. Da wusste ich: Ihre Leidenschaft für die Literatur hat Konkurrenz bekommen.«

Schon eine Woche später erhielt Agatha einen Brief von Eden Philpotts. Er schrieb:

»Liebe Agatha, ich möchte über Ihre Geschichte ›Being so Very Wilful‹ nicht in technische Details gehen, aber ich freue mich, sagen zu können, dass sie einen stetigen Fortschritt zeigt. Sie haben hart gearbeitet, und Sie haben ein natürliches Empfinden für Aufbau und Gleichgewicht. Tatsächlich entwickelt Ihre Arbeit sich so gut, und falls Ihr Leben sich als eines erweist, in dem für die Kunst Platz ist und Sie den schweren Weg nach oben wagen und gewinnen wollen, haben Sie jedenfalls genug Talent. Ich mache keine Prophezeiungen, aber ich schätze, wenn Sie bereits jetzt so schreiben können, werden Sie es weit bringen. Doch das Leben treibt einer ganzen Zahl von Leuten die Kunst aus, und Ihre zukünftigen Lebensumstände lassen Sie vielleicht einen anderen als den harten Weg der Kunst einschlagen. Wie auch immer –« Der Brief war sehr lang und ausführlich und enthielt etliche Lektüre-Empfehlungen, darunter Gustave Flauberts *Madame Bovary.* Er schloss mit: *»Besuchen Sie mich, wenn Sie möchten und wenn Sie etwas wissen wollen oder Zeit für mehr Bücher haben. Ihr Freund Eden Philpotts«.*

Agatha saß allein im Schulzimmer, als sie den Brief las. Sie küsste ihn nach dem Lesen und stand dann auf, um ihn Clara zu zeigen. Sie lachte laut, als sie die Treppenstufen runterlief. Clara las und lachte und wiederholte inbrünstig die lobenden Passagen. *»Darling«*, rief sie, *»wie wunderbar!* Am liebsten würde ich diesen Brief in die Zeitung setzen lassen. – Aber was meint Mr Philpotts, wenn er schreibt: Das Leben treibt einer ganzen Zahl von Leuten die Kunst aus …?«

Agatha setzte sich auf die Lehne von Claras Sessel. »Ich habe ihm erzählt, dass ich meine erste Verlobung lösen muss und dass ich heiraten werde, verstehst du? Er hat auch gesagt, er hätte mich mit Archie gesehen, von seinem Fenster aus.«

»Zu Reggie bist du auf Abstand gegangen, als du gefürchtet hast, er würde dich nicht singen lassen. Meinst du, Archie könnte was dagegen haben, dass du schreibst?«

»Darüber habe ich noch nie nachgedacht. Was heißt das nun, Mama? Dass ich ganz sicher bin: Er wird nichts dagegen haben? Oder dass es mir egal ist und ich nachgeben würde, wenn er was dagegen hätte?«

Es wurde eine stürmische Verlobungszeit, sie dauerte anderthalb Jahre. Agatha schrieb Reggie, dass sie die Verbindung mit ihm lösen müsse, und Reggie schrieb zurück, er sei ein Idiot gewesen, sie nicht sofort geheiratet zu haben. Als Agatha das las, weinte sie und machte sich dann hübsch für Archie. Der seinerseits hatte nach Rücksprache mit seinem Ausbilder nun doch Bedenken, sofort zu heiraten: das Militär fürchtete Versorgungsansprüche von Witwen und bevorzugte unverheiratete Anwärter, also hatte man Archie nahegelegt, sich jetzt noch nicht zu binden. »Es ist nur bis zur Abschlussprüfung«, sagte er zu Agatha, aber die war erneut schwer enttäuscht. Archie bot ihr an, sie freizugeben, was die Ärmste nur noch unglücklicher machte. Als aber Clara in dasselbe Horn stieß, weil sie wusste, dass Archie mit seinem jetzigen Sold niemals einen standesgemäßen Hausstand gründen könne, fügte sich Agatha in eine längere Wartezeit. Dann geschah es, dass Claras Mutter nach Ashfield ziehen musste, weil sie erblindete und nicht mehr allein zurechtkam und die Verhältnisse im Hause nun noch enger wurden. Es fehlte an Geld, Personal musste entlassen werden. Agatha sah ein, dass sie künftig im Haushalt mitarbeiten müsse und dass sie, wie die Dinge lagen, moralisch nicht berechtigt sei, Ashfield zu verlassen. Ihre Zweifel gipfelten in dem Vorschlag, jetzt ihrerseits die Verlobung zu lösen. Clara war hin- und hergerissen. Sie wollte Agatha nicht verlieren, ihrem Glück aber auch nicht im Wege stehen. Archie war empört über diese Wendung der Dinge und widersetzte sich der Trennung in aller Entschiedenheit. »*Niemand kann für mich das sein, was du für mich bist*«, schrieb er ihr, »*vergiss mich nie, mein Liebling und liebe mich in alle Ewigkeit.*« Zur Not würde er seine Braut entführen. Für Agatha war das genau die richtige Ansage.

Aber als sie sich an ihr Pult setzte, um Archie nach Netheravon, wo er seine Übungen absolvierte, einen Liebesbrief zu schreiben, kam Clara mit einer Neuigkeit herein, die sie eben vom Markt in Torquay mit nach Hause gebracht hatte: Auf dem Kontinent war der Krieg ausgebrochen. Es werde auch in England zur Mobilisierung kommen.

II
Archie

Das Fliegerkorps wurde zuerst eingezogen, Archie wartete auf seinen Marschbefehl. Der kam sehr bald: Seine Staffel musste von Southampton aus nach Frankreich starten, es ging los. Agatha und Archie trafen sich ein letztes Mal Anfang August in Salisbury, sie konnten einander nur wenig sagen und beließen es dabei, sich in den Armen zu halten und die Tränen zu verbergen. Es war eine Trennung, ohne dass die Trauung vorausgegangen war, ohne dass sie einander schon angehörten. ›Ich schaffe es einfach nicht zu heiraten, was ist bloß los mit mir?‹, dachte Agatha, ›dabei möchte ich nichts auf der Welt so gerne. Ich habe es mir immer wieder ausgemalt, stand auch schon kurz davor – mit Bolton, mit Reggie und jetzt mit Archie. Aber es wird nie wirklich was draus. Wie in einem Albtraum, wenn man laufen will und die Füße sind am Boden angewachsen. Bin ich etwa die ewige Braut – die nie Ehefrau wird? Werde ich in aller Zukunft eine alte Jungfer sein? Jetzt bin ich schon fast 24!‹ Agatha seufzte und schnupfte in ihr Taschentuch auf der Rückfahrt nach Torquay. Dort entschloss sie sich, etwas zu tun. Schon, um nicht immer an ihre Ehelosigkeit denken zu müssen und daran, ob Archie womöglich abgeschossen worden sei und sie ihn verloren habe. Sie meldete sich beim Freiwilligen Hilfskomitee und trat umgehend ihren Dienst als Schwesternhelferin im Lazarett an, das in der großen Town Hall untergebracht war.

Der Hafen in Torquay wurde häufig von Schiffen mit Verletzten angefahren, hier kam Agatha in Kontakt mit Kriegsopfern, und das brachte sie Archie näher. Sie war von Anbeginn einsatz- und lernbereit und ließ sich weder durch klaffende Wunden noch Schmerzensschreie der Patienten abschrecken. Die Arbeit war hart und belastend, die jungen weiblichen Freiwilligen wurden angeherrscht und rumgescheucht, aber Agatha klagte nicht, versagte nicht und stand jeden Morgen zu allem bereit auf der Matte. Sie wollte ihren Beitrag leisten in diesem Kriegsgeschehen. Sie wollte hinter Archie nicht zu weit zurückstehen. Die Oberschwester war klug genug, die Freiwilligen anzulernen. *»Glauben Sie ja nicht«,* musste Agatha sich anhören, *»Sie könnten sich nützlich machen, indem Sie etwas tun, was Sie nicht gelernt haben. Sie könnten großen Schaden anrichten.«* Agatha schrieb sich den Satz hinter die Ohren und übte sich ausdauernd im Verbände-Wechseln, Wunden-Reinigen und im Lagern und Transportieren der Versehrten. *»Ich beschloss, auf jeden Fall durchzuhalten.«* Bald war sie recht angesehen auf der Station. Sie überlegte sogar, ob sie nicht eine regelrechte Ausbildung zur Krankenschwester beginnen solle. Es war das erste Mal, dass sie eine richtige Arbeit hatte, sie bekam einen kleinen Lohn, und sie war stolz darauf. *»Ich wäre eine gute Krankenschwester geworden«,* sagt sie in ihren Memoiren. Wie auch später stets in ihrem Leben bewunderte sie Kompetenz, ganz gleichgültig in welchem Bereich, und wenn ihr die Möglichkeit gegeben wurde, etwas zu erlernen und richtig gut zu machen, griff sie zu. So auch jetzt im Lazarett. Am Abend schrieb sie Briefe an Archie und las die Briefe, die er schrieb. Clara und sie studierten täglich in der Zeitung die Liste der Verletzten und Gefallenen. So viele würden niemals wiederkommen, es waren Nachbarn und Bekannte darunter. Agatha betete für ihren Liebsten. Und Clara dachte an Monty, der in Afrika kämpfte.

Zu Weihnachten bekam Archie Urlaub. Die Verlobten trafen sich in Bristol, wo Peg Hemsley, Archies Mutter, mit ihrem zweiten

Ehemann William lebte. Dort standen sie einander gegenüber, frierend, befangen, um Worte verlegen.

»Es war, als müssten wir wieder ganz von vorn anfangen«, so Agatha im Rückblick. *»Der Unterschied zwischen uns beiden machte sich sofort bemerkbar. Seine betonte Lässigkeit, sein frivoles Gehabe störten mich. Ich wiederum war ernster und empfindsamer geworden und hatte die Unbeschwertheit meiner glücklichen Mädchenzeit weitgehend abgelegt. Es war, als bemühten wir uns vergeblich, einander näherzukommen, als entdeckten wir bestürzt, dass wir vergessen hatten, wie wir das anstellen sollten.«*

»Ich bin befördert worden«, sagte Archie, »ich habe eine Belobigung für Tapferkeit erhalten.«

»Die hast du verdient.«

»Aber ich werde mit der Fliegerei Schluss machen müssen, ich halte den Luftdruck in der Höhe nicht aus. Irgendwas in meinen Nebenhöhlen ist geplatzt.«

»Ach ja? Wie schrecklich.«

»Ich werde zur Artillerie versetzt.«

Archies Mutter brachte Tee. Ihr Gatte scherzte mit dem Stiefsohn und klopfte ihm auf die Schulter. »Der Krieg wird am Boden entschieden, mein Junge, es ist gut, zur Artillerie zu gehen. Schießt ihn in den Grund, den Kaiser, gebt ihm Saures mit den Kanonen.« Archie lächelte gequält. Er hatte den Krieg erlebt, konnte aber nicht darüber sprechen und wusste nicht, was er sonst sagen sollte. Agatha hatte um ihn gebangt und wünschte, sie könne ihrer Freude Ausdruck verleihen, dass er nun bei ihr war. Aber es war ihr nicht möglich. Sie hätte auch gern von ihrer Arbeit im Hospital erzählt, doch wenn sie dazu ansetzte, blieb ihr die Stimme weg. Alles was sie fühlte war: Er ist mir fremd, er ist mir entsetzlich fremd. Als Archie ihr dann sein Geschenk überreichte, brach sie in Tränen aus. Sie schrie ihn an: »Was soll das?« Es war kein Ring, kein Armband, kein seidenes Tuch – es war etwas Praktisches, ein Reisenecessaire. Dieser Verstoß gegen alle Regeln einer romantischen Courtoisie warf Agatha um. Sie forderte ihn auf, das Geschenk zum Lederwarenhändler zurückzubringen. Er knallte die Tür. Als er wiederkam, passte sie ihn in der Diele ab, gab ihm ihre Hände und flüsterte: »Es tut mir so leid. Lass uns nie mehr streiten. Lass uns wieder gut sein, für immer. Wie ist das: Kannst du nicht bald noch einmal Urlaub nehmen, damit wir heiraten können?«

Archie schüttelte den Kopf und redete mit gepresster Stimme auf sie ein: »Es geht nicht, das weißt du. *Es wäre völlig falsch. Man darf es nicht übereilen. Du kriegst eine Kugel ab, es erwischt dich, und du lässt eine junge Witwe zurück, am Ende ist auch noch ein Kind unterwegs. Nein, das wäre egoistisch und falsch.*«

Agatha stand wortlos da. Dann sprach sie, zitternd: »Ich sage dir jetzt mal, was hier passiert, Archie. Es ist das Luftfahrtministerium, dem wir unser Glück opfern, es ist deine Fliegerstaffel, es ist der Krieg. Ist es das wert? Sag mir ins Gesicht, dass du England und seinem Kriegsministerium enger verbunden bist als mir.«

Archie schwieg. Er sah bitter aus und plötzlich viel älter. Eine Weile ging er auf der Diele hin und her. Dann blieb er vor ihr stehen, packte sie bei den Ellenbogen und rief:

»Ja, du hast recht, Schluss mit dem Hin und Her. Kein Aufschub mehr, Agatha. Wir heiraten heute noch.«

»Bist du verrückt?«

»Ja. Wir heiraten sofort.«

»Aber es dauert Wochen, bis man eine Lizenz bekommt.«

»Im Krieg werden Ausnahmen gemacht. Ich weiß das ganz sicher. Ein Kamerad hat kürzlich –«, und da hatte er ihr schon den Mantel umgelegt und sie zur Tür geschoben. »Lass uns sofort alles in die Wege leiten. Morgen müssten wir es hinbekommen.«

»Aber morgen ist Heiliger Abend!«

»Ein guter Tag zum Heiraten!«

Und in der Tat, Archie kriegte es hin. Als Offizier erhielt er eine Sondergenehmigung, für acht Pfund ergatterte er eine Heiratslizenz, er und seine Verlobte mussten nur ihre Ausweise vorzeigen. Zur Trauung liefen sie in die Gemeindekirche des Bristoler Bezirks

Clifton, William Hemsley begleitete sie als Trauzeuge, und unterwegs trafen sie – was für ein Zufall! – eine Freundin Agathas aus Torquay, die hier Verwandte besuchte. »Du musst mit mir kommen und unsere Trauzeugin sein«, rief Agatha und zog die Freundin am Ärmel mit sich fort. In der Kirche übte gerade ein junger Organist. Agathas Schwiegervater forderte ihn auf, den Hochzeitsmarsch zu intonieren, während Archie zum Hilfspfarrer in die Sakristei stürmte: »Kommen Sie schnell, Sie müssen uns trauen!« Da stand nun Agatha in einem schlichten Straßenkostüm mit ihrem Flieger vor dem Altar, ohne Hochzeitsgesellschaft, ohne Brautstrauß und ohne Ring, aber sie tat endlich das, was sie so lange schon hatte tun wollen: sie heiratete. »*Als die Zeremonie begann*«, so erinnerte sie sich später, »*dachte ich einen traurigen Moment lang, dass wohl keine Braut jemals weniger Mühe auf ihr Aussehen verwendet hat. Kein Brautkleid, kein weißer Schleier, nicht einmal ein hübsches Kostüm.*« Dafür ein hübscher Mann an ihrer Seite und die tiefe Befriedigung, nun Mrs Christie zu sein.

Clara, Madge und Archies Mutter – sie waren alle empört über diesen Coup und tief enttäuscht darüber, um ein großes Fest gebracht worden zu sein. Das junge Paar nahm das in Kauf. Der Krieg veränderte die Prioritäten, auch das zivile Leben verlief jetzt anders, man machte sich seine Regeln neu, und vieles, was früher unverzichtbar erschienen war wie etwa eine Hochzeit in Weiß, war jetzt nicht mehr wichtig. Archie buchte per Telefon im Grandhotel Majestic von Torquay ein Zimmer, die Brautleute fuhren hin und verbrachten ihre Hochzeitsnacht in Agathas Heimatstadt. Weihnachten feierten sie in Ashfield. Drei Tage später musste Archie zurück an die Front.

Agatha nahm ihren Dienst im Lazarett wieder auf. Es gab viele Gründe für sie, den Krieg zu verfluchen: er hatte ihr den Ehemann weggenommen, und er nötigte sie, ihre Tage mit Sterbenden zu verbringen, in einem Miasma aus Blut und Chloroform, er hielt sie fest in ihrem Elternhaus, aus dem sie sich nun gerade mutig wegbewegen wollte. Sosehr sie immer noch an Ashfield hing – den Anfang des Ehelebens hatte sie sich als Nestbau vorgestellt, als den Erwerb und die Einrichtung eines Hauses, darauf insbesondere hatte sie sich gefreut, und nun wurde nichts daraus. Stattdessen: Hilfsdienst, täglich, auch sonntags. Zu Hause: der blinden Großmutter vorlesen, mit dem Strickzeug im Wohnzimmer hocken, dem Stubenmädchen zur Hand gehen, Schränke aufräumen, im Garten mit anfassen. Zwischendurch stahl sie sich ins Schulzimmer, um ein bisschen zu schreiben. Für ihren ersten Roman hatte sie keinen Verlag gefunden. Aber jetzt wollte sie die Wette mit Madge gewinnen. Und sich und der Welt beweisen, dass sie einen Krimi schreiben konnte.

»Agatha, glaubst du nicht, dass unser trefflicher Sir Arthur Conan Doyle schon alles getan hat, was man in diesem Genre tun kann? Wie willst du Sherlock Holmes übertreffen?«, fragte Clara ihre Tochter beim Dinner.

»Ich muss ihn nicht übertreffen. Ich kann versuchen, es anders zu machen.«

»In welcher Hinsicht?«

»Ich möchte einen ganz anderen Detektiv-Typen erfinden. Keinen Spurenleser, sondern einen Charakterkundler. Er soll den Fall intuitiv lösen, aber ohne dass er die Fakten ignoriert. Er interpretiert sie bloß auf seine Art. Er soll sich einen Begriff vom gesamten menschlichen Szenario machen, in dem der Mord passiert – und dann seine Schlüsse ziehen. Für mich heißt das, ich muss immer die Perspektive des Täters im Auge behalten, solange er der Einzige ist, der die Wahrheit kennt. Entlang dieser Perspektive muss ich erzählen, aber ohne die Zusammenhänge zu klären. Am Anfang der Geschichte müssen sie verdeckt bleiben, ebenso wie das wahre Motiv.«

»Wie kann man das im Dunkeln lassen – es gibt ja gar nicht so viele Motive. Und die liegen doch meist offen zu Tage«, sagte Clara.

»Lass uns überlegen – was sind das für Leidenschaften, die einen Menschen bewegen zu morden? Geldgier, Machtgier, Rache, Angst, Eifersucht …«

»Und ›verschmähter Liebe Pein‹, so heißt es im *Hamlet*. O Mama, ich möchte so gerne ein Stück für die Bühne schreiben.«

»Das Drama – die Königsdisziplin. Dachtest du an ein Kriminalstück? Passt das denn, eine Mörderjagd und die Bühne?«

»Unbedingt. Schließlich ist *Hamlet* auch ein Krimi. Der Prinz ist zugleich ein Detektiv, er sucht den Mörder seines Vaters.«

»Ich dachte immer, *Hamlet* sei ein Drama über Melancholie und Lebensüberdruss.«

»Mag sein, aber vor allem ist das Stück ein spannender Krimi.«

»Man weiß doch gleich, wer der Mörder war, denn Hamlet bekommt einen Tipp aus dem Jenseits. Der Geist seines Vaters erscheint ihm und klärt ihn auf.«

»Schon richtig, aber jetzt muss Hamlet in der wirklichen Welt den Beweis führen. Nicht so einfach. Zumal der Mörder sehr schnell merkt, dass er verdächtigt wird und sich einerseits vorsieht, andererseits dem Detektiv nach dem Leben trachtet.«

»Aber das Motiv ist doch klar: Claudius will an die Macht, er will den Thron.«

»Mehr noch: Er will Gertrud, er will die Frau seines Opfers, Hamlets Mutter.«

»Oho. Und die will auch ihn?«

»Das ist ein Kniff von Shakespeare. Er lässt es offen. Aber man kann das Stück so lesen, Mama, dass der Mord ein Komplott war.«

»Und Hamlet, der das alles durchschaut, verfällt in Melancholie …«

»Ja, weil er sieht, wie stark das Böse in der Welt ist. Man kann keinen Krimi schreiben, glaube ich, ohne darauf zu sprechen zu kommen, wie stark das Böse in der Welt ist.«

»Liebes, hast du je mit Mr Christie darüber gesprochen, dass du auch in Zukunft schreiben willst?«

Agatha legte das Messer auf den Teller. »Mutter«, sagte sie, »warum nennst du meinen Mann Mr Christie? Sag doch wenigstens Archibald.«

»Er ist mir immer noch ein bisschen unheimlich. Und jetzt diese übereilte Heirat …«

»Nach einer Verlobungszeit von achtzehn Monaten sprichst du von ›übereilt‹?«

»Du weißt genau, was ich meine. Der Krieg ist kein Grund, sich in eine Ehe zu stürzen, die man dann gar nicht leben kann. Ihr seid doch so oder so gezwungen zu warten, ob mit Trauschein oder ohne.«

»Warten, warten, warten. Mir ist es inzwischen zuwider. Was hieltest du davon, wenn ich mir Männerkleider anziehen würde, mich zur Truppe meldete und zu Archie nach Frankreich ginge?«

»Haha! Shakespeares Mädchen in Hosen sind ja immer zauberhaft, aber nicht im Krieg, *darling*. Ich fürchte, du musst dir eher öfter mal eine Schürze umbinden und in der Küche helfen. Jane hat gekündigt.«

»Nein!« Agatha warf die Gabel hin. Sie hatte von einem Moment auf den anderen keinen Appetit mehr. »Das kann sie nicht machen, nein, Mama.«

»Doch, sie kann. Ihr Bruder ist pflegebedürftig geworden und braucht sie. Sie wird zu ihm ziehen.«

Im Lazarett wurde eine neue Abteilung gegründet – eine Apotheke. Sie war im Stadtkrankenhaus untergebracht. Die Hilfsdienstleistenden konnten sich dort in einem Kursus zur Apothekenhelferin ausbilden lassen, richtig mit Abschlussprüfung. Agatha war sofort interessiert. Pharmazie hatte ihr immer schon gefallen, die geheimnisvolle Welt der Wässerchen, Essenzen, Pulver und Giftpflanzen – gern wollte sie mehr darüber wissen. Also wechselte sie in die neue Abteilung und belegte den Lehrgang. Sie tat das auch, weil sie wusste, dass Archie ihr Engagement auf der Lazarettstation scharf missbilligte. »Warum sollst du dich dort abmühen und so viel Schreckliches miterleben?«, fragte er sie. »Du kannst dich doch auf andere Art nützlich machen.« Das tat sie jetzt. Die Lehrerin

Agatha mit ihrem ersten Ehemann, Archibald Christie (1889–1962).

»*begann mit der Theorie*«, erzählte Agatha später, »*nicht mit der Praxis. Plötzlich mit Atomgewichten und Steinkohleteer-Derivaten konfrontiert zu sein, das konnte für mich nur in völliger Verwirrung enden. Aber schließlich fand ich mich doch zurecht und begriff die einfachen Fakten. Und nachdem uns bei einer Probe zum Nachweis geringer Arsen-Mengen unsere Kaffeemaschine explodiert war, machte ich recht gute Fortschritte.*«

Die Gifte! Arsen, Zyankali, Curare – Agatha musste unbedingt wissen, wie sie wirkten, was sie im menschlichen Körper anrichteten und was für Spuren sie hinterließen. Sie plante einen Giftmord – auf dem Papier, in ihrem Krimi. Während sie Substanzen abwog und mischte, wanderten ihre Gedanken zu ihrem neuen Roman, und sie ersann einen Plot. Aber sie rief sich immer wieder zur Ordnung und zur Konzentration auf die Pharmazeutika. Der größte Teil ihrer Arbeit in der Lazarett-Apotheke galt zwar harmlosen Stoffen, die zu Medikamenten zusammengerührt wurden, aber auch hier kam es auf Genauigkeit an und somit auf größte Sorgfalt. »*Als Amateure in der Spitalarbeit bereiteten wir alle Arzneien mit äußerster Präzision zu. Wenn der Arzt zwanzig Gran Wismutkarbonat für eine Dosis verschrieb, bekam der Patient genau zwanzig Gran. Das war richtig so, eben weil wir Amateure waren, aber ich kann mir gut vorstellen, dass ein Apotheker, der fünf Jahre studiert hat und einen akademischen Grad besitzt, sein Handwerk ebenso perfekt beherrscht wie eine Köchin das ihre. Mit großer Selbstverständlichkeit mischt er die Ingredienzen, ohne alles abzumessen oder zu wiegen. Er weiß es einfach. Bei Giften und gefährlichen Drogen ist er natürlich sehr genau, aber harmloses Zeug kommt in ungefähren Mengen dazu. Ähnlich geht es auch bei Färbemitteln oder Würzessenzen zu. Er macht es Pi mal Daumen.*« Agatha führte ein Notizbuch, in dem sie die besonderen Eigenschaften verschiedener Substanzen aufschrieb, ihre Gerüche, Konsistenzen und Reaktionen an der Luft und im Wasser. ›Wer weiß, wann ich je wieder so tief in diese mysteriöse Welt hineingucken kann‹, sagte sie sich. Antimon, Belladonna, Digitalis,

Morphium, Strychnin – so hießen die Überschriften in ihrem Büchlein. Als die Prüfung vor der Apotheker-Gilde anberaumt wurde, war Agatha ziemlich nervös. Sie hatte mehr Gewicht auf ihre Privatstudien gelegt und den Lehrplan nicht so ernst genommen. Aber sie bestand trotzdem – allerdings knapp. Bald darauf meldete sie sich bei der Handelsschule für einen Kursus in Stenografie und Maschineschreiben an. Die Kurzschrift lag ihr gar nicht, aber beim Maschineschreiben kam sie gut voran.

Wenn Archie einen seiner kurzen Urlaube erhielt, traf sich das Paar mal in London, mal in einem kleinen verschwiegenen Ort, bezog ein Hotel und feierte die zweite, die dritte und die vierte Hochzeitsnacht. Sie hatten so wenig Zeit füreinander gehabt, und es sah nicht so aus, als ob sich das bald ändern würde – der Krieg zog sich hin, er schien keineswegs jener begrenzte Waffengang zu sein, als den ihn die britische Presse und das Kriegsministerium eingeschätzt hatten. Archie war zum Bataillonskommandanten befördert und erneut wegen besonderer Tapferkeit ausgezeichnet worden. Agatha gegenüber spielte er die die Gefahr und den Schrecken herunter – das machten alle so, insbesondere die Offiziere, es galt als unschicklich, mit Müttern und Ehefrauen Klartext zu reden und so ihre Ängste zu steigern. Aber es nützte natürlich nichts. Die Frauen wussten genau, was im Feld geschah, Agatha sogar sehr genau, denn sie hatte an den Betten der Verwundeten gesessen und ihre Geschichten gehört.

»Weißt du, was ich gern täte?«, fragte sie Archie im Garten eines kleinen Hotels in New Forest, »ich würde mir gern Männerkleider anziehen, eine Einberufung fälschen und in den Krieg ziehen, zufällig genau in deinen Truppenteil.«

Archie küsste ihre Wange. »Sei froh, dass du das nicht musst«, sagte er. Und dann klagte er doch ein wenig – darüber, dass er nicht mehr fliegen konnte. Es hatte ihm so viel bedeutet. Er vermisste die Wolken. »Du musst mich entschädigen. Du und dein goldenes Haar.«

»Warum treffen wir uns nicht nächstes Mal in Ashfield?«, fragte Agatha. »Ich möchte mit dir auf der Terrasse sitzen. Und wir könnten den Pier entlangwandern …«

»Lass uns lieber nach Bristol gehen«, antwortete Archie, »ich scheue Ashfield wegen deiner Mutter. Ich habe das Gefühl, dass sie mich ablehnt.«

»Das tut sie ganz und gar nicht. Im Gegenteil, du gefällst ihr. Aber du hast eben diesen einen großen Nachteil: du nimmst mich ihr weg. Das ist es, womit sie nur schwer fertigwird.«

»So ein Unsinn. Du wirst 26. Alle Mütter müssen ihre Töchter gehen lassen. Das ist der Lauf der Welt.«

»Mit Clara hat es eben eine besondere Bewandtnis.«

»Was für eine Bewandtnis?«

»Sie kann Trennungen nicht vertragen. Und ich bin die Letzte, die sie noch hat. Verstehst du?«

»Nein, verstehe ich nicht.«

»Wirst du aber, wenn du weißt, wie meine Mutter aufgewachsen ist. Sie hat ihren Vater verloren, da war sie neun Jahre alt. Sie hatte noch drei Brüder. Ihre arme Mutter Mary Ann, meine Omi, stand nun allein in der Welt, sie bekam nur eine winzige Pension. Da hat Claras Tante Margaret, Omis Schwester, der Witwe ein Angebot gemacht. Margaret war jung verheiratet und gut gestellt, und sie sagte zu ihrer Schwester Mary Ann: Gib uns eins deiner Kinder ab, wir ziehen es für dich auf, dann ist deine Bürde ein bisschen weniger schwer. Und Omi gab Tochter Clara zu ihrer Schwester. Meine Mutter musste also ihre Familie verlassen und zur Tante ziehen, die außerordentlich lieb zu ihr war, aber es war eben nicht die Mutter. Es war eine neue Familie, in die sie sich erst einleben musste. Und das ist nicht gut gelungen. Verstehst du jetzt?«

»Huh«, machte Archie, »die Ärmste ist also weggegeben worden?«

»So ist es. Sie hatte furchtbares Heimweh, das nicht vergehen wollte. Bis heute fühlt sie sich von Trennungsängsten verfolgt. Ehrlicherweise muss man aber zugeben, dass der Wechsel für Clara auch was Gutes hatte. Sie lernte dort ihren Cousin Frederick kennen. Der war nicht ihr richtiger Cousin, keine Blutsverwandtschaft, er war der Sohn aus erster Ehe von Tante Margarets Ehemann, einem Amerikaner, der Miller hieß. Ihr Cousin Frederick Miller gehörte also mit zur Familie, er war neun Jahre älter als meine Mutter. Er hat sie, als sie Kinder waren, immerzu geneckt und geärgert und geknufft, und als Clara erwachsen war, ging das so weiter, nur mit anderem Unterton. Und stell dir vor: Irgendwann machte er ihr den Antrag. *Mein Vater Frederick Miller*, ja. Sie ist also doch noch gut ausgegangen, Claras Geschichte. Aber dass ihr Trennungen zu schaffen machen, das müsstest du jetzt verstehen.«

Archie brummte vor sich hin. Dann nickte er und sagte: »Einverstanden. Bei meinem nächsten Urlaub komme ich nach Torquay. Und nach Ashfield. Ich will deiner Mutter klarmachen, dass sie sich von ihrem Schwiegersohn Archie Christie niemals trennen muss.«

Oft saß Agatha im Schulzimmer, starrte aus dem Fenster und dachte über ihren Krimi nach. Er würde ihr gelingen, das fühlte sie, und sie würde diesmal Mr Philpotts mit dem Manuskript verschonen, es dafür sogleich an einen renommierten Verlag schicken. »*Ich konnte mir natürlich einen sehr ungewöhnlichen Mord und ein sehr ungewöhnliches Motiv ausdenken, aber das entsprach nicht meiner schriftstellerischen Absicht. Der ganze Witz eines guten Kriminalromans besteht darin, dass einer offensichtlich der Mörder sein muss, es aber ebenso offensichtlich aus irgendeinem Grund nicht sein kann. Obwohl er es natürlich ist …*« Agatha hatte von Madge eine alte Schreibmaschine geerbt, an der saß sie in ihrer freien Zeit, übte für den Kursus und tippte die handschriftlichen Skizzen für ihren Krimi ab. So eine Seite sah, wenn man sie aus der Maschine herausdrehte, auf eine herrliche Weise gedruckt aus. Das war ein Vorgeschmack auf das Buch, das sie irgendwann in Händen halten würde. Würde sie? Anfang und Ende hatte sie schon genau im Kopf, einige Passagen schrieb sie auf gut Glück nieder – aber sie hatte noch keinen Detektiv. Madge glaubte nicht an das Projekt, sie fand, Agatha sei für die Genauigkeit, die ein Krimi verlange, zu wunderlich. Aber Clara nickte ermutigend. Eines Tages kam sie zu Agatha ins Schulzimmer, setzte sich auf den Sessel für die Lehrerin und fragte geradeheraus:

»Hast du mit Archibald über deine schriftstellerischen Pläne gesprochen?«

»Ich habe mal so etwas angedeutet«, erwiderte Agatha, »er fand das ganz in Ordnung. Hab keine solchen Bedenken, Mama, Archie ist ein ziemlich moderner Mann, und er wünscht sich eine moderne Frau, eine, die selbständig denkt und handelt und – schreibt.«

»So was sagen die Männer vor der Ehe, und hinterher wollen sie, dass man nur für sie allein da ist.«

»Aber wir sind doch nicht mehr ›vor der Ehe‹.«

»Praktisch schon. Ihr führt doch kein Eheleben.«

Agatha seufzte. »Dieser Krieg kann nicht ewig dauern.«

Clara sagte: »In Russland hat es eine Revolution gegeben. Das bedeutet weitere Flüchtlinge für uns, diesmal aus dem Zarenreich.«

Agatha überlegte: »Mein Krimi spielt im Hier und Heute. Was hieltest du davon, wenn mein Detektiv ein geflüchteter Ausländer wäre? Einer, der in seiner Heimat ein Kriminalbeamter war?«

»Soll er denn sympathisch sein?«

»Nicht unbedingt. Ich stelle ihn mir ein wenig sonderbar vor, mit einer speziellen Begabung. Er sieht hinter die Fassaden. Aber sympathisch? Hm. Manche mögen ihn, andere nicht. Auf jeden Fall ist er ein Außenseiter. Seiner Umgebung soll er ein wenig unheimlich sein, weil er Dinge wahrnimmt, die anderen entgehen.«

»Das ist üblich bei einem Detektiv. Aber um eins bitte ich dich: kein Russe!«

»Nein-nein, er muss ja Englisch sprechen und auch sonst Bildung haben.«

»Wie wäre es denn – du hast doch sicher von dieser Kolonie in der Gemeinde Tor gehört, dort hat man Leute untergebracht, die kurz nach Kriegsbeginn aus Belgien geflohen sind …«

»Ein Belgier! Ja, warum nicht? Man spricht dort Französisch, oder? Jedenfalls in größeren Landesteilen. Alle werden meinen Detektiv für einen Franzosen halten, weil er diesen Akzent hat. Und er kann seine Mitmenschen dann ein bisschen von oben herab berichtigen: ›Ich bin Belgier.‹ Und ich darf immer mal französische Wendungen einfließen lassen, etwa: ›Ah, mon ami‹, oder ›Voilà!‹ oder ›Eh bien!‹ – So was frischt einen Dialog auf! Ja, danke, Mama, der Vorschlag ist wirklich gut.«

Clara lächelte. »Und der Name?«

»Lass mich überlegen. Wie heißen Belgier denn so?«

»Lilian Pirie hat einen Belgier aus dieser Kolonie kennengelernt, der heißt Vandewall.«

»Nee. Es gibt doch wohl französische Namen in Belgien, oder? Ein bisschen Harmonik sollte schon mitschwingen; diese germanischen Namen klingen durch die Bank entsetzlich barsch und bestenfalls schwermütig.«

»Ja, warte, dieser Vandewall hat einen Nachbarn namens – äh – Poiret. Wie ist es denn damit?«

»Passt schon eher. Ich werde ihm übrigens einen Freund an die Seite stellen, mit dem er sich über den Fortgang seiner Ermittlungen austauscht. Damit ich diesen Fortgang in einen Dialog packen kann, verstehst du? Der Freund hat schon einen Namen: Major Arthur Hastings.«

»Ein bisschen wie bei Sherlock Holmes und Dr. Watson, he?«

Agatha errötete. »Nun ja, aber dass ein Detektiv einen Freund hat, dem er sich anvertraut, das ist ja sozusagen trivial. Das ist Realität.«

»Verrate mir doch, woran stirbt denn dein armes Mordopfer?«

»Ich denke mal: Strychnin.«

Ideen kamen Agatha im Gehen. Dabei tat sie dasselbe, was sie als Kind getan hatte, wenn sie durch den Garten schnürte und sich Wesen, Gestalten, Personen ausdachte, mit denen sie dann spielte. Sie probierte auch ihre fiktiven Dialoge so im Gehen aus. ›Wenn man ein neues Buch plant, ist nichts besser, als irgendwo einen *langen Spaziergang zu machen.* Das fehlende Glied in der Kette (englisch: The Mysterious Affair at Styles) *schrieb ich gewissermaßen im Gehen. Man kann erst anfangen zu schreiben, wenn man sich die Figuren überlegt und das Gefühl hat, dass sie real sind. Dann kann man mit ihnen durch den Garten spazieren.‹* Lange überlegte sie, in welcher Gestalt ihr Detektiv, den *Poirot* zu nennen sie sich entschlossen hatte, ihr selbst und dem Lesepublikum begegnen sollte. Eine außergewöhnliche Erscheinung würde er sein, so viel war klar. Sie hatte einmal in der Straßenbahn einem Mann gegenübergesessen, der mit seiner Sitznachbarin französisch parlierte und einen sehr eigenartigen Akzent hatte. Irgendwann redeten die beiden über Brüssel, und es war klar, dass es sich um die Heimatstadt des Mannes handelte. Ein Belgier also. Er war sehr klein und rund, hatte einen Eierkopf und einen großen Schnurrbart. Dieser kleine Herr kam Agatha sogleich in den Sinn, als sie sich entschlossen hatte, ihren Detektiv einen Belgier sein zu lassen. Sie seufzte ein wenig, als sie entschied, Poirot äußerlich nach dem Mann aus der Bahn zu formen, denn der war alles andere als attraktiv. Aber sie hatte keine Wahl, denn sie wusste, dass ihre Phantasie reflexartig auf den kleinen Schnurrbartträger zurückkäme, wenn sie über Poirot schreiben und ihn sich dabei vorstellen würde. ›Er wird die Menschen verstehen und stolz darauf sein‹, dachte sie, ›und ich werde ihm einen Vornamen geben, der in scharfem Gegensatz zu seinem Wuchs steht: Hercule ... *Er sollte Inspektor in seiner Heimat Belgien gewesen sein, um über eine gewisse Erfahrung in der Verbrechensbekämpfung zu verfügen. Er würde sehr ordentlich, sehr exakt sein, ein Mann, der die Dinge zurechtrückte, sie paarweise anordnete, der eckige Formen lieber hatte als runde. Er sollte sehr intelligent sein, eine Menge kleiner grauer Zellen im Kopf ...‹* Nie fühlte sich Agatha so mit sich selbst im Einklang, so leicht und frei, als wenn sie schrieb. Nun, da Hercule Poirot aus ihrer Phantasie in die Schrift übergesprungen war, arbeitete sie in einem enormen Tempo und mit großer innerer Befriedigung.

Den Ausbruch des Ersten Weltkrieges hatten die Angehörigen der britischen Mittelschicht, überwiegend wohlhabende gebildete Zeitgenossen, in ihrer großen Mehrheit nicht kommen sehen. England war seinerzeit eine Weltmacht, sein Kolonialreich erstreckte sich von Australien über Indien, den Nahen Osten und große Teile Afrikas bis nach Kanada, das alles lernten die Kinder in der Schule oder, wie in Agathas Fall, daheim von den Eltern oder Hauslehrern, und sie fühlten sich entsprechend unangreifbar. Dass dieses Weltreich in einen Krieg hineingezogen werden konnte, schien ganz und gar unmöglich, aber es passierte, und damit ging eine Ära zu Ende. Königin Victoria war schon 1901 gestorben, aber das Viktorianische Zeitalter mit der ihm eigenen Stabilität versank erst 1914, als England gegen alle Wahrscheinlichkeit in einen Krieg eintrat mit all den fürchterlichen Folgen wie Verlusten an Menschen und Material und mit tiefem Leid und Lebensmittelknappheit zu Hause. Wie die meisten Engländer hoffte Agathas Familie auf ein baldiges Ende dieser ganz und gar unbegreiflichen Feldzüge, und als sich die Kampfhandlungen dann doch über Jahre hinzogen, war es das Ende des Krieges, auf das niemand mehr gefasst war. Man hoffte darauf, aber man rechnete nicht mehr damit. Agatha Christie schrieb ihren ersten Kriminalroman mitten im Krieg während der Jahre 1916/17, und sie entwickelte die Handlung nicht zufällig um einen Detektiv, der aus Belgien geflüchtet war und um dessen Freund Major Hastings, der einer Verwundung wegen Fronturlaub hatte. Von überallher strömten damals Menschen, die vom Krieg entwurzelt worden waren, auf die Insel, deren Bewohner ihrerseits um Söhne und Gatten auf dem Kontinent oder in Afrika fürchteten und ihre Ersparnisse von den Banken abzogen, um sie in ihren Geheimfächern zu verstecken. Aber dann war es irgendwann doch so weit. Agatha begab sich gerade auf den Heimweg von ihrem Kursus in der Handelsschule, sie trat auf die Straße und konnte nicht glauben, was sie da sah. Überall in den Straßen tanzten Frauen. Englische Frauen neigen nicht dazu, auf der Straße zu tanzen, aber da waren sie nun, in einer wilden Orgie des Glücks, lachend, *schreiend, drängend, springend, in einer zügellosen Euphorie. Es war furchterregend. Man hatte das Gefühl, wenn in diesem Augenblick ein paar Deutsche in der Nähe gewesen wären, hätten die Frauen sie in Stücke gerissen. Wahrscheinlich waren nur einige von ihnen betrunken, aber alle benahmen sich so. Sie wankten, taumelten, jubelten.* Es war der 11. November 1918. Der Krieg war vorbei.

Archie war schon im September nach England zurückgekehrt, aus Gesundheitsgründen. Seine Nebenhöhlen gaben auch bei der Artillerie keine Ruhe, außerdem hatte er ständig Magenprobleme, und jetzt war er, mittlerweile im Rang eines Obersten, ins Luftfahrtministerium abkommandiert worden. Selten hatte sich Agatha über eine Nachricht so gefreut wie über dieses Telegramm: «Ich komme nach Hause, stop. Archie.» Und von Clara erfuhr sie, dass sich Bruder Monty, der in Afrika verwundet worden war, auf dem Wege der Besserung befand. ›Unsere Familie hat Glück gehabt‹, dachte Agatha. Sie und Archie wollten sich in London niederlassen, sie suchten eine Wohnung – so wie ganze Scharen demobilisierter Soldaten mit und ohne Familie. Die Bleibe musste preiswert sein, denn Agatha und Archie waren nicht reich. Archies Sold war mäßig, und Agatha hatte nur ihr sehr bescheidenes Erbe. Aber beide waren zuversichtlich. »Ich werde einmal viel Geld verdienen«, brüstete sich Archie, und Agatha sagte sanft: »Hauptsache, wir sind zusammen.« Bald fanden sie ein passendes Apartment in London, Madison Mansions, und richteten es mit Elan ein. Archie ging Tag für Tag ins Ministerium und versah dort seinen Dienst, aber er teilte Agatha mit, dass er sich nach etwas Besserem umsehe und dass er kündigen werde, sowie er in der City einen Posten gefunden hätte. Verdiente Offiziere wurden bei Unternehmen und Banken gerne eingestellt. Agatha bewunderte Archies Pragmatismus. Sie war davon ausgegangen, dass das Militär seine Heimat sei, aber jetzt, wo der Krieg aus war, wollte er ins zivile Leben, dorthin, wo Geld verdient wurde und er keine Uniform tragen musste.

An einem Winterabend saßen er und Agatha zusammen in ihrem Wohnzimmer, das nach Ashfield-Maßstäben klein war, für sie selbst aber eine große Freude, und Agatha sagte zu ihrem Mann: »Ob du es glaubst oder nicht, ich habe einen Roman geschrieben. Einen Kriminalroman mit einem äußerst rätselhaften Fall und einem bemerkenswerten Detektiv. Ob du den lesen würdest?«

Archie kniff die Augen zusammen und sagte: »Wirklich?« Agatha nickte. Und er: »Na, her damit.« Agatha stand auf, um das Manuskript von *Das fehlende Glied in der Kette* zu holen. Sie war gar nicht besonders erleichtert über Archies Bereitschaft, ihr Buch zu lesen, denn sie hatte nichts anderes erwartet. »Hier«, sagte sie und legte ihm den dicken Papierstapel auf den Schoß, »schau mal rein, ich habe alles selbst mit der Maschine getippt.« Ehrfürchtig strich er über das Konvolut und sagte: »Alle Achtung«.

Nun kam Archie öfter mit nach Ashfield. Einmal, während Agatha die neue Köchin zum Wochenmarkt begleitete, saß er mit Clara beim Tee im Esszimmer und sagte zu ihr:

»Es tut mir leid, liebe Schwiegermama, dass ich so lange so abweisend war. Aber du darfst nicht vergessen, dass du versucht hast, mich aus dem Feld zu schlagen und stattdessen diesen Reggie …«

Clara fiel ihm ins Wort. »Schnee von gestern. Du musst dich nicht entschuldigen, Archie. Ich möchte dir aber etwas sagen, was dich vielleicht überrascht. Wahrscheinlich hat Agatha dir von meiner Kindheit erzählt, dass ich weggegeben wurde und darunter gelitten habe –«

»Ja, das hat sie.«

»– und dass ich es deshalb nicht vertrage, mich von meinen Kindern zu trennen. Aber das ist nicht so, Archie. Ich habe Madge gehen lassen und Monty, und ich musste mich von meinem Mann trennen, den mir der Tod geraubt hat, das war sehr schwer. Aber ich habe es durchgestanden. Mit Agatha ist es etwas anderes.«

Weil Clara eine Pause machte, im Wohnzimmer umhersah und auf ihrer Unterlippe kaute, fragte Archie: »Was ist es denn?«

»Ich habe Agatha hier in Ashfield noch eine Weile behalten wollen – nicht, weil ich mich nicht von ihr hätte lösen können, sondern weil ich es richtig fand, sie noch ein wenig länger zu behüten.«

»Das hast du ja nun getan. Sie ist immer noch nicht ganz von Ashfield ausgezogen. Seelisch, meine ich.«

»Wie du sagst. Agatha ist auf ihre Art ein Kind geblieben, verstehst du? Und sie braucht einen entsprechenden Schutz.«

Da lachte Archie. »Liebe Mama, ich kenne sie ja nun auch. Sie ist durchaus eine Frau!«

»Sicher ist sie das.« Clara wiegte ihren Oberkörper ein wenig unbehaglich hin und her. Und sagte: »Ich habe sogar das Gefühl, dass sie sehr glücklich mit dir ist. Aber Agatha ist nicht so gestrickt wie du und ich. Sie lebt nicht unmittelbar in der Wirklichkeit. Sie nimmt die wirkliche Welt nur durch den Filter ihrer Vorstellung von ihr wahr. So wie Kinder es tun, die die Dinge um sie herum beseelen und sie nach den Maßstäben ihrer Phantasie einschätzen, anstatt sie als das zu nehmen, was sie sind.«

Archie schaute zweifelnd: »Du meinst, Agatha lebt in einer Traumwelt?«

»So würde ich es nicht sagen. Aber ihre Phantasieproduktion ist ungewöhnlich stark und bestimmt ihre Weltwahrnehmung und ihre Lebensentscheidungen auch dann, wenn es darauf ankommt, die Dinge klarzusehen. Deshalb hatte ich Angst um sie und wollte –«

Archie ging lachend dazwischen. »Sorge dich nicht, verehrte Mama! Wenn es wirklich nötig sein sollte, Agatha ein bisschen mehr Bodenhaftung zu verschaffen, so werde ich das übernehmen. Schon morgen. Wir machen einen Ausflug ins Dartmoor.«

Archie fand bald einen Job in der Finanzwelt. Er war sehr stolz und fest entschlossen, sein Bestes zu geben. Am Anfang verdiente er noch nicht das große Geld, aber eine fühlbare Verbesserung seiner und damit auch Agathas Einkommenslage konnte gefeiert werden. Tagsüber blieb Agatha allein in der gemeinsamen Wohnung und versuchte, Routinen des Ehelebens für sich zu entwickeln und Freude daran zu finden. Müsste es sich nicht als wundervoll erweisen, eine verheiratete Frau zu sein? Blumen arrangieren, Kissenbezüge sticken … Alle Geschichten über das Leben und das Schicksal von Frauen liefen auf diesen einen Punkt zu: die Eheschließung. Danach brauchte nicht mehr viel erzählt zu werden, denn was jetzt begann, sollte pure Seligkeit sein. Zwar murmelten alte Damen manchmal etwas von der Unzuverlässigkeit oder gar Treulosigkeit der Ehemänner und von dem Schmerz, der daraus erwuchs, aber dergleichen galt ja wohl nicht für Mr und Mrs Christie. Doch abgesehen von den Wochenenden mit Archie, die sie sehr genoss, verspürte Agatha überhaupt keine Seligkeit. Sie empfand ihr neues Leben sogar als ausgesprochen öde. Archie mochte sie das so nicht sagen, denn wenn er da war, verhielt es sich ja anders: dann war sie immer zufrieden, oft froh und manchmal richtig glücklich. Aber unter der Woche wusste sie einfach nicht, was tun. Haushaltspflichten waren zu erfüllen, das ja, aber da es seinerzeit in der englischen Gentry als unschicklich galt, über kein Personal zu verfügen, egal, wie beschränkt die Mittel waren, mit denen man auskommen musste, hatten auch die Christies eine Haushälterin eingestellt, die alle anfallenden Aufgaben, inclusive Küche, zur Zufriedenheit ihrer Herrschaft erledigte. Die Arbeit im Hause bestand für die bessergestellte Hausfrau ohnehin nur in der Koordination und Beaufsichtigung der Dienstboten – die freundliche Mrs Woods jedoch, die Agatha und Archie den Haushalt führte, musste nicht groß beaufsichtigt werden; man konnte eher sagen, dass es Mrs Woods war, die Agatha ein bisschen beaufsichtigte, wenn sie mitbekam, wie die arme junge Frau erwartungsvoll in den Tag schaute, der ihr nichts bot außer einer vagen Freude auf den Abend. »Vielleicht hat Madam Lust, mit mir ein bisschen Apfelkompott einzukochen?« O ja, dazu hatte Agatha durchaus Lust. Des Abends, wenn Mrs Woods gegangen war und Archie heimkam, passierte aber meistens auch nichts. Er stopfte seine Pfeife, ließ sich von Agatha Bier servieren und erzählte ihr kurz von der City.

»Und was hast du erlebt, *darling*?«

»Ich? Gar nichts.«

»Warum unternimmst du nicht was mit Freundinnen? Ein bisschen Shopping, he? Und könntest du nicht mal deine Schwägerin besuchen, die du so interessant findest, hm, wie hieß sie noch, die Schwester von Madges Mann, Nan Watts? Übrigens: Ich habe heute während der Mittagspause deinen Roman zu Ende gelesen. Ich finde ihn ausgezeichnet. Du solltest sofort auf Verlagssuche gehen. Ein Kollege von mir hat einen Bruder mit Verbindungen zum Verlagswesen, den spreche ich an …« Das war ja nun etwas Neues, und mit einem Mal war Agathas Leben wieder aufregend, abwechslungsreich und voller Zukunft. *Das fehlende Glied in der Kette.* Sie küsste Archie auf beide Wangen. Schon morgen wollte er mit dem Kollegen sprechen.

In der Adventszeit zog es Agatha nach Ashfield, und Archie kam mit. Auch Madge war mit Sohn zu Besuch. Die neue Köchin bereitete Fisch und Geflügel zu, und es gab wieder eines jener herrlichen Dinners mit fünf Gängen, zum Nachtisch ein Soufflé mit Torte, wie Agatha es so gerne mochte. Nur dass sie diesmal einfach keinen rechten Appetit hatte. Clara guckte vielsagend, Madge wiegte den Kopf und Agatha erschrak – und erlangte bald Gewissheit. Ja, es war wirklich so: Sie war schwanger. *Ich hatte bisher in dem Glauben gelebt, dass Babys sich automatisch einstellen würden. Nach jedem von Archies Urlauben war ich tief enttäuscht gewesen, wenn ich kein Anzeichen eines Babys entdecken konnte. Diesmal hatte ich gar nicht damit gerechnet.* Die Schwangerschaft bekam Agatha schlecht, sie litt entsetzlich unter Übelkeit und zwar bis zum letzten Tag; aber nichts konnte ihre Freude trüben: Sie würde bald Mutter sein. Sie würde ihr Baby wiegen. Was für ein Wunder. Es kam also doch noch, das große Glück – wenn auch in Begleitung weher Eingeweide und einer grotesken Entstellung ihrer Figur.

Als Agatha ihrem Mann anvertraute, dass sie nun bald zu dritt sein würden, erlebte sie einen seltsamen Archie. Die beiden hatten kaum je über Elternschaft gesprochen, für Agatha war ein Baby die natürlichste Sache von der Welt und der tiefere Sinn der Ehe. Aber für Archie war das offenbar nicht so. Er starrte sie an, als sie ihn eingeweiht hatte, er kam auf sie zu, umfasste sie und stöhnte:

»Nein, das ist ja furchtbar, mein armer Schatz, nein …«

Agatha war verblüfft: »Was redest du? Es ist doch wunderbar. Ich warte schon so lange darauf …«

»Ich nicht. Ich will kein Kind. Ich möchte mit dir glücklich sein.«

»Aber glaubst du denn, ein Kind würde dabei stören?«

»Allerdings! Es wird die ganze Zeit auf deinem Schoß sitzen, und ich komme nicht mehr zum Zuge.« Nervös nestelte Archie an seinem Tabakbeutel.

Agatha dachte, er mache Spaß. »Ich verspreche dir, dass ich den kleinen Schlingel zwischendurch in die Wiege lege und du durchaus zum Zuge kommst.«

»Schlingel? Du hoffst auf einen Jungen?«

»Natürlich. Es wird auf jeden Fall ein Junge sein.«

»Ach, Agatha«, er küsste sie, weil er glaubte, das jetzt tun zu müssen und gestand ihr, dass er sich tatsächlich vor einem Kind fürchtete, dass es die Zweisamkeit mit ihr sei, die er suche und jetzt in Gefahr sehe und dass sie ihm bitte verzeihen möge.

»Verzeihen? Aber was denn bloß?«

»Na, ich habe dir das doch angetan.«

Agatha machte die Augen zu und lächelte. »Du bist ein Schaf«, sagte sie, »jetzt freu dich bitte.«

»Gut, ein wenig. Aber nur auf ein Mädchen. *Auf einen Jungen werde ich immer eifersüchtig sein, denn du würdest deine ganze Aufmerksamkeit auf ihn richten.«*

»Aber einer Tochter würde ich dieselbe Aufmerksamkeit widmen.«

»Nein, das wäre nicht das Gleiche.«

»Wir werden ja sehen. Denkst du mit mir über einen Namen nach?«

Archie hatte ausschließlich Mädchennamen auf Lager, er bevorzugte Elaine, Agatha war für Harriet und insgeheim für Frederick.

Das fehlende Glied in der Kette hatte mittlerweile eine Reise durch sechs Verlage, die es alle nicht drucken mochten, hinter sich, und Agatha wollte schon aufgeben, als ihr siebenter Versuch bei dem Verlag The Bodley Head dann doch zu fruchten schien. Man sehe eine gewisse Qualität in ihrem Manuskript, müsse aber vor einer Veröffentlichung noch auf einigen Änderungen bestehen. Um die zu besprechen, werde man der Verfasserin eine Einladung zukommen lassen. Agatha freute sich sehr über diese positive Antwort, aber je mehr Zeit verging, ohne dass die versprochene Einladung erfolgte, desto mehr verfestigte sich Agathas Überzeugung, versagt zu haben und nun doch nicht mit ihrem Buch an die Öffentlichkeit treten zu können. Ich habe wohl zu viel gewollt, dachte sie, schade um Poirot, schade um Major Hastings. Der Major war es, aus dessen Perspektive sie ihren Roman geschrieben hatte, ein bisschen war sie während der Arbeit zu Hastings geworden. Und als Hastings fühlte sie sich jetzt ganz und gar unbehaust, abgelehnt, weggeschickt. Das war schmerzhaft.

Es gab aber dann anderes zu tun. Die Familie musste in eine größere Wohnung umziehen, denn sie hätten künftig außer ihrem Kind ja auch noch eine Nanny zu beherbergen. Es ergab sich, dass ganz in der Nähe etwas Passendes frei wurde; die Christies bewarben sich und bekamen den Zuschlag. Noch einmal musste Agatha Türen und Wände streichen, elektrische Leitungen legen und Vorhänge nähen lassen, sie tat das »*mit Feuereifer*«. Archie bekam von der Army eine Abfindung. »*Wir gaben ein Gutteil davon für Möbel aus. Ein Menge Zeugs kam auch aus Ashfield, das ganz voll gestopft war mit Tischen und Stühlen und Truhen, Silber und Wäsche. Wir besuchten auch Auktionen und erstanden dort für ein Butterbrot ein paar altmodische Kommoden und Schränke. Wir hatten kein Klavier, das war bedauerlich, aber diesen Mangel glich ich dadurch aus, dass ich, immer wenn ich nach Torquay kam, wie eine Wahnsinnige auf die Tasten drosch.*« Mrs Woods führte Regie bei der Einrichtung der Küche. Sie wusste auch, was es bedeutete, dass Agatha ihr Schwangerschaftserbrechen nicht loswurde. »*Ich für mein Teil*«, sagte sie, »*behaupte, dass Sie ein*

Mädchen bekommen werden. Übelkeit bedeutet Mädchen. Schwindel und Ohnmacht bedeuten einen Jungen. Übelkeit ist besser.« Archie umsorgte seine Frau mit viel Feingefühl, er ging mit ihr spazieren, brachte sie zu Bett, deckte sie zu und servierte ihr morgens den Tee. Wenn er mit ansehen musste, wie sie Mrs Woods köstliches Mittagsmahl wieder von sich gab, raufte er sich die Haare. Auch dass Agatha die Gestalt einer wandelnden Tonne annahm, irritierte ihn, und er machte gern Scherze über sein geliebtes Nilpferd.

Am 5. August 1919 wurde Agatha von einem Mädchen entbunden; die Geburt fand in Ashfield statt, unter Aufsicht von Clara und einer erfahrenen Hebamme. Das Kind war hübsch und gesund, mit dichtem, dunklem Haar und großen Augen. Die Eltern waren übereingekommen, das Baby so zu nennen, wie sie es passend fänden, wenn sie es nach der Geburt im Arm hielten. Es sollte ihnen sozusagen seinen eigenen Namen zuflüstern. Und als es dann so weit war und die Kleine abwechselnd auf Agathas und Archies Schoß ruhte oder zappelte und sie ihr lange ins Gesicht gesehen hatten, nannten sie sie Rosalind.

Nachdem Agatha sich erholt hatte, machte sie sich auf, in London eine Kinderfrau zu suchen. Es war seinerzeit in der Oberschicht völlig unüblich, ein Kind während der ersten Lebensjahre selbst zu betreuen, die Nanny eine Institution, die mit dem Baby ins Haus kam. Der Krieg hatte vieles verändert, nicht nur die Machtverhältnisse auf dem Kontinent und in Englands Überseebesitzungen, auch das soziale Leben auf der Insel war nicht mehr dasselbe. Die Labour Party, 1900 gegründet, hatte an Einfluss gewonnen, die Arbeiterklasse und die heimgekehrten Soldaten meldeten ihren Anspruch auf Würdigung ihrer Leistungen an, und die Frauen, auch die einfachen Arbeiterinnen, hatten in weiten Teilen Europas – wenn auch noch nicht in England – das Wahlrecht errungen. Eine neue Zeit war angebrochen, und der von Agatha so sehr geschätzte Kosmos der kundigen Dienstboten, mit dem sie aufgewachsen war, zerstreute sich und ging mit der alten quasi-feudalen Klassengesellschaft unter. Agatha erblickte darin einen großen Verlust für das Zusammenleben, den sie immer wieder beklagt hat. Nun musste sie sich an eine kommerziell ausgerichtete Agentur wenden, um eine Kinderfrau zu finden. Wie anders waren die Verhältnisse gewesen, als die alte Nursie noch an ihrer Seite und sie selbst ein kleines Mädchen gewesen war.

Die Nannys im Jahr 1919 waren frech geworden, verlangten zu viel Lohn und bestanden auf geregelter Arbeitszeit. In Agathas Kinderjahren gehörten Nannys zu den privilegierten Dienstboten. Viele nahmen eine Stelle nur an, wenn noch genügend weiteres Personal beschäftigt war und sie sicher sein konnten, dass ein Stubenmädchen das Kinderzimmer sauber hielt und die Köchin für Babynahrung sorgte. Mit einem Wort: sie hielten auf sich. Das war vorbei. Mr Christie konnte zwar den Lohn für eine Haushälterin und ein Kindermädchen aufbringen, aber für ein zusätzliches Stubenmädchen reichte es nicht. Agatha sprach mit mehreren Anwärterinnen, und sie fand die Richtige: Jessie Swannell, die ›Nursie‹ für Rosalind.

»Sie blieb über zwei Jahre bei uns, und ich mochte sie gern, obwohl sie ihre Fehler hatte. Sie gehörte zu jener Sorte Kinderfrauen, die eine natürliche Abneigung gegen die Eltern der von ihr betreuten Kinder empfinden. Für Rosalind war sie die Güte in Person; ich glaube, sie hätte ihr Leben für das Kind gegeben. Mich betrachtete sie als Eindringling, obwohl sie widerstrebend tat, was ich von ihr verlangte, auch wenn sie meine Ansicht nicht teilte. Andererseits wurde sie mit jeder Situation fertig: sie war immer freundlich, gut gelaunt und hilfsbereit. Ja, ich respektierte Jessie Swannell und hoffe, sie hat ein erfülltes Leben gehabt und erreicht, was sie erreichen wollte!«

Mittlerweile hatte Agatha ihr Manuskript und den saumseligen Verlag völlig vergessen, und so war es eine echte Überraschung, als eines Tages ein Brief mit dem Absender The Bodley Head in ihrer Postbox lag. Nach so vielen Monaten! Man hatte dort ihr Werk tatsächlich nur zur Seite gelegt und es dann wieder hervorgeholt, und jetzt wurde sie zu einem Gespräch gebeten. Hercule Poirot und Major Hastings, sie würden vielleicht doch noch das Licht der lesenden Welt erblicken. *»Hoffnungsvoll machte ich mich auf den Weg. Ich wurde in das Büro des Verlagsleiters John Lane geführt, und er erhob sich, um mich zu begrüßen. Er hatte eine gütige, liebenswürdige Art, aber seine pfiffigen blauen Augen hätten mich vielleicht warnen sollen, dass ich es mit einem Menschen zu tun hatte, der seinen Vorteil rücksichtslos zu wahren wusste.«*

Mr Lane klagte über die Schwierigkeiten des Buchmarktes und das Risiko, das er mit jedem neuen Titel eingehe. Und er wünschte sich für den Schluss von *Das fehlende Glied … noch* einige Änderungen. Agatha verstand, dass er entschlossen war, ihr Buch zu verlegen, und sie jubelte innerlich, als er das Vertragsformular hervorzog. *Ich hätte unbesehen alles unterschrieben. Dieser Vertrag sah vor, dass ich kein Autorenhonorar erhalten würde, solange nicht zweitausend Exemplare verkauft waren. Die Hälfte aller Erlöse aus der Veröffentlichung als Fortsetzungsroman sowie aus den Bühnenrechten würde an den Verlag gehen. Das alles bedeutete mir nicht viel – nur eines war wichtig: das Buch würde erscheinen! Ich bemerkte nicht einmal, dass der Vertrag eine Klausel enthielt, die mich verpflichtete, ihm meine nächsten fünf Romane zu einem nur mäßig günstigeren Honorarsatz anzubieten. Für mich bedeutete das alles einen unglaublichen Erfolg. Ich unterschrieb mit Begeisterung.* Auf dem Heimweg dachte sie: ›Ich muss sofort an Mama und Madge schreiben. Und auch an Eden Philpotts.‹

Archie war gar nicht verwundert, als Agatha zu Hause Bericht erstattete.

»Du bist gut«, sagte er, »die Geschichte ist sophisticated, da geht man gerne mit.« Und er schmunzelte. »Ich bin stolz auf dich.«

»Mr Lane hat mich womöglich über den Tisch gezogen, Archie. Ich bekomme erst Geld, wenn der Handel zweitausend Exemplare abgesetzt hat.«

»Das ist nicht besonders großzügig. Aber das wirst du schaffen. Das Buch wird laufen.«

»Er behauptete, dass es immer sehr schwierig sei, eine junge Schriftstellerin durchzusetzen, und als er das sagte, habe ich ihn unterbrochen und ihm klargemacht …« Sie stockte.

»Was hast du gesagt?«

»Ich habe gesagt: Schriftstellerin? Aber ich bin doch keine Berufs- schriftstellerin! Ich schreibe zu meinem persönlichen Vergnügen. Ich bin Ehefrau und Mutter und will nichts anderes sein. Er hatte mich da bei meiner Ehre gepackt.«

»Ehre? Wie meinst du das?«

»Er hat ja so getan, als sei ich eine Frau, die für Geld schreibt, die es nötig hat, verstehst du?«

»Ja, ich verstehe völlig, aber da hast du womöglich einen Fehler gemacht. Jetzt denkt Mr Lane, er könne mit dir Schlitten fahren, weil du kein Profi bist.«

»Meinst du, ich hätte so tun sollen, als ob?«

»Ich denke schon. Der Vertrag jedenfalls ist nicht sehr günstig. Aber warten wir erstmal ab, wie sich das Buch verkauft. Wann kommt es denn raus?«

»Oh, ich hab das Manuskript wieder mitgenommen. Ich muss am Schluss noch was ändern. Und muss unbedingt herausfinden, wie ein Strafprozess vor Gericht abläuft. Mr Lane meinte, da wären bei mir ein paar grobe Schnitzer dabei.«

Die Bearbeitung ging Agatha glatt von der Hand, sie verwandelte die Gerichtsszene in eine Anhörungsszene, und vermied so die Schil- derung einer Realität, von der sie nichts verstand. ›Ich möchte es aber wissen‹, dachte sie, ›ich muss bald mal einer Gerichtsverhandlung beiwohnen.‹ Das Buch würde im kommenden Jahr, 1920, erscheinen, und zwar in England und in den USA. Archie entkorkte eine Flasche französischen Weins, um das Ereignis zu feiern, allerdings trank er sie allein, denn Agatha mochte keine alkoholischen Getränke. Sie nahm stattdessen ihren geliebten Tee und dazu Gebäck. Ein Traum war für sie in Erfüllung gegangen: ihr erstes Buch sollte herauskommen, mit einem illustrierten Titelblatt und ihrem Namen, bei einem angesehenen Verlag. Und dann auch noch in Übersee! Archie sagte: »*My dear girl*, du solltest an ein zweites Buch denken. Wie wär's mit einem Thriller? Ich glaube, das könntest du auch.«

Agatha legte den Kopf schief. »Mir scheint, lieber Archie, du willst auf Teufel komm raus eine Schriftstellerin aus mir machen. Aber wie sollte ich Schreiben als einen Beruf ansehen? Ich habe immer geschrieben, schon als Kind, Gedichte und Geschichten, das gehörte zu meinen Freizeitbeschäftigungen wie Klavier spielen oder Fäustlinge stricken. Ich kann das nicht als eine Arbeit ansehen, die bezahlt werden muss.«

»Und warum bist du nicht bei den Fäustlingen geblieben?«

»Es war mir zu langweilig.«

»Und warum ärgerst du dich über die Geschäftstüchtigkeit von Mr Lane? Soll ich dir mal etwas sagen, Agatha Christie? Du weißt erstaunlich wenig über dich selbst.«

»Das macht mir nichts aus, Archie. Ich interessiere mich nicht besonders für mich selbst. Aber für dich und Rosalind und die Menschen in der Welt. Sie kommen mir alle so seltsam vor.«

III
Um die Welt

»Meine liebe Mrs Christie, wie freue ich mich, dass Sie gekommen sind«, sagte Mr Belcher und rückte für seiner Besucherin einen Stuhl zurecht. »Sie müssen verstehen: Wenn ich eine so große Reise unternehme wie unsere Empire-Tour, muss ich zuvor alle Beteiligten kennenlernen. Als Archie mir sagte, Sie würden sich gerne anschließen, habe ich erst gezögert. Denn, es ist ja so – die Damen, nun, sind zuweilen empfindlicher als wir Männer.«

»Oh, ich verstehe Sie vollkommen. Sie haben die Verantwortung, und Sie müssen sichergehen, dass alle Beteiligten den Mühen einer solchen Expedition gewachsen sind. Aber machen Sie sich keine Sorgen um mich. Ich war schon viel unterwegs – unter anderem in Ägypten und natürlich in Frankreich und auf unserer schönen Insel. Ich werde durchhalten.«

»Na, da bin ich aber erleichtert. Ich habe Sie mir immer als ein durchgeistiges Wesen vorgestellt, das bei einem Sturm auf See unweigerlich in Ohnmacht fällt.«

Agatha musste lachen. »Aber Mr Belcher! Sie glauben gar nicht, wie zäh ich bin! Und über Bord gespült zu werden, macht mir gar nichts aus. Ich schwimme für mein Leben gern.«

»Ich hoffe, Sie neigen nicht zur Seekrankheit?«

»Keineswegs«, log Agatha und fügte lächelnd hinzu: »Ich verfüge über Grundkenntnisse in allen Fragen der Krankenpflege. Falls also

Sie selbst oder einer der Mitreisenden unterwegs von irgendwas befallen wird, stehe ich zur Verfügung.«

Mr Belcher runzelte die Stirn. Das waren ja nun fast zu viel der Pluspunkte. Er nickte dann aber doch und sagte:»Ich sehe, dass Sie unbedingt dabei sein wollen. Und ich habe den Eindruck, dass Sie einigen Strapazen gewachsen sein werden. Also: Einverstanden!« Er nahm ihre Hand. Und sagte in vertraulichem Ton:»Ich hörte davon, liebe Mrs Christie – Sie haben ein Buch geschrieben?«

»Ich habe zwei Bücher geschrieben. Das zweite erscheint demnächst.«

»Donnerwetter! Handelt es sich wieder um einen Kriminalroman?«

»Nein, diesmal ist es eine Spionagegeschichte. Sie heißt: *Ein gefährlicher Gegner* (englisch: *A Secret Adversary*)«.

»Jetzt sagen Sie bloß, dass Sie während der Tour das dritte Buch schreiben wollen.«

»Das ist schon in Arbeit. Aber ich könnte unterwegs das vierte Buch beginnen. Ich besitze inzwischen eine Reiseschreibmaschine.«

Mr Belcher räusperte sich.»Sie sind ja nun noch eine junge Mutter. Und wissen wohl, dass für Kind und Kinderfrau leider kein Platz in der Reisegesellschaft sein wird?«

Agatha erhob sich.»Meine Tochter ist in Torquay bei meiner Mutter bestens aufgehoben.«

Mr Belcher führte seinen Gast zur Tür.»Sie scheinen eine ungewöhnlich tüchtige Person zu sein. Und Sie haben sicher recht: unsere Reisegruppe wird an Bord und an Land von Ihren Fähigkeiten profitieren. Ich freue mich, dass Sie uns begleiten werden. Leben Sie wohl!«

Das britische Imperium ächzte nach dem Krieg in allen Fugen, und um der ganzen Welt zu zeigen, dass das englische Mutterland treu an der Seite seiner Kolonien und Protektorate stehe, hatte man Ende des Jahres 1921 in Londoner Regierungskreisen beschlossen, eine große Verkaufsmesse mit Produkten aus dem Kolonialreich zu veranstalten. Diese sogenannte Empire-Ausstellung sollte in drei Jahren in London stattfinden, und ihre Vorbereitung erforderte die Tour eines operativen Stabes durch alle in Frage kommenden Länder, um mit den dortigen Autoritäten das Procedere abzusprechen. Kopf dieser Delegation war Major Belcher, ein Ex-Lehrer, Unternehmer und Projekte-Schmied, der sich kurz nach seiner Berufung auf diesen wichtigen Posten an seinen ehemaligen Schüler Archie Christie erinnerte. Dessen hervorragende Begabung für Mathematik und Rechnungswesen hatte ihn immer schon beeindruckt. Christie arbeitete jetzt als Banker, das wusste der Major, aber er ging davon aus, ihn ohne weiteres dazu überreden zu können, sich als Finanzchef und Organisator der Expedition anzuschließen. Er würde ein üppiges Gehalt beziehen und viel herumkommen. Für Archie war das riskant, denn die Mission würde zehn Monate in Anspruch nehmen, und so lange könnte man ihm seinen Job in der City wahrscheinlich nicht frei halten. Aber er war eben auch ein geborener Abenteurer, und die Vorstellung, durch Südafrika, Australien, Neuseeland und Kanada zu reisen, ganz zu schweigen von Ausflügen in die Vereinigten Staaten, faszinierte ihn. Er sagte Ja. Als er daheim Agatha von diesem Plan erzählte, blickte er in zwei große sehnsüchtige Augen.

»Hältst du es für möglich – dass ich mitkomme?«

Archie wiegte den Kopf. Er sagte: »Und Rosalind?«

Agatha: »Die fühlt sich doch bei Mama ebenso zu Hause wie bei uns. Außerdem hat sie Jessie.«

»Aber zehn ganze Monate?«

Agatha nickte heftig. »Die Welt sehen, Archie! Das wollte ich doch immer schon.«

Archie fragte den Major. Der sagte bloß: »Schick sie mir vorbei, deine Eheliebste, ich möchte sie selbst in Augenschein nehmen.«

Und nun saß Agatha mit Archie im Wohnzimmer und plante ihrer beider Weltreise. Sie war so glücklich und aufgeregt wie selten in ihrem Leben. Sosehr sie an ihrer Familie, an Torquay und

Ashfield hing, so froh sie war, wenn sie irgendwo ungestört in die Tasten ihrer Schreibmaschine hämmern konnte, so stark zog es sie zugleich in die Ferne. Sie hatte sich sowohl in Kairo als auch in Paris immer schnell eingelebt und die Heimreise, bei aller Freude auf ihr Zuhause, in dem Gefühl angetreten, bald wieder aufbrechen und die Fremde erkunden zu müssen. ›Ich bin schon eine seltsame Pflanze‹, dachte sie, ›einerseits empfinde ich mich als Hausmütterchen und bin am zufriedensten, wenn ich mit dem Kind auf dem Schoß darüber nachdenken kann, was die Köchin für das Abendessen zubereiten soll, andererseits ist der offene Horizont, die unbekannte Kultur, die exotische Blume das Ziel meiner Sehnsüchte. Ob es wohl so ist, dass die Seele aller Menschen aus Gegensätzen zusammengefügt ist? Dass die menschliche Natur Widersprüchlichkeit einschließt? Ist es das, was Hercule Poirot bei seinen Recherchen über die Psychologie eines Verdächtigen leiten sollte?‹

Archie holte sie ins Hier und Jetzt zurück. »Du wolltest doch wissen, wer da alles mit uns fährt. Also, den Major kennst du ja. Francis Bates ist noch dabei, Belchers Sekretär, ein eher zurückhaltender Mensch. Dann Mr und Mrs Hiam, er ist der forsche Typ und sehr redselig, er wird den landwirtschaftlichen Berater geben. Hiams bringen ihren Hund mit. Der wird dir gefallen.«

»Und wir können wirklich von Neuseeland aus einen Abstecher nach Hawaii machen?«

»Wenn nichts dazwischenkommt … Du brauchst kein Kissen mitzunehmen, Agatha. Wir reisen überall erster Klasse. *Für die British Empire Expedition Mission ist das Beste gerade gut genug.*«

»Ich werde mich bei Mama und Madge mit den Einzelheiten zurückhalten«, murmelte Agatha. »Ich möchte keinen Neid aufkommen lassen.« Und sie gab Archie einen Blick, der vor Vorfreude funkelte.

Tags darauf fuhr sie nach Torquay, um mit ihrer Mutter alles zu besprechen, was Rosalinds Aufenthalt während der nächsten Monate betraf. Madge kam ebenfalls hin; sie wollte Mutter und

Schwester wiedersehen, denn es gab etwas zu feiern: Sie hatte ein Theaterstück geschrieben, *The Clairmant*, und suchte jetzt einen Produzenten, die ersten Reaktionen waren positiv. Sie glaubte aber auch, ihrer Schwester ins Gewissen reden zu müssen.

»Zehn Monate sind eine zu lange Zeit, Agatha. So lange kannst du Rosalind nicht allein lassen. Sie ist doch noch so klein. Wenn du zurück bist, wird sie dich vergessen haben.«

»Was heißt allein lassen«, intervenierte Clara. »Die Kleine ist doch bei mir, sie liebt mich und wird es gut haben. Außerdem kommt ihre Nanny mit. Allein wäre vielmehr Archie, wenn er ohne Agatha auf diese Expedition ginge.«

»Madge, du musst doch sehen«, rief Agatha, »dass es eine einmalige Gelegenheit ist. Eine Weltreise, arrangiert von der Regierung, wir sind VIPs und werden überall fürstlich untergebracht. Und zu geringen eigenen Kosten noch dazu, denn Archies Bezahlung ist sehr gut, die reicht für meine Extras locker aus, es wird noch einiges übrig bleiben. Nein, Madge, du hättest auch bei so was mitgemacht.«

»Bitte, liebe Töchter«, sagte Clara mit erhobener Stimme, »erinnert euch an das, was Großmutter immer betonte: *Eine Frau hat bei ihrem Mann zu bleiben. Tut sie es nicht, glaubt er ein Recht darauf zu haben, sie zu vergessen.*«

Agatha warf ein, dass ja nun Archie der *treueste Mann der Welt* sei und sie keineswegs deshalb auf diese Reise ginge, um ihn im Blick zu behalten, woraufhin Clara eine Grimasse schnitt. Ein treuer Mann? Den gebe es nicht, sagte sie. Madge war ein wenig verstimmt, denn im tiefsten Herzen beneidete sie ihre kleine Schwester um diese phantastische Chance, ganz wie Agatha es befürchtet hatte. Aber da sie gerade einen großen Erfolg im Felde der Literatur errungen hatte, gewann sie ihre gute Laune bald zurück und scherzte mit Agatha. »Wie läuft denn das *Fehlende Glied*?«, fragte sie. »Werden bald ein paar Tantiemen fließen?«

»Noch ist es nicht so weit«, bekannte Agatha, »das Buch ist kein Bestseller. Aber ich setze auf den *Gefährlichen Gegner*. Mr Lane wollte es zwar zuerst nicht annehmen, weil es so ganz anders ist als das *Fehlende Glied*, es ist eher ein Abenteuerroman. Aber dann hat er es seiner Sekretärin zu lesen gegeben, und die war begeistert. Jetzt hat er umgedacht und druckt es.«

»Mir hat es auch gefallen«, sagte Madge, die das Manuskript kannte. »Ein großer Vorteil ist, dass Monsieur Poirot nicht vorkommt. Ich muss gestehen, dass dieser Detektiv mich nicht überzeugt. Und ich zweifle daran, dass das Lesepublikum ihn akzeptieren wird. Er ist bis auf die Knochen literarisch, er ist ganz und gar ausgedacht. Er ist einfach nicht ›nah‹. So denkt und spricht doch kein wirklicher Mensch, immer sein ›Eh bien‹ und das Getue mit dem Schnurrbart. Und so wie du ihn beschreibst, sieht doch niemand in Wirklichkeit aus.«

»Oh, doch. Ich habe Poirot exakt nach einer echten Person gezeichnet, einem Belgier übrigens, den ich mal in einer Straßenbahn gesehen habe ...«

»Seit wann«, sagte Clara mit Eifer, »ist denn eine ausgedachte Figur etwas Schlechtes? Ich finde nicht, dass Literatur durch und durch realistisch sein muss, auch Kriminalliteratur nicht. Wir alle verehren doch P. G. Wodehouse und lesen ihn immerzu. Ist seine Personage nicht auch mitunter ziemlich ›ausgedacht‹ – bis hin zur Karikatur?«

Agatha nickte lebhaft. »Ich möchte es unbedingt so haben, dass Poirot nicht ganz von dieser Welt ist. Ich möchte, dass er ein wenig über den Dingen schwebt. Poirot ist weise, versteht ihr, er ist alt, er möchte sich eigentlich zurückziehen, aber das Böse in der Welt verlangt immer wieder seine Aufmerksamkeit und seinen Eingriff. Er hat eine Aufgabe, und die muss er erfüllen. Er muss für Gerechtigkeit sorgen. Er muss die Dinge geraderücken. Er muss das Rätsel lösen. Auf seine ganz besondere Art. Damit die Menschen beruhigt nach Hause gehen können.« Weil sie inzwischen an ihrem dritten Roman arbeitete, *Mord auf dem Golfplatz* (englisch: *Murder on the Links)*, in dem es wieder Poirot sein würde, der durch die Handlung führt und den Täter entlarvt, sah Agatha sich verpflichtet, ihren Meisterdetektiv zu verteidigen. Aber sie wollte darüber schweigen, dass ihr nächstes Werk abermals ein Poirot-Krimi sein würde, jedenfalls Madge gegenüber.

»Alles gut und schön«, sagte Madge, »aber das Publikum muss ihn auch annehmen. Ich weiß nicht, warum es sich für einen kleinen dickbäuchigen Besserwisser erwärmen sollte, der auch noch Hercule heißt.«

Agatha hob die Schultern. »Das weiß ich auch nicht«, sagte sie und grinste verlegen.

»Was mir am *Gefährlichen Gegner* gefallen hat«, fuhr Madge fort, »ist die Liebesgeschichte, die du in die Handlung eingeflochten hast. Das Liebesmotiv ist doch das wichtigste, es lockt die Leser. Von Poirot kann man sich nicht vorstellen, dass er je in Liebesverwicklungen geraten wird.«

»Genau«, antwortete Agatha, jetzt kampflustig. »Das wird er auch nicht. In einen Thriller kann man die Liebe irgendwie integrieren, aber in einen Krimi? Ich denke nicht. Ja, ich gehe so weit zu sagen, *dass ich das Thema Liebe in einem Kriminalroman eher lästig finde. Es hat in einem logisch aufgebauten Handlungsablauf nichts zu suchen.* Am Rande darf es schon vorkommen, es liefert ja auch starke Motive, aber es sollte nicht im Zentrum stehen.«

»Na schön«, sagte Madge, »vielleicht hast du ja recht, und Poirot setzt sich durch. Ich wünsche es dir. Und was die Reise betrifft: Schreibst du uns zwischendurch? Zum Beispiel wie es in Südafrika aussieht? Ich habe gehört, dass es dort zu politischen Unruhen gekommen ist.«

Im Januar des Jahres 1922 startete die Delegation für die Empire-Ausstellung zu ihrer großen Tour. In Southampton gingen die Reisenden an Bord der *RMS Kildonan Castle* mit Fernziel Kapstadt. Schon bald nachdem sie das Schiff betreten hatte, wurde Agatha von heftiger Übelkeit befallen; sie litt derart, dass sie ihre Kabine aufsuchen, sich in die Koje legen und ärztlich behandeln lassen musste. *Ich habe mich ununterbrochen übergeben, obwohl ich alles, von Champagner bis Brandy, von trockenen Keksen bis zu sauren Gurken probiert hatte, und meine Arme schliefen mir ein und wurden ganz taub. Archie holte schließlich den Doktor, der mir löffelweise irgendwelches Zeug einflößte, damit die Übelkeit nachließ. Dann durfte ich vierundzwanzig Stunden nichts essen, und hinterher bekam ich Brandt's Rinderbrühe. Als wir in Madeira ankamen, brachte Archie mich an Deck und fütterte mich damit, während ich beinahe heulte, weil Madeira so schön aussah. So schön hatte ich es mir nicht vorgestellt.* Die Kur wirkte. Künftig litt Agatha nur noch auf sturmgepeitschtem Meer unter Übelkeit, bei ruhiger See ging es ihr gut. In Kapstadt logierte die Gruppe im Mount Nelson Hotel, und Agatha geriet in Entzücken ob der großartigen Landschaft, des Tafelberges, des weitläufigen Hafens, der goldenen Hitze, der fremden Menschen, der exotischen Bräuche, der saftigen Pfirsiche und des Meeres, in dem sie täglich badete und sich mit Archie im Wellenreiten übte. Sie nannte es *mit Planken baden. Wir haben uns leichte, geschwungene Bretter gekauft, an denen man sich nicht wehtun kann und werden die absoluten Surfmeister werden.* Wenn Archie nicht da war, spazierte sie mit Hiams Hund am Strand entlang. Hauptsache, sie konnte über das Meer schauen.

Natürlich gab es nicht nur Spaß. Die Delegation hatte ja auch einen Auftrag zu erledigen, sie musste Vorbereitungen für die Empire-Ausstellung treffen, Werbung machen und dafür mit den jeweils Zuständigen vor Ort verhandeln, und die waren nicht immer leicht aufzutreiben und manchmal noch schwerer für den großen Zweck zu begeistern. Major Belcher erwies sich als eine nicht sehr belastbare Persönlichkeit, er war reizbar, vergesslich, sprunghaft und jähzornig, und Archie musste ständig verstimmte Handelspartner aufheitern und örtliche Politiker besänftigen. Sekretär Bates fühlte sich meist ebenfalls überfordert und zog sich gern in sein Hotelzimmer zurück, nur Mr Hiam mit seiner Freude am Disputieren und

Gestikulieren war eine Unterstützung für Archie. Agatha machte sich so ihre Gedanken über den Major, denn sie beobachtete an sich selbst und allen anderen eine ausgeprägte Neigung, Belcher alle seine Kapriolen und Wutausbrüche sehr bald wieder zu verzeihen. Er ist zutiefst widersprüchlich, dachte sie, und wir anderen sind es auch. Die menschliche Natur ist ein Vexierspiel. *Wenn ihn etwas in schlechte Laune versetzte, war er so unmöglich, dass man ihn aus tiefster Seele verabscheute. Er benahm sich wie ein verzogenes Kind. Aber immer wieder entwaffnete er uns. Wenn er nämlich zur Besinnung gekommen war, verströmte er so viel Bonhomie und Charme, dass wir das Zähneknirschen vergaßen und bald abermals liebend gern mit ihm verkehrten.* Als er einmal einen wunden Fuß hatte, legte Agatha ihm einen Verband an, und er beschimpfte sie noch dafür. Es dauerte nur bis zum Dinner – während er ihr Garnelen auf den Teller häufte, vergab sie ihm. Sogar das Prinzip, an dem Agatha im Übrigen festhielt: Niemals eine Person aus dem wirklichen Leben eins zu eins in eines ihrer Werke zu transferieren, durchbrach Belcher. Er bat Agatha, ihm in dem Roman, an dem sie gerade arbeitete, eine Rolle zu geben. Er wollte gern der Mörder sein. Agatha sagte zunächst empört Nein, tat ihm aber dann seinen Willen. In ihrem dritten Buch, das sie während der großen Tour begann und das 1924 bei The Bodley Head erschien, setzte sie ihm mit der literarischen Figur des verbrecherischen, aber interessanten Sir Eustache Pedler ein kleines Denkmal.

In Pretoria hatte der Streik der Minenarbeiter zu einem Aufstand geführt, das Kriegsrecht war ausgerufen worden, und die Züge fuhren nicht mehr. Die Delegation, eben eingetroffen, saß fest. Agatha notierte trocken: *Ich hoffe nur, dass ich die Victoria-Fälle wegen dieser Aufruhr-Sache nicht verpassen werde.* Zu den berühmten Wasserfällen wollte die Gruppe sich einen Abstecher genehmigen, jetzt musste sie warten. Auf der Post lagen Briefe für Agatha bereit, am interessantesten war der von Mr Lane, ihrem Verleger. Er hatte ein

Bündel Zeitungsausschnitte mit Rezensionen von *Ein gefährlicher Gegner* beigefügt – alle waren des Lobes voll. Agatha eilte ins Hotel zu Archie, der nicht zum ersten Mal unter Magenverstimmungen litt und das Bett hütete, und packte ihm die Ausschnitte auf die Decke. »Lies!«, rief sie, »du wirst dich so sehr freuen, dass du wieder gesund wirst!«

Inzwischen war die Erhebung niedergeschlagen worden, und die Delegation konnte nach Salisbury weiterreisen, von wo aus sie zu den Victoria-Fällen fuhr. Agatha schrieb an Clara aus dem Victoria-Falls-Hotel: *Ich mag hier gar nicht wieder weg. Es sind nicht allein die Wasserfälle, obwohl sie wirklich umwerfend sind – besonders ihre Breite; ich hätte nicht erwartet, dass sie sich über zwei Kilometer erstrecken – nein, es ist einfach alles schön. Es gibt keine Straßen, nur Pfade, nur das Hotel, riesige Urwälder und das endlose Blau des Himmels.*

Zurück in Kapstadt schiffte die Delegation sich nach Australien ein, die *SS Aeneas* lichtete die Anker Anfang April. Agatha spazierte an Deck herum, sie machte Bekanntschaften und Fotos und saß auch manchmal in ihrer Kabine, um zu schreiben – ihr dritter Roman, *Mord auf dem Golfplatz,* spielte in Frankreich; der Fall, um den es ging, war dort wirklich passiert. Agatha hatte einige Informationen gesammelt, aber sie konnte sich bei der Bearbeitung des Materials jede Menge fiktiver Hinzufügungen leisten. Poirot und Hastings verschlägt es in die französische Provinz nahe Paris; Agatha tat in diesem Roman ihrer Schwester Madge einen Gefallen und flocht eine Liebesgeschichte in die Handlung ein. Hastings ist es, der einer aparten jungen Frau verfällt und später sogar mit ihr auswandert. Aber all das ist Beiwerk. Was Agatha und natürlich auch Poirot an dem *Golfplatz*-Plot faszinierte, war, dass es sich um einen Wiederholungsmord handelte. Der Täter tut, was er schon mehrmals getan hat und was ihm bislang nicht nachgewiesen werden konnte. Das wiederkehrende Muster führt Poirot auf seine Spur. *Ein Mann, der sich seiner Frauen nacheinander entledigte, indem er sie in der*

Badewanne ertränkte, war der zugrunde liegende Fall. Hätte dieser Mann seine Methode variiert, wäre er womöglich damit durchgekommen. Aber er gehorchte dem Diktat der menschlichen Natur und dachte, was einmal von Erfolg gekrönt war, würde immer erfolgreich sein, und für diesen Mangel an Originalität musste er bezahlen. Agatha schrieb an Bord auch eine Reihe von Kurzgeschichten, denn zu ihrer großen Freude hatte die Zeitschrift *Sketch* bei ihr zwölf Kriminalstorys in Auftrag gegeben. Abends schrieb sie Briefe: an Clara, Madge, ihren Bruder Monty, der inzwischen nach England zurückgekehrt war und an alle Freundinnen und Freunde in der Heimat. Auch Rosalind bekam Briefe – die waren zum Vorlesen bestimmt. Sie enthielten folgenden Satz: »*Wenn dich jemand fragt: Wen liebst du?, musst du immer sagen: Mami!*« Agatha hatte große Sehnsucht nach ihrem Kind und fragte sich öfters bange: ›Kann es sein, dass Madge recht hat und Rosalind mich vergisst?‹

Wie vor hundert Jahren jede große Reise hatte auch die Empire-Tour ihre arg strapaziöse Seite. Automobile stotterten, Züge fielen aus, Dampfer gerieten in einen Sturm. Das Besichtigungsprogramm, das zur Empire-Tour dazugehörte und an dem auch Agatha teilnahm, war meistens eher anstrengend als bereichernd, und nicht in allen Hotels herrschten britische Standards. Die ungewohnten Nahrungsmittel, auch auf See, waren ein Dauerthema. Archie erwies sich als sehr viel weniger belastbar als seine Frau; nachdem Agatha ihre Seekrankheit überwunden hatte, war sie für den Rest der Reise munter wie ein Fisch im Wasser, für alles aufgeschlossen, was in der Fremde auf sie einstürmte, immer neugierig, oft interessiert und zuweilen hingerissen. Ihre Fähigkeiten, nicht nur täglich neue Eindrücke und Kontakte, sondern auch die fremdartigsten Speisen zu verdauen und stets heiter und gelassen zu bleiben, erstaunten ihren Mann und seine Gefährten. Agatha war bald mehr als nur Mrs Christie, sie war eine Person, an die man sich mit Sorgen und Ängsten wenden konnte und die Rat wusste.

In Melbourne gingen die Passagiere von Bord, und Agatha überließ sich den Schönheiten des fünften Kontinents. *Ich finde es immer wieder verwunderlich, dass fremde Länder nie so beschrieben werden, dass ein Reisender sie bei seiner Ankunft erkennt. Zu meiner lückenhaften Vorstellung von Australien gehörten große Herden Kängurus und ausgedehnte Wüsten. Was mir aber auffiel, als wir in Melbourne einliefen, war das merkwürdige Aussehen der Bäume und die Art, wie australische Eukalyptusbäume die Landschaft verändern. Bäume sind immer das Erste, was meine Aufmerksamkeit erregt. In England ist man gewohnt, dass die Bäume dunkle Stämme und helle, laubreiche Zweige haben; zu meinem Erstaunen war es in Australien umgekehrt. Die silbern schimmernden weißrindigen Bäume mit ihren dunklen Blättern veränderten die Landschaft von Grund auf und ließen sie wie das Negativ einer Fotografie erscheinen.* In Melbourne blieb die Gruppe nur kurz. Sie reiste mit dem Zug über Sydney nach Queensland; überall musste sie Konservenfabriken besichtigen oder lokale Produkte der Nahrungsmittelherstellung testen – das war schließlich der Sinn der Reise, denn Tiere, Früchte und Rezepte sollten auf der großen Londoner Ausstellung präsentiert werden. *Nach Australien kam Tasmanien. Von Launceston fuhren wir mit dem Wagen nach Hobart, dieser unglaublich schönen Stadt mit dem tiefblauen Meer, mit ihren Blumen, Bäumen und Büschen. Ich nahm mir fest vor, eines Tages wiederzukommen und hier zu leben.* Neuseeland war dann aber noch schöner. *Ich schwor einen heiligen Eid, dass ich zurückkommen würde, um den Ratabaum in Blüte zu sehen.*

Von Wellington aus, so war es abgemacht, sollten Archie und Agatha Urlaub nehmen und nach Hawaii hinüberschippern dürfen. Auf Honolulu hatte sich Agatha ganz besonders gefreut. Sie war aber dann ernüchtert, weil die Stadt wie die gesamte Insel, soweit sie sie bereisen konnte, wenig von der ursprünglichen Naturpracht besaß, die in Australien und Neuseeland einen so großen Zauber auf sie ausgeübt hatte. Die Stadt war hochzivilisiert, es gab viel Verkehr, und die Hotels waren sündhaft teuer. Archie und Agatha gingen wieder surfen, scheiterten diesmal allerdings an der Brandung. *Die Welle kam. Es war die falsche Welle. Im nächsten Augenblick hatte sie mir das Board unter den Füßen weggerissen und mir einen Stoß versetzt, der mich in die Tiefe schleuderte. Ich schluckte literweise Salzwasser, und als ich wieder an die Oberfläche gelangte, sah ich das Brett etwa einen halben Kilometer weit von mir entfernt auf das Ufer zutreiben. Mühsam schwamm ich ihm nach.* Die Christies verbrauchten auf Hawaii ihre letzten Barreserven. Insgesamt war der Ausflug für sie eher enttäuschend.

In Kanada traf die Reisegesellschaft wieder zusammen, und jetzt zeigte sich, dass Archie, der sich länger schon mit einer Stirnhöhlenvereiterung abquälte, nicht mehr weiterkonnte. In Toronto brach er zusammen – es war eine Lungenentzündung. Belcher tobte – wie konnte Archie ihn nur so im Stich lassen? Zumal ja Bates zu gar nichts tauge und Hiam nicht diplomatisch genug sei, die Kanadier aber zu den wichtigsten Kooperationspartnern gehörten. Außerdem seien die finanziellen Mittel erschöpft, eine Verlängerung der Reise auszuschließen. Aber es half nichts, der Arzt verbot Archie die Weiterfahrt, und Belcher musste sich mit dem Rest seines Teams allein durchschlagen. Agatha pflegte ihren Mann gesund, mit all dem Know-how, das sie einst als Schwesternhelferin erworben hatte. Bis es dann irgendwann so weit war und das Paar sich wieder auf den Weg machen konnte und in Montreal mit den anderen zusammentraf.

Es war ausgemacht, dass Agatha sich in den Zug setzen und allein nach New York weiterfahren solle. Sie hatte ja dort Verwandte – die Angehörigen ihres Vaters Frederick Miller. Eine Tante holte sie am Bahnhof ab. *Sie war äußerst lieb zu mir. Sie sprach viel von meinem Vater und seinen früheren Tagen in New York. Es ging mir gut bei ihr.* Aber die große Stadt, die alten Zeiten und die liebe Tante halfen Agatha nicht über einen Zustand hinweg, den sie erst gar nicht verstand und der sie dann zusehends schmerzte: Sie hatte Heimweh.

Sie wollte nach Hause. Als endlich die Mitglieder der British Empire Tour in New York eintrafen und es bald darauf an Bord der *Berengaria* Richtung England ging, war Agatha einfach nur erleichtert. Sie wollte wieder in ihrer eigenen Realität vor Anker gehen. *Das Reiseleben hat das Wesen eines Traums. Es ist von Personen bevölkert, die man nie zuvor gesehen hat und in aller Wahrscheinlichkeit auch nie wiedersehen wird. Gelegentlich birgt es Heimweh und Einsamkeit und das sehnsüchtige Verlangen, einen geliebten Menschen wiederzusehen – in meinem Fall Rosalind, meine Mutter und Madge. Aber es geht uns meistens doch wie den Wikingern oder den großen Seefahrern des elisabethanischen Zeitalters, die in eine Welt des Abenteuers zogen – und das Zuhause verliert an Bedeutung, solange man fort ist.*

Auf der *Berengaria* sprach Archie mit seiner Frau über ihrer beider Einkommenssituation; es war ihm unbehaglich zumute, aber als er merkte, dass Agatha nicht dazu aufgelegt war, ihm Vorhaltungen zu machen und selbst wusste, wie angespannt die Lage war, redete er Klartext.

»Wir haben nichts übrig«, sagte er, »und mein Job bei der Bank ist anderweitig besetzt. Mein Chef hat telegrafiert. Jetzt müssen wir zusehen ...«

»Ich bekomme ein gutes Honorar vom *Sketch*«, sagte Agatha, »und für die schwedischen Rechte an *Das fehlende Glied* kriege ich meinen Anteil. Außerdem stehen die Tantiemen für den *Gefährlichen Gegner* aus. Da läppert sich einiges zusammen, es dürfte genügen, bis du wieder eine Stellung hast.«

Archie nagte an seiner Unterlippe. »Du bist so braun wie ein Eingeborener«, sagte er, »steht dir ausgezeichnet. Bist du fertig mit dem *Mord auf dem Golfplatz?*«

»Gleich, wenn wir zu Hause sind, lasse ich es abtippen, und dann bringe ich das Manuskript persönlich zu Mr Lane.«

»Ich hoffe, es macht dir nicht allzu viel aus, dass du jetzt doch allmählich eine Berufsschriftstellerin wirst?«

»Ich sehe das immer noch nicht so. Ich könnte jederzeit damit aufhören. Solltest du einen gut dotierten Posten finden ...«

»Haha. Du und aufhören. Madge schreibt das nächste Theaterstück – und du stellst deine Schreibmaschine auf den Kleiderschrank? Das glaubst du doch wohl selber nicht.«

Agatha runzelte die Stirn. »Ach Archie, weder Madge noch meine Romane machen mir zur Zeit Sorgen. Ich denke immerzu an Rosalind.«

Nach ihrer Rückkehr in ihr Londoner Heim packten die Christies sofort für Torquay – elf Monate waren seit dem Beginn ihrer Reise vergangen. Und so schrieb Agatha in ihren Memoiren über das Wiedersehen mit ihrer Familie: *Es war eine aufregende Sache gewesen, auf Weltreise zu gehen; es war wunderbar, wieder nach Hause zu kommen. Rosalind behandelte uns wie Fremde – wir hatten zweifellos nichts anderes verdient. ›Wo ist meine Tante Madge?‹, fragte sie und bedachte uns mit einem kühlen Blick. Auch meine Schwester zahlte es mir heim, indem sie mir genaue Anweisungen erteilte, was Rosalind essen durfte, was sie anziehen und wie sie erzogen werden sollte.*

Agatha hatte keine Zeit, sich zu grämen. Die Lage war ernst – sie und Archie waren pleite. Erstmal musste der Lohn für die Kinderfrau erstattet werden, den Clara ausgelegt hatte. Jessie hatte gekündigt, eine neue Nanny musste eingestellt werden, was einige Aufwendungen bedeutete. Ferner war Miete nachzuzahlen, und etliche Rechnungen und Mahnungen lagerten in der Postbox. Die Christies wussten ja, dass nichts übrig war, aber sie hatten nicht mit Schulden gerechnet. *Wir waren mit offenen Augen ein Risiko eingegangen, willens, die einmalige Gelegenheit wahrzunehmen. Jetzt konnten wir nichts anderes tun, als zur Kenntnis nehmen, dass das Vergnügen zu Ende war und wir mit Entbehrungen dafür bezahlen mussten.* Archie fahndete unter Hochdruck nach einer neuen Anstellung; es war jetzt im Jahr 1923 sehr viel schwieriger, etwas zu finden als unmittelbar nach dem Krieg. Er war *ein Mensch, der mit dem Unglück nicht zurechtkam. Das wusste er selbst. In den ersten Tagen unserer Ehe hatte er mich einmal gewarnt: ›Wenn etwas schief-läuft, ist mit mir nichts anzufangen ...‹* Agatha fand keinen Weg, ihn aufzurichten. So überließ sie ihn seiner Verstimmung und seiner Jagd nach einem Job und fragte sich: ›Was kann *ich* tun?‹ Und fragte noch einmal: ›Was *muss* ich tun? Wenn der Unterschied zwischen einer Amateurin und eine Berufsschriftstellerin darin liegt, dass die Amateurin zum Vergnügen schreibt und kein Honorar erwartet und die Berufsschriftstellerin ebenfalls zum Vergnügen schreibt, aber ein Honorar erwartet und zwar ein gutes, dann bin ich ab jetzt eine Berufsschriftstellerin!‹ Ihr vierter Roman war im Kopf schon ganz und auf dem Papier schon ziemlich weit fertig, während der Reise hatte sie mehrere Kapitel verfasst. Er handelte von einer jungen Frau namens Ann Beddingfield, die zufällig Zeugin eines Mordes wird, sich selbsttätig an die Aufklärung macht und dafür nach Südafrika reist. Major Belcher wurde darin – auf eigenen Wunsch – als Böse-wicht portraitiert. Das Buch sollte *Der Mann im braunen Anzug* (englisch: *The Man in the Brown Suit*) heißen, und Agatha stand sogar morgens eine Stunde eher auf als gewöhnlich, um es fertig zu schreiben.

Ihr war klar, dass The Bodley Head ihre Leistungen viel zu gering vergütete, und wenn sie an die Arbeit dachte, die das Schreiben bei allem Vergnügen doch auch machte, so fand sie unbedingt, dass ihr ein Vorschuss zustünde. Vor allem jetzt, nachdem ihre ersten Bücher sich gut verkauft hatten. Aber sie hatte keine Lust, mit John Lane zu rechten und zu feilschen. ›Wozu gibt es Agenten?‹, fragte sie sich und beschloss, einen zu engagieren. Sie erinnerte sich daran, dass Eden Philpotts ihr einst einen gewissen Hughes Massie empfohlen hatte, der sehr clever sein sollte. Es gelang Agatha, seine Adresse ausfindig zu machen, doch Mr Massie war in Rente gegangen; sein Nachfolger in der Agentur hieß Edmund Cork. Agatha bat um einen Termin und suchte Mr Cork in der Fleet Street auf. Der ließ die junge Dame berichten *und zeigte sich geziemend entsetzt über deren Unwissenheit.*

»Nein, Mrs Christie, wie konnten Sie nur so naiv sein. Ein derart mieses Honorar, und dann auch noch ein Knebelvertrag! Ihre nächsten Werke bis hin zu fünfen müssen Sie alle Lane anbieten? Ich fasse es nicht. Also, wenn ich Sie richtig verstehe: Zwei Romane haben Sie bei Bodley Head schon publiziert, ein dritter wird für den Druck vorbereitet, und am vierten arbeiten Sie zurzeit?«

»So ist es.«

»Wahrscheinlich werden Sie auch den fünften noch bei Bodley Head herausbringen müssen. Vertrag ist Vertrag. Aber danach überlassen Sie bitte die Verhandlungsführung mir. Wie ich gehört habe, finden Ihre Werke durchaus ein Publikum.« *Ich verließ mit einem Seufzer der Erleichterung sein Büro. Ich hatte das Gefühl, eine schwere Last sei mir von den Schultern genommen worden. Das war der Beginn einer Zusammenarbeit und einer Freundschaft, die über vierzig Jahre hin bestanden hat.*

Als Agatha zu Hause ankam, zog sie einen Brief aus der Postbox, der sie veranlasste, sich hinzusetzen. Die *Evening News* boten ihr fünfhundert Pfund für einen Vorabdruck von *Der Mann im braunen Anzug!* Das war eine unglaubliche Summe, die würde sie und Archie fürs Erste von allen finanziellen Nöten befreien. Agatha lachte laut vor Freude und sah sich nach Archie um. Aber dann blieb sie lieber sitzen. Was würde er sagen, wenn sie als Retterin in der Not aufträte und er quasi von ihrem Geld leben müsste? Rücksichtsvoll legte sie den Brief in eine Mappe und antwortete den *Evening News* positiv, ohne Archie einzuweihen. Aber sie musste nicht lange hinterm Berg halten. Archie ergatterte über die Empfehlung eines alten Freundes einen traumhaft bezahlten Posten bei einer angesehenen Bank und war von da an wie ausgewechselt. Vielmehr: Er war wieder der alte Archie, voller Lebensfreude und Unternehmungsgeist. Als Erstes bewarb er sich um die Mitgliedschaft im Club von Sunningdale, südwestlich von London gelegen, eine sehr distinguierte Ortschaft, berühmt besonders wegen ihres Golfplatzes.

»Aber da wohnt doch die *high society* –«, wandte Agatha ein.

»Was willst du, meine Liebe, wir gehören dazu.«

Agatha lächelte. »Vielleicht weigert sich der Club, dich aufzunehmen? Wenn sie dort erfahren, dass du eine Frau hast, die Berufsschriftstellerin ist?«

Archie legte seine Pfeife beiseite, umarmte Agatha und hob sie ein Stück vom Boden hoch. »Was willst du mit deinen Fünfhundert machen, hm?«

»Ich weiß nicht. Vielleicht zurücklegen – als eine Art Notgroschen?«

»Das ist jetzt nicht mehr nötig. Uns geht es bestens. Was hältst du denn von einem Automobil?«

Verblüfft sah ich ihn an. Wenn ich von etwas nie zu träumen gewagt hatte, dann war das ein Wagen. Keiner unserer Freunde besaß einen Wagen. Ich war immer der Auffassung gewesen, dass nur steinreiche Leute sich Automobile leisten konnten.

»Einen Wagen?«, wiederholte ich wie in Trance.

»Warum nicht?«

Ja, warum wirklich nicht? Ich will es eingestehen: Nur wenig hat mich je so begeistert wie mein erstes eigenes Auto. Mein kleiner grauer stupsnasiger Morris.

So gut, wie Archie jetzt gestellt war und so hoffnungsvoll Agatha, ihre eigenen Einkünfte betreffend, in die Zukunft blicken durfte, konnten die Christies erstmals an ein eigenes Haus denken. Agathas Traum war ein Haus auf dem Lande, aber Archie war von Sunningdale nicht abzubringen – dort war er in den Club aufgenommen worden, und dorthin wollte er ziehen. Agatha fügte sich nolens volens. Es war nicht das, was sie sich gewünscht hatte, aber es war Archies Ideal, und Agatha war davon überzeugt, dass eine Ehe nur dann glücklich würde, wenn die Frau die Wünsche ihres Mannes erfüllte. Also auf nach Sunningdale! Sie fanden eine geräumige Mietwohnung in einem alten viktorianischen Haus mit Namen *Scotswood*, nicht allzu weit vom Golfplatz entfernt – mit Garten. Rosalind und das Kindermädchen waren hochzufrieden, Archie sehr angetan und Agatha glücklich, weil die Ihren glücklich waren. Sie kaufte sich einen Hund. Den nannte sie Peter.

Inzwischen hatte Mr Cork dem Verlag Bodley Head mitgeteilt, dass Mrs Christie nach Erfüllung ihres Vertrages keine Verlängerung wünschte, woraufhin Mr Lane mit Agatha persönlich sprechen wollte und bessere Konditionen in Aussicht stellte. Aber es war nichts zu machen. Agatha fühlte sich ihrem ersten Verleger nicht mehr verpflichtet, und sie war hocherfreut, als Cork ihr mitteilte, dass der Verlag Collins sich für sie interessierte. Der publizierte ebenfalls für den amerikanischen Markt, bot zweihundert Pfund Vorschuss pro Buch und eine sehr viel bessere Beteiligung als Bodley Head. Agatha wechselte mit erhobenem Haupt. Eigentlich, dachte sie bei sich, ist es gar nicht so übel, eine Berufsschriftstellerin zu sein.

Der fünfte und letzte Roman für Bodley Head war nun noch zu schreiben. Agatha konzipierte eine Abenteuergeschichte um ein geheimnisvolles Manuskript, kompromittierende Briefe, Erpressung, Diamanten und wilde Fluchten, es sollten exotische Typen, ein bisschen Liebe und sehr viel *action* darin vorkommen. Als Titel wählte sie: *Die Memoiren des Grafen* (englisch: *The Secret of the Chimneys*). Speziell für Madge baute sie eine *lovestory* ein, was gut passte, denn es handelte sich eher um einen Thriller als um einen Krimi. Dass Agatha viel Zeit hatte, dieses Buch und eine ganze Reihe gut bezahlter *detective stories* für verschiedene Magazine zu schreiben, war ihr im Grunde gar nicht recht. Ja, sie hatte Zeit genug, sie hatte zu viel Zeit. Rosalind war mit ihrem wanderlustigen Kindermädchen meist unterwegs, und Archie machte sich bei seinem neuen Arbeitgeber durch ständige Präsenz beliebt. War er in Sunningdale, zog es ihn in seinen Club. *Ich war zu jener lächerlichen Figur geworden, die man damals in England ›Golfwitwe‹ nannte,* seufzt Agatha in ihren Memoiren. Da war ihre Arbeit, und sie liebte es zu schreiben, aber noch lieber hätte sie die Abende und die Wochenenden wie einst mit Archie verbracht. »Geh doch selbst ein bisschen aus«, sagte

Archie, »und hab Verständnis. Ein Mann will auch mal mit anderen Männern einen trinken und sich mit ihnen auf dem Platz messen.« Agatha hatte Verständnis. Sie traf sich öfters mit Nan Watts, inzwischen verheiratete Kon, ihrer klugen und liebenswürdigen Schwägerin. Dann sprachen die beiden viel über die Familie, besonders über Monty Miller. Agathas Bruder war nach einem Zwischenspiel in England nach Afrika zurückgekehrt, hatte dort versucht, auf dem Viktoria-See einen Frachtschiff-Verkehr einzurichten, Bankrott gemacht und eine Menge Geld verbrannt, darunter ein kleines Vermögen seiner Schwester Madge.

»Genau genommen war es nicht Madges Geld, sondern das von James«, sagte Nan. »Ich habe meinen Bruder selten so wütend gesehen. *Du* hättest Monty was leihen dürfen, du verdienst selbst Geld, aber Madge hätte ihren Mann fragen müssen.« Agatha hatte ihrem Bruder trotz seiner Bitten keinen Penny gegeben, sie kannte ihn nur zu gut, aber trotzdem oder deshalb machte sie sich große Sorgen.

«Er ist ein Blender und Verschwender«, sagte sie, »ein Hasardeur von der Sorte, die andere für die eigene Lust am Risiko bezahlen lässt. Und er kommt immer wieder durch mit seiner Tour. Er wickelt potenzielle Gläubiger um den Finger.«

»Oh, ja«, sagte Nan, »er hat Charme, dein Bruder.«

»Er wird unsere Mutter noch ins Grab bringen. Sie schläft doch nicht mehr seinetwegen.«

Eine erfreuliche Abwechslung waren die Besuche der Christies bei der Familie Watts in Abney Hall. Agatha hatte von Archie das Autofahren gelernt, einen Führerschein brauchte man damals nicht – wer einen Wagen besaß, setze sich hinein und fuhr los. Das Verkehrsaufkommen war ja auch noch bescheiden. Agatha begriff sehr schnell, wie sie so ein Motorfahrzeug in Bewegung setzen, navigieren und wieder zum Stehen bringen musste, es machte ihr Spaß. Und sie bretterte mal eben runter nach Torquay, um Clara zu besuchen und nahm ihre Mutter mit zum Ausflug nach Abney Hall. Unterwegs las sie in Sunningdale Archie und Rosalind auf. Das Haus der Watts war riesig, mit seinen vielen Erkern und Gauben und Türmen sah es aus wie ein Schloss, umgeben von prächtigen Gärten. Agatha lag es ähnlich am Herzen wie Ashfield – in ihrer späten Kindheit hatte sie dort stets Weihnachten verbracht, denn ihre elf Jahre ältere Schwester war ja schon in jungen Jahren ihrem James angetraut worden. Und dann kam das Söhnchen zur Welt, und so ergab es sich während Agathas Teenagerzeit für die Familie Miller, Weihnachten in Abney Hall zu feiern. Jetzt fuhr Agatha zu jeder Jahreszeit hin – und neuerdings sogar im eigenen Automobil! Sie packte ihr Manuskript neben Rosalinds Kuscheltiere in den Kofferraum und freute sich auf eine Lesung aus *Die Memoiren des Grafen* im Familienkreis.

Die Zustimmung war einhellig. Archie und Madge klatschten, Nan nickte lächelnd und Clara küsste ihre Tochter. James sagte:

»Ich muss gestehen, dass ich deine Krimis mehr schätze als deine Thriller, liebe Agatha. Beim Abenteuerroman versetze ich mich in den Helden und erlebe mit, was er erlebt. Und das ist doch meist ziemlich an den Haaren herbeigezogen. Beim Krimi rätsele ich: Wer kann die Tat begangen haben? Und das Rätseln macht mir einfach mehr Spaß als das bloße Miterleben. Übrigens gehöre ich zu jener Minderheit deiner Bewunderer, die Poirot mögen.«

Agatha warf James einen koketten Blick zu. »Wirklich? Ich selbst finde ihn ziemlich unmöglich. Aber darauf kommt es nicht an. Es geht um Poirots Mantra: Er ist davon überzeugt, dass er einzig mit der Kraft seiner kleinen grauen Zellen einen Fall lösen kann. Er ist ein Armchair-Detektiv, wenn ihr so sagen wollt. Er macht sich lustig über die Spurenleser à la Sherlock Holmes, die mit der Lupe losziehen, um Tabakkrümel am Tatort zu untersuchen. Das hat er nicht nötig, das überlässt er der Polizei. Wenn er genügend Fakten beisammenhat, dann kann er, meint er, alles erklären, er muss nur lange genug darüber nachdenken. Jeder Mord hat einen Charakter, so wie jeder Mörder und jedes Mordopfer. Alles folgt den Gesetzen der menschlichen Natur. Und der Leser, der kann ebenso durch reines Denken an die Lösung rankommen. Ich muss die Geschichte natürlich so aufbauen, dass er eine Chance hat.«

»Poirot als eine Art Spürhund, der dem Jäger den Weg zeigt?«, fragte Clara.

»Kann man so sagen. Und der Leser darf, er soll mitjagen –«

»Am Ende aber«, unterbrach Nan, »ist es doch Poirot, der die Dinge klärt, der den Fuchs fängt. Und von daher kommt ein zweiter Wunsch des Lesers ins Spiel. Er will bei der Jagd dabei sein, okay. Aber er will sich auch überraschen lassen. Er will durch den überlegenen Verstand seines Meisterdetektivs mit der Welt versöhnt werden – da gibt es jemand, der mehr sieht als er und den Bösen am Ende seiner gerechten Strafe zuführt. Wie tröstlich.«

Madge sagte: »Man ist ja wohl wirklich enttäuscht, wenn man selbst dem Täter auf die Schliche kommt und die Lösung hat, bevor der Detektiv damit aufwartet, oder?«

»Klar«, sagte Agatha, »dass der Leser schlauer sein könnte als Poirot, das muss ich berücksichtigen und dem muss ich vorbeugen. Sonst legt er das Buch weg und kauft das nächste nicht. Aber ich darf es nicht unmöglich machen, dass er doch draufkäme. Nein, das darf ich nicht. Es geht um fair play.«

»Ich habe eine Idee«, rief James, »wie du es anstellen könntest, dass der Leser auf keinen Fall draufkommt. Lass Poirot den Mörder sein.«

Agatha hob entsetzt die Hände. »Ausgeschlossen. Zu Poirots Kapital gehören seine ethischen Grundsätze. Alle anderen können Masken tragen und sich miteins vom Biedermann zum Bösewicht wandeln, aber nicht Poirot. Einen Fixpunkt muss es geben.«

James sagte: »Dann vielleicht eine Geschichte in Ich-Form, und der Ich-Erzähler ist am Ende der Mörder?«

Es entstand eine Unruhe in der kleinen Runde. Madge murmelte: »Das geht doch nicht«, und Clara machte: »O-o!« Archie stopfte seine Pfeife. Und Agatha lächelte in sich hinein. »Wäre zu überlegen«, sagte sie. »Ich glaube jedenfalls, dass sich die Idee mit dem

Agatha Christie im Jahr 1926.

Gebot des fair play vereinbaren ließe. Es wäre eine Gratwanderung im Halbdunkel, aber es könnte funktionieren.«

Clara, die immer dafür sorgte, dass ihre Töchter in etwa zu gleichen Teilen von der familiären Aufmerksamkeit profitierten, lenkte das Gespräch auf Madges Stück *The Clairmant*, das derzeit am Londoner Queen's Theatre inszeniert wurde. Madge nahm an den Proben teil und schrieb immer noch die eine oder andere Szene aus dem Stegreif hinzu. »Die Theaterwelt ist ein bisschen gewöhnungsbedürftig«, sagte sie zu Agatha, »denn die Menschen sind alle so furchtbar expressiv. Aber sie ist großartig. Nimmst du mich nachher mit nach Sunningdale? Ich möchte morgen wieder in London dabei sein.«

Als Madge und Agatha mit Rosalind in den Küchentrakt gingen, um nachzusehen, was die Köchin zum Dinner vorbereitete und James und Nan sich in die Bibliothek begeben hatten, um den Kriminalroman einer gewissen Dorothy Sayers zu suchen, den, wie sie fanden, Agatha unbedingt zur Kenntnis nehmen müsste, blieben Archie und Clara allein im Salon. Archie legte höflich seine Pfeife auf den Aschenbecher, Clara schaute ihm ins Gesicht und fragte:

»Bist du wieder ganz gesund geworden, Archie? Ist nichts zurückgeblieben von dieser schweren Lungenentzündung in Kanada?«

»Gar nichts, liebe Clara. Ich bin fast so fit wie Agatha. Übrigens, das wollte ich dir schon immer sagen: Agatha war auf der Reise ein wahrer Anker der Stabilität, der Robustheit und der Zuversicht. Sie hat von uns allen die größte Tatkraft und zugleich die größte Geduld bewiesen. Das solltest du wissen, weil du ja … ähm, also, du hast mal gesagt, Agatha sei im Grunde ein Kind geblieben. Wenn irgendjemand auf dieser Reise im Vergleich zu Belcher, zu Hiam und selbst zu mir erwachsen war, dann war es Agatha.«

Clara schüttelte den Kopf. »Das meine ich nicht«, sagte sie. »Ich weiß, wie stark sie ist. Wie viel Durchhaltevermögen sie hat. Aber diese Powerfrau ist nur die halbe Agatha. Die andere Hälfte ist das schutzbedürftige Kind im Bann seiner Einbildungskraft, von dem ich gesprochen habe. Glaub mir, im Grund ihres Herzens lebt sie immer noch in einer Phantasiewelt. Sie hängt an mir wie eine Fünf-jährige. Und sie idealisiert dich wie ein kleines Mädchen ihren Mär-chenprinzen. Dabei haben wir beide das überhaupt nicht verdient.«

Gemeinsam verfügten Agatha und Archie jetzt über so viel Geld, dass sie ohne Angst vor Schulden an ein eigenes Haus denken konn-ten. Sunningdale blieb der Ort, schon des Golfplatzes wegen, und das Haus wurde ein großer, etwas düsterer, von Bäumen umstande-ner Kasten mit drei Badezimmern, noch mehr Schlafzimmern und einem riesigen Salon mit getäfelten Wänden plus einer zauberhaften Gartenanlage: Steingarten, Obstgarten, Gemüsegarten, Bach, Rasen und dichtes Buschwerk. *Es war in den letzten Jahren durch mehrere Hände gegangen und galt als Unglückshaus. Noch jeder, der dort gewohnt hatte, war in irgendeiner Weise zu Schaden gekommen. Der erste Besitzer hatte sein Geld verloren, der zweite seine Frau. Es war nicht bekannt, was den dritten Besitzern zugestoßen war – sie ver-ließen die Gegend. Jedenfalls war das Anwesen schon lange auf dem Markt und daher billig zu haben.* Die Christies griffen zu. Archie schlug vor, das Haus *Styles* zu nennen, nach dem Schauplatz von Agathas erstem Roman, der mit englischem Titel *The Mysterious Affair at Styles* hieß. Es gab eine Menge umzubauen und einzurich-ten, aber da genug Geld für Handwerker da war, ging es schnell. Per-sonal konnte auch eingestellt werden: ein Dienerehepaar, die Frau kochte vorzüglich, ein Hausmädchen und als Gesellschafterin eine junge Frau namens Charlotte Fisher, verkürzt zu Carlo. Die kam aus Schottland, war klug und einfühlsam und freundete sich mit Agatha an. Ihre Stellung war etwas ganz Besonderes: Sie sollte die Aufgaben einer Sekretärin erledigen, sollte tippen und telefonieren, sich aber auch um Rosalind kümmern. Das gelang. Die Kleine kam in die Schule, und es war Carlo, die sie auf ihrem ersten Schulweg begleitete und Lesen mit ihr übte.

Kaum hatte Agatha sich mit den Ihren in Styles niedergelassen, regte sich wieder ihre Reiselust. Sie fuhr mit Archie nach Italien und in die Pyrenäen, und als er des Reisens müde wurde, begleitete sie ihre Schwester nach Korsika. Ihr Leben war leicht, voller Reize, Herausforderungen, Freuden und Erfolg. Agatha genoss es, aber sie dachte später: *Vielleicht hätte mir Böses schwanen sollen – es lief einfach alles zu gut.* Eines Abends, das Paar war gerade aus Frankreich zurückgekehrt, sagte Archie so nebenbei, dass er daran denke, sich einen Wagen anzuschaffen.

»*Aber wir haben doch schon einen*«, sagte Agatha, »*der genügt doch.*«

»*Ja, aber ich meine etwas Spezielles.* Eine schnellere Kutsche.«

Agatha sah vor sich hin. »Meine Wünsche gehen in eine ganz andere Richtung«, sagte sie leise.

»Hm? In welche?«

»*Wir könnten uns jetzt noch ein Baby leisten.*« Agatha *hatte diese Idee schon seit geraumer Zeit mit freudiger Bereitschaft ins Auge gefasst.*

Archie schüttelte langsam den Kopf. »*Ich will nur Rosalind haben. Rosalind ist in jeder Hinsicht perfekt. Sie genügt mir vollauf.*«

Archie liebte seine Tochter über alles. *Er spielte gern mit ihr, und sie machte ihm sogar seine Golfschläger sauber.* Agatha sah, *dass sich ihre Tochter mit dem Vater besser verstand als mit ihr. Die beiden hatten den gleichen Sinn für Humor und begriffen instinktiv den Standpunkt des jeweils anderen. Ihm gefielen Rosalinds Dickköpfigkeit und ihre von Argwohn geprägte Denkweise, ihre Art, nie etwas als selbstverständlich anzusehen.* Nein, er wollte sich nicht von einem Geschwisterkind in dieser freudvollen Idylle stören lassen, und Rosalind wollte es auch nicht. Agatha blieb mit ihrem Kinderwunsch allein. Stattdessen wurde ein Delage erworben, ein schnelles und elegantes Auto. ›Vielleicht ist es ja wirklich besser so‹, dachte Agatha. Ein wenig litt sie darunter, dass sie ihre schlanke Taille nach Rosalinds Geburt nicht wiedererlangt hatte. Was würde eine zweite Schwangerschaft aus ihrer Figur machen? Und schließlich hatte sie ja eine Menge zu tun. Sie ging hin und setzte sich an das Manuskript von *Alibi,* ihr erstes Buch für den Verlag Collins.

Sie war dabei, James' Idee von einem mörderischen Ich-Erzähler umzusetzen. Es kostete sie viel Kraft, und sie schrieb etliche Passagen mehrmals um.

Als Agatha mit Madge im Frühling 1926 von der gemeinsamen Korsika-Reise zurückkam, wurde sie sogleich nach Torquay gerufen. Clara lag mit einer schweren Bronchitis darnieder – sie brauchte Pflege. Aber es wurde nicht besser. So nahm Madge die Mutter zu sich nach Abney Hall, wo sie einen sehr fähigen Arzt kannte, und Agatha kam hin und wieder dazu. *Wir hielten die Sache nicht für so ernst wie sie tatsächlich war,* erzählt Agatha in ihren Lebenserinnerungen, *aber ein oder zwei Wochen später bekam ich ein Telegramm. Archie war auf Geschäftsreise in Spanien. Ich saß im Zug nach Manchester, als ich plötzlich wusste, dass Mutter tot war. Ich empfand eine eisige Kälte, so als ob ein tödlicher Frost meinen ganzen Körper schüttelte und dachte nur: Mutter ist tot.*

Mein Gefühl hatte mich nicht getäuscht. Sie lag auf dem Bett, und ich blickte auf sie herab. Wie wahr ist es doch, dachte ich, dass nur die Hülle zurückbleibt. Mutters lebhafte, herzerwärmende, eigenwillige Persönlichkeit war irgendwo weit fort.

An der Beerdigung konnte Archie nicht teilnehmen, er hielt sich noch in Spanien auf. Als er und Agatha in Sunningdale wieder zusammentrafen, waren beide nicht sie selbst. Agatha litt entsetzlich unter ihrem Verlust, und Archie konnte sie nicht trösten. *Er trug eine falsche Heiterkeit zur Schau, so als wollte er sagen: ›Tja, so ist das nun eben, Kinder! Kopf hoch! Seid frohen Mutes.‹ Das ist schwer zu ertragen, wenn man eben einen von den drei Menschen verloren hat, die einem das Teuerste auf der Welt sind.* Archie schlug Agatha vor, ihn nach Spanien zu begleiten, er musste noch mal dorthin, die Verhandlungen gingen weiter. Agatha sah ihn entgeistert an. Er hielt seine Idee für gut. *»Das würde dich ablenken!«* Aber sie wollte ja gar nicht abgelenkt werden. Sie wollte sich ihrem Schmerz überlassen und sich an ihn gewöhnen. Spanien? Auf keinen Fall. Das verstand Archie nicht.

Agatha hatte Ashfield geerbt. Das Haus war in einem schlechten Zustand, Clara hatte nie Geld für Reparaturen gehabt, jetzt drohte Verfall. Agatha fuhr nach Torquay, um alles zu regeln und das Haus aufzuräumen, um die Berge von Sachen und Erinnerungen, die sie in Mutters Räumlichkeiten fand, zu sortieren, zu entsorgen, fortzugeben, mitzunehmen. Es war eine unendlich schwere, mühsame, tränenvolle Arbeit. Madge half ihr, auch das Dienstmädchen und manchmal Carlo, die mit Rosalind an den Wochenenden hinzukam, aber im Wesentlichen musste Agatha sich durch diesen Pfad des Abschieds von ihrer Mutter allein durchkämpfen. *Ein entsetzliches Gefühl der Vereinsamung kam über mich.* Archie hätte ihr zur Seite stehen können, aber in altem Kram wühlen, sich festlesen in vergilbten Briefen, mottenzerfressene Roben ausmustern, den Müllkutscher bestechen, damit er weit mehr als die übliche Menge an Schrott und Abfall mitnähme – das war das Letzte, wozu er aufgelegt war. Agatha verstand das, sie drängte ihn nicht. Er blieb nach seiner zweiten Heimkehr aus Spanien meist in seinem Sunningdaler Club, aß und schlief dort – viele Männer machten das so, es war üblich. Aber Archie hatte sich in Styles immer wohl gefühlt, jetzt vermisste er Agatha und die heitere Atmosphäre, die sie zu kreieren verstand. Sie telefonierten. Beide begriffen, dass das Aufräumen in Ashfield Monate in Anspruch nehmen würde, also beschlossen sie, Styles über den Sommer zu vermieten, während Archie ganz im Club wohnen sollte und Agatha mit Rosalind und Carlo in Torquay blieb. Es waren qualvolle Monate für Agatha, sie schuftete zwölf Stunden am Tag, aß kaum etwas, erkrankte und wankte wie ein Gespenst durch die Räume. »Was soll ich bloß tun mit diesem maroden Haus«, schluchzte sie, »verkaufen? einziehen? abbrennen?« Eines Abends brach sie am Fuß der großen Treppe zusammen, Carlo half ihr auf und rief den Doktor.

Es wurde Hochsommer, als Agatha wieder auf die Beine kam. Sie saß manchmal auf der Terrasse wie einst, diesmal den Hund Peter an ihrer Seite, und schaute über den Garten hin. Mutter war gegangen und würde nie zurückkehren, allmählich verstand sie das. Archie und sie hatten zu Jahresbeginn einen Italienurlaub für den September ins Auge gefasst, sie wollten nach Alassio gehen, und an ihrer zarten Vorfreude auf diesen Urlaub merkte Agatha, dass sie wieder gesund wurde. Sie korrespondierte mit Cork. Der hatte *Alibi* an Collins geschickt und positive Signale von dort vernommen. Bald würde das Buch erscheinen. Agatha atmete tief durch. Archie hatte recht. Alles würde wieder gut werden.

Kurz vor Rosalinds siebtem Geburtstag am 5. August kam Archie nach Torquay. Agatha freute sich auf ihn, aber sie wusste, dass sie verhärmt aussah und fürchtete sich deshalb ein wenig vor der Begegnung. Er betrat den Salon, aber es war gar nicht Archie, nicht seine Art, sie zu begrüßen, nicht seine Stimme, nicht sein Blick.

»Hast du das Hotel in Alassio gebucht?«, fragte sie mit heiserer Stimme.

»Nein«, antwortete Archie, »ich möchte nicht verreisen.«

»Was ist los?«, fragte Agatha, »du bist so anders.«

»Ja … Mir liegt etwas auf der Seele. Ich finde nicht die richtigen Worte. Du weißt ja, *ich hasse es, wenn Menschen krank oder unglücklich sind*. Ich kann damit nicht umgehen.« Und er verließ den Raum.

Agatha drückte ihre Hände auf ihr Herz. Sie schluckte. Sie musste sich setzen. Was konnte geschehen sein? Warum redete er nicht geradeheraus, wie es sonst seine Art war? Bei der nächsten Gelegenheit bat Agatha ihren Mann, sich zu erklären.

»Bitte sag mir, was dich bedrückt. Zusammen finden wir bestimmt eine Lösung.«

»Das glaube ich nicht«, sagte er mit seiner fremden Stimme.

»Bist du krank?«

»Nein-nein«, stöhnte er, »gesundheitlich geht es mir gut.« Er atmete tief ein. »Du erinnerst dich doch an die brünette junge Frau, die damals Belchers Sekretärin war?«

»Ja, ich erinnere mich. Sie war mal bei uns zum Tee. Sie ist sehr hübsch. Wie hieß sie gleich?«

»Nancy. Nancy Neele.«

»Miss Neele, richtig. Was ist mit ihr?«

»Sie – sie ist seit ein paar Monaten meine Golfpartnerin. Sie spielt ausgezeichnet, und wir zwei waren in der letzten Zeit ständig zusammen.«

»*Warum auch nicht? Was ist daran problematisch? Von mir aus kannst du gerne –*«

»*Du verstehst mich nicht. Ich habe mich in sie verliebt. Ich möchte mich so schnell wie möglich scheiden lassen.*«

IV
Ruhm

Alibi war erschienen und sorgte für Gesprächsstoff. Bislang war Agatha Christie unter Liebhabern der Kriminalliteratur ein bekannter Name, jetzt sprang ihr Ruf eine Liga weiter in das große Lesepublikum hinein, und die Kritiker wichtiger Zeitungen und Literaturmagazine begannen, sich für sie zu interessieren. Ihr neuer Roman hatte eine Grenze verletzt, er hatte eine ungeschriebene Regel gebrochen: Als Mörder in *Alibi* entpuppte sich niemand anderes als der Ich-Erzähler Dr. James Sheppard selbst, überführt von Hercule Poirot. Da sich Leser ja gern mit einem Ich-Erzähler identifizieren, mussten sie auf den letzten Seiten des Romans die Erfahrung machen, dass sie selbst oder doch eine ihnen während der Lektüre nahegekommene Figur eine ruchlose Tat begangen hatten! Dass das Böse in der Welt auch in ihnen steckte. Einige fanden das unerhört, manche sogar verwerflich, wieder andere – und schließlich die Mehrheit – waren einfach nur fasziniert. Nein, wie diese Autorin mit den Erwartungen ihrer Leser spielte! Es war unglaublich. Da *Alibi* – unter dem englischen Titel *The Murder of Roger Ackroyd* – auf dem britischen und dem amerikanischen Büchermarkt zur gleichen Zeit erschien, war das Lesepublikum von Anfang an sehr groß. Entsprechend weiträumig verbreitete sich der Ruhm der Urheberin: Agatha Christie war jetzt mehr als der Name einer guten Kriminalschriftstellerin. Er gehörte einer äußerst durchtriebenen, verführerischen, subtilen

Romanautorin, von der noch einiges zu erwarten sein würde. Und das Völkchen der Liebhaber von Krimis wuchs dank dieser ungewöhnlichen Mrs Christie immer weiter an. Agatha gewann Fans überall in der Welt.

Sie selbst war in diesen Sommerwochen und -monaten des Jahres 1926 nicht bereit und fähig, sich über lobende Kritiken zu freuen, Zuschriften zu beantworten oder Interviews zu geben. *Alibi* war ihr egal. Als Archie ihr gesagt hatte, dass er sich von ihr scheiden lassen wollte, stand für sie die Zeit still. Diese seine Mitteilung, ihren Sinn und Zweck zu begreifen, kostete sie Monate, ganz begriff sie es nie. An jenem Tag im August fiel ihr nach Archies Geständnis nur eines ein: Rosalind. Die hatte morgen Geburtstag. Der Tag sollte ihr nicht verdorben werden. Sie bat Archie, bis ans Ende des Kinderfestes zu bleiben und sich nichts anmerken zu lassen. Er versprach es und hielt es. Gleich nach der Geburtstagsfeier reiste er nach Sunningdale ab in seinen Club. Agatha forderte Carlo auf zu packen. Außer mit ihr und Rosalind sprach sie mit niemand. Sie war völlig erstarrt und erledigte die Verrichtungen des Aufbruchs still, langsam und wie ein Automat. Als sie von Carlo einmal etwas gefragt wurde, drehte sie sich abrupt um und verließ den Raum. Am Abend fuhren die drei zurück nach Styles. Rosalind schlief im Auto und Agatha schwieg.

Aber die Last auf ihrer Brust war zu schwer, sie konnte sie nicht einfach wegschweigen. Auch ein Spaziergang mit Terrier Peter erlöste sie nicht. Sie weihte Madge telefonisch ein und bat sie, herzukommen. Es war heiß, und die Schwestern setzten sich in den Garten unter einen Apfelbaum.

»Ich dachte immer«, sagte Madge mit gerunzelter Stirn, »dass du und Archie, dass ihr miteinander glücklich wärt.«

»Aber das waren wir doch, Madge. Wir waren zwölf Jahre lang ein glückliches Ehepaar, und nimm die Verlobungszeit hinzu, dann kommst du auf dreizehneinhalb Jahre. Wir waren glücklich bis zum 4. August, ich kann mir das doch nicht eingebildet haben. Während der letzten Monate allerdings … Mamas Tod und mein Schmerz – er konnte nicht mitleiden. Das muss ihn verstört haben. Er wurde so reizbar ...«

»Jedenfalls hat er sich Ablenkung gesucht.«

»Ich verstehe ihn nicht«, sagte Agatha, »er weiß doch, dass ich nichts dagegen habe, wenn er mit einer Frau flirtet oder ausgeht. Ich selbst hatte während der Schiffspassage nach Melbourne mindestens drei Verehrer, einen hätte ich mal fast geküsst. So was ist normal, man soll daraus keine große Sache machen, Eifersucht ist schändlich. Die Wirkung auf das andere Geschlecht zu spüren und zu genießen, das ist menschlich, das versteht jeder. *Aber setzt man deswegen eine Ehe aufs Spiel? Eine harmonische Ehe? Gibt man deswegen alles auf – Ehefrau, Kind, Haus ...?*«

Madge schüttelte den Kopf, beugte sich vor und kraulte Peter, der zu Agathas Füßen lag. Sie sagte: »Du verstehst ihn nicht, sagst du. Aber vielleicht ist es ganz einfach. Vielleicht ist er bloß leidenschaftlich und über alle Maßen in diese Miss Neele verliebt.«

»Das ist es eben, was ich nicht verstehe. Aber vielleicht hast du recht. *Vielleicht war er längst reif für eine neue Liebe – und ich war nur zu eingebildet und zu arrogant, um mir das vorzustellen. Vielleicht hat er seit Langem schon nach anderen Frauen geschaut, und ich war mir und meiner selbst zu sicher, um es zu bemerken?* Als ich mit Archie stritt, damals in unseren Anfängen, sagte Großmutter mal zu mir: ›*Solange zwei Menschen ineinander verliebt sind, verstehen sie einander nicht und müssen streiten. Wenn sie einander irgendwann verstehen, sind sie nicht mehr ineinander verliebt.*«

»Woraus folgt, dass du noch verliebt in Archie bist, da du ihn ja nicht verstehst.«

Widerstrebend gab Agatha zu, dass Madge den Punkt getroffen hatte. Sie liebte Archie wie am ersten Tag und sollte nun den Gedanken zulassen, dass sie ihn verloren hatte. Das war ihr nicht möglich.

»Es könnte doch sein«, sagte sie zu Madge, »dass er zurückkommt. Dass das alles nur eine überstürzte Reaktion war auf – nun, womöglich auf Miss Neeles Wunsch, ihn ganz für sich zu haben?«

»Das kann natürlich wirklich sein«, sagte Madge und warf ein Stöckchen für Peter über den Rasen.

Agatha sprach mit sich selbst, als wäre sie in zwei Personen zerfallen. Die aktive und vernünftige Agatha, die pragmatische, kampflustige und lebenskluge Agatha verurteilte Archie und verweigerte die Scheidung. »Nein«, sagte sie ihm ins Gesicht, »ich lasse mich nicht scheiden, ich denke dabei an unsere Tochter, der ich doch den Vater nicht rauben kann. Wenn du von ihr gehen willst, ist das schlimm genug, aber solange ich es verhindern kann, verhindere ich es.« Woraufhin Archie Türen knallend hinausrauschte und sich in seinen Delage warf. Insgeheim hoffte die lebensfrohe Agatha, dass Archie es sich überlegen und zu ihr zurückkehren würde. Die andere, die passive Agatha, die zweifelnde und träumende, die von beseligenden ebenso wie von beängstigenden Phantasien leicht überwältigte Agatha spürte das Ende ihres bisherigen Lebens und versuchte zu flüchten. Sie wusste nicht wohin, aber sie litt und wollte sterben. Sie kritisierte die erste Agatha, die die Scheidung nur deswegen verweigerte, weil sie die Heirat mit Nancy, von Archie ersehnt, hintertreiben wollte und die Sorge um Rosalind vorschützte. So einen Winkelzug verabscheute sie. Zugleich bemühte sich die rationale Agatha darum, Archie jetzt doch zu verstehen und ihn sodann ein bisschen weniger zu lieben. *Er war unglücklich, weil er mich immer noch gernhatte und es ihn schmerzte, mir so wehtun zu müssen. Aber irgendwie versuchte er, es vor sich selbst so darzustellen, als verletze er mich gar nicht und als sei am Ende alles so besser für mich. Ich könnte ein glückliches Leben haben, viel reisen, und außerdem hätte ich doch meine Schriftstellerei, die mich tröstete. Aber da sein schlechtes Gewissen ihn dennoch belastete, konnte er nicht anders, als mir gegenüber manchmal von großer Mitleidlosigkeit zu sein. Meine Mutter hatte ihn immer für hart gehalten – und diesen Charakterzug begrüßt, was ich nie getan hatte. Ich habe vor allem seine vielen netten Züge und sein gutes Herz gesehen und seine Rücksichtslosigkeit abgelehnt, obwohl sie mich beeindruckte. Jetzt spürte ich die Kehrseite der Medaille.*

Schwägerin Nan kam nach Styles. Sie mochte Agatha sehr und brachte ihr das neue Buch von Dorothy Sayers und einen großen Kuchen mit.

»Das Wichtigste ist, dass du dich nicht aufgibst, dass du weiterarbeitest und zwischendurch mal was zu dir nimmst.« Sie schnitt den Kuchen an.

Agatha sagte tonlos: »Ich kann nicht mehr arbeiten. Ich habe es versucht. Collins erwartet den *Blauen Express* (englisch: *The Mystery of the Blue Train)* in ein paar Wochen – aber ich kann einfach nicht.«

»Unsinn. Du musst ja nicht wie früher den halben Tag an der Maschine hocken. Setz dir ein Limit und arbeite eine Stunde pro Tag. Du wirst sehen, es wird ganz von selbst mehr.«

»Was meinst du, habe ich einen Fehler gemacht, als ich mich weigerte, mit Archie nach Spanien zu fahren? Meinst du, alles wäre anders gekommen, wenn ich es dem Personal überlassen hätte, Ashfield aufzuräumen und meinen Mann begleitet hätte – so wie Großmutter es immer verlangt hat und auch Clara: ›*Eine Frau hat bei ihrem Mann zu bleiben …*‹?«

»Ich glaube nicht, dass das irgendetwas geändert hätte. Ich fürchte, der schöne Archie ist im Grunde seiner Persönlichkeit genauso erotisch interessiert wie interessant.«

»Sag mir, Nan – was weißt du? Wie lange kennen Archie und Nancy sich wirklich?«

Nans Mann James und Archie hatten einen gemeinsamen Freund: Sam. In dessen Haus in Godalming hatten jene Partys stattgefunden, auf denen Archie und Nancy einander nähergekommen waren.

»Ich weiß nichts Genaues«, sagte Nan, »aber wenn James recht hat, treffen die beiden sich schon seit etwa einem Jahr.« Agatha wurde blass und legte die Kuchengabel wieder auf den Teller. »Wie ernst ist es, Nan, deiner Meinung nach? Haben die beiden schon länger ein Verhältnis? Und was sagt James?«

»Ich denke nicht, dass sie miteinander ins Bett gehen. Nancy ist eine sehr ehrbare kleine Lady. Sie wird ohne Trauschein keine intime Nähe zulassen. Und Archie, so vermute ich, respektiert das. Bliebe also nur die Scheidung und eine zweite Eheschließung für Archie, wenn es ihm wirklich so bitterernst wäre mit dem Mädchen. Aber das eben glaube ich dann doch nicht. Ich kenne euch ja schon so lange. Ich habe euch hundertmal zusammen gesehen. Ihr seid *das* Paar für mich. Nicht weinen, Agatha. Er wird es sich überlegen. Er wird irgendwann wieder vor der Tür stehen.«

»Und was sagt James?«

»Er sieht es anders. Er ist viel mit Sam zusammen, und der wieder sieht ja Archie und Nancy bei sich auf seinen Wochenendpartys. Er meint, da ist nichts mehr zu machen. Nancy habe Archie komplett verhext. Aber das ist nur eine Einschätzung, verstehst du? Gewissheit hat derzeit kein Mensch. Nicht einmal Archie selbst.«

Es sah so aus, als solle Nan recht behalten. Denn eines Tages stand Archie in Styles vor der Tür. Er habe unrecht gehabt, er habe übereilt gehandelt. Ob sie es nicht doch noch einmal miteinander versuchen sollten? Und er tätschelte Peter, der an ihm hochsprang. »*Darling,* verzeih mir!« Agatha ließ sich umarmen und weinte. Sie hatte vor Rosalind und auch vor Carlo stets die Fassung bewahrt, aber jetzt weinte sie drauflos. »Na na, was ist denn?«, sagte er. »Ich bin doch da.« Agatha fürchtete, dass alles, was sie sagen würde, die wunderbare Wendung der Dinge in Frage stellen könnte, deshalb weinte sie weiter und sagte schließlich nur: »Es ist noch Kuchen da. Ich kann Lilly bitten, uns einen Tee zu machen.«

Archie spielte viel mit Rosalind. Carlo, die alles wusste, lächelte wieder und ging mit Agatha auf den Markt. Aber die Atmosphäre blieb angespannt. All die kleinen, versteckten und verschlungenen seelischen Brücken, auf denen Archie und Agatha einander mit Blicken, Worten und Gesten spontan begegnet waren, schienen nunmehr abgebrochen. All die verbalen Nasenstüber und Knüffe, mit denen sie gewohnt waren, einander zu bespötteln, zu umwerben und ihre Zuneigung zu bekunden, waren ihnen entfallen, sie kamen nicht mehr vor. Zu schweigen von ihren Umarmungen, die plötzlich zu Pflichtübungen geworden waren. Die Fragen, die Agatha eigentlich stellen wollte: Liebst du die andere noch? Fehlt sie dir? Hat sie dich womöglich weggeschickt?, konnte sie nicht stellen, und wenn sie sich auch nur in die Nähe des Themas Nancy begab, wurde Archie gleich fuchtig. Sie machten eine Reise in die Pyrenäen, wo sie schon einmal gewesen waren und wo noch die Sonne schien, aber sie kamen einander nicht wieder nah. Agatha ahnte, dass die Katastrophe der Trennung sich wiederholen würde, diesmal ohne dass sie sich als die Verratene fühlen durfte, denn schließlich hatte er ja noch einmal alles versucht. Sie wurde depressiv, sie haderte – mit sich, mit ihm, mit dem *Blauen Express,* einer Poirot-Geschichte, in der es um den Mord an einer Millionenerbin im Zug von Calais nach Nizza geht. Sie hatte ihre Reiseschreibmaschine dabei, aber sie kam zu nichts. Am Ende brachen die Christies ihren Urlaub ab, und als sie wieder in Styles waren, stritten sie, als wären sie noch ineinander verliebt. Es war der Schlussakt ihrer Ehe, ihrer Verbundenheit. Es war die Coda.

Archie wohnte wieder vorwiegend im Club. Agatha versuchte zu arbeiten, sie sprach viel mit der verständnisvollen Carlo, die ihrerseits alles dafür tat, das Kind aus den familiären Verwicklungen und Verwünschungen herauszuhalten. Es gelang ihr nicht ganz. Rosalind war ein äußerst scharfsinniges und vernünftiges Mädchen. Eines Tages sagte sie zu Carlo: »*Papa mag mich gern, nicht wahr? Mama mag er jetzt nicht mehr so gern.*« Carlo blieb der Mund offen stehen. Dann fasste sie sich und murmelte, ehrliche Haut, die sie war, etwas Zustimmendes. Agatha erzählte sie von dieser Szene nichts.

Der Erste Weltkrieg hatte nicht nur die macht- und geopolitischen Karten auf der Erde neu gemischt, er hatte auch Lebensstile und die Moral verändert, tiefer, als die seinerzeit lebenden älteren Menschen es gleich verarbeiten konnten. Was man damals die *modernen*

Zeiten nannte, der Siegeszug der Industrie, der Technik und des Tempos, der Aufstieg der Arbeiterklasse und die Emanzipation der Frauen, auch der in persönlicher Abhängigkeit bei den Oberklassen schaffenden Dienerschar, ging in Europa und Amerika sprunghaft voran. In England war erst nach dem Krieg die viktorianische Epoche wirklich zu Ende – jetzt aber ganz und gar. Das großbürgerliche Familienmodell mit dem Mann als rührigem *breadwinner* und der Frau als Glucke, die daheim die Dienstboten dirigiert und dabei eine gefühlsbetonte Gegenwelt zur Sphäre des gnadenlosen Konkurrenzkampfes erschafft, geriet in die Krise. Noch dominierte dieses Modell im Bürgertum die Vorstellungen der meisten Menschen, aber die Realität wandelte sich: die Haushalte wurden durch technische Geräte auch für Singles leicht organisierbar, sie konnten nicht mehr als Lebensinhalt herhalten. Junge Frauen strömten in Bildungsstätten und Büros, um etwas zu lernen und ihr eigenes Geld zu verdienen, das Verhältnis der Geschlechter wurde neu definiert, Idee und Wirklichkeit der sogenannten Versorgungsehe verblassten. Die jungen Menschen suchten die Liebe und verachteten die Konventionen – in die Zeit dieses Wandels fiel Agatha Christies Scheidung und zugleich ihr Aufstieg zur Berufsschriftstellerin. Sie war mit der festen Überzeugung aufgewachsen, dass der Platz einer Frau ihr Heim sei und der Sinn ihres Lebens der liebevolle Dienst an Mann und Kindern, und wenn eine Familienmutter begabt war, sprach nichts dagegen, dass sie nebenbei Klavier spielte, sang oder Bücher schrieb. Auf so ein Leben war sie vorbereitet worden, und sie hatte nie dagegen rebelliert, ganz im Gegenteil. Sie hatte dieses Lebensmuster in ihrer Phantasie zum Ideal ausgestaltet und aufgewertet. Aber sie war von Anfang an nicht konsequent gewesen. Bei ihrer Gattenwahl stellte sie Versorgungsaspekte hintan und traf stattdessen – hierin vollkommen modern – eine erotisch inspirierte Wahl. Und auch bei ihrem Hobby, dem Schreiben, hatte sie viel mehr Konzentration, *skill* und Ehrgeiz investiert, als ein Hobby es verlangt. Sie wollte immer anerkannt sein – und zwar von Profis und letzten

Endes vom Buchmarkt. Es war also ihr Verlangen nach Liebeslust und künstlerischem Selbstausdruck, das seit ihrer Jugend mit den Zielen eines konventionellen Lebenszuschnitts für Frauen im Streit lag. Dieser Streit spielte sich in ihrem Innern ab, sie fühlte als Tochter der viktorianischen Epoche aus vollem Herzen die Bedeutung der Rolle einer Frau in der Ehe, in der *Society* und im *United Kingdom*, und zugleich setzte sie die Prioritäten so, dass nur ein attraktiver Abenteurer, ein Flieger gar, für sie in Frage kam – wobei sie das erhöhte Risiko des Scheiterns einer solchen Bindung nicht zur Kenntnis nahm. Sie ordnete scheinbar ihren literarischen Ehrgeiz dem dominanten Wunsch unter, der Konvention zu genügen und eine perfekte Ehefrau und Mutter abzugeben, aber sie handelte nicht so. Seit der Ermunterung von Eden Philpotts, mit dem Schreiben ernst zu machen, arbeitete sie mit großer Zielstrebigkeit an ihrem Werk, auch wenn sie, was die Verhandlungen mit Verlagen und die Usancen des Marketing betraf, noch viel hinzulernen musste. Das schaffte sie indes ohne großen Aufwand. Sie entwickelte sich sogar zu einer sehr umsichtigen Geschäftsfrau.

Den Zwiespalt zwischen Tradition und Moderne und die Neubewertung der Geschlechterrollen musste nicht nur Agatha aushalten, das war eine Zumutung für viele. Archie war in mancherlei Hinsicht der modernere Mensch, und das war gut für Agatha. So setzte er ihrem Bedürfnis, als Schriftstellerin zu glänzen, keineswegs die damals von Männerseite übliche Skepsis entgegen, sondern er bestärkte sie, das war selten. Auch was das Thema Scheidung betraf, hatte Archie nie dieselben inneren Widerstände wie Agatha. Für sie war es lange Zeit, vermutlich sogar für immer, ein Verstoß gegen die göttliche und die menschliche Grundordnung, eine einmal geschlossene Ehe aufzulösen. Obwohl keine eifrige Kirchgängerin, war Agatha ein religiöser Mensch, sie glaubte an Gott und daran, dass es der Höchste selbst sei, der einen Ehebund segnete. Also war die Ehe für sie etwas Heiliges und ihre Auflösung ein Sakrileg. Das war der tiefste Grund dafür, dass sie die Scheidung nicht akzeptieren mochte. Aber auch in diesem Punkt war es Archie, der für ihren Anschluss an die Moderne und deren weltlichen Entwurf vom Zusammenleben der Geschlechter sorgte. Wenn auch auf eine Weise, die ihr so wehtat, dass sie ein Leben lang die Wunde und die Narbe spürte.

Am Mittag des 2. Dezember 1926 bat Agatha ihren Mann, doch das Wochenende für einen gemeinsamen Ausflug mit Rosalind zu nutzen, und er sagte Nein. Er sei mit Freunden in Godalming verabredet und wolle fort. Sie erwiderte, wenn er jetzt ginge, würde er sie bei seiner Rückkehr nicht mehr vorfinden. Archie verließ das Haus, sie hörte, wie er seinen Wagen startete. Jetzt wusste sie, dass alles vorbei war. Endgültig. Dabei geriet sie in einen sonderbaren Zustand der Ich-Spaltung, in eine Art schizoider Trance. Ihre Lage erschien ihr als so schmerzerfüllt, grauenhaft, erstickend, dass sie es nicht länger aushalten konnte. Sie musste ebenfalls fort, aber weiter als Archie, sie wollte ganz und gar verschwinden. Doch sie wollte sich nicht umbringen. Sie wollte nicht das tun, was, wie sie es sah, Archie im Begriff war zu tun und was sie ihm oft und wütend an den Kopf geworfen hatte: Rosalind verlassen. Nein, um der Tochter willen musste sie am Leben bleiben, aber sie konnte jetzt nicht in Styles ausharren. Sie würde fortgehen, um irgendwann zu ihrem Kind zurückzukehren. Soweit der Plan einer halbwegs bei Verstand gebliebenen Agatha, die ihre Situation richtig einschätzte. Aber da war noch ein zweites Ich. Und das war immer noch nicht bereit, die Trennung für vollzogen zu erachten. ›Ich werde fortgehen‹, dachte dieses Ich, ›und Archie ein paar Hinweise hinterlassen, damit er mich wiederfindet. Er wird zu Tode erschrocken sein, wenn er nach Hause kommt und ich nicht da bin. Er wird fürchten, dass ich mir etwas angetan habe und an der Tiefe und Schwärze dieser Furcht erkennen, dass er mich noch liebt. Er wird losziehen, mich suchen, finden und nach Hause holen. Es wird ganz einfach sein.‹ Mit klammer Hand schrieb sie ein paar Zeilen für Carlo, die sich um Rosalind kümmern sollte. Danach setzte sie einen Brief an Campbell Christie auf, ihren Schwager, der große Sympathien für sie hegte. Sie erklärte, sie brauche Zeit für sich und wolle nach Yorkshire fahren, dort könne man mit ihr Kontakt aufnehmen. Den adressierten und frankierten Brief steckte sie in ihre Handtasche, dazu alle Pfundnoten aus ihrer Geldschublade. Dann packte sie eine größere Tasche mit Utensilien, nahm ihren Pelzmantel und trat hinaus in die kalte Nacht. Sie stieg in ihren Morris und fuhr los. Anscheinend ohne Ziel. Irgendwann merkte sie, dass sie ihrem Mann hinterherfuhr und zu dem Haus jener Freunde unterwegs war, von denen Archie gesprochen hatte. Sie blieb auf dieser Spur. Als sie dem Haus nahe kam, das Licht in den Fenstern sah und die Schatten von Nancy und Archie zu erblicken meinte, wendete sie in Panik. Eine Weile fuhr sie herum und weinte dabei laut. Schließlich bog sie auf der Höhe von Newlands Corner in einen Waldweg ein. Als sie linker Hand den Umriss eines Steinbruchs erkannte, hielt sie darauf zu, hoffend, sanft hineingleiten zu können, bremste dann aber reflexhaft, während der Morris auf ein Gebüsch zubrauste. Leise murmelnd memorierte sie: »*Sein oder Nichtsein; das ist hier die Frage: Ob's edler im Gemüt, die Pfeil und Schleudern des wütenden Geschicks erdulden oder, sich waffnend gegen eine See von Plagen, durch Widerstand sie enden? Sterben – schlafen – nichts weiter! Und zu wissen, dass ein Schlaf das Herzweh und die tausend Stöße endet, die unseres Fleisches Erbteil, 's ist ein Ziel, aufs Innigste zu wünschen.*« *Hamlet* gehörte zu Agathas Lieblingsdramen – nicht nur, weil das Stück ein Krimi war. Auch weil dieser wohl berühmteste Monolog der Theatergeschichte die Frage nach dem Selbstmord so eindringlich stellt. Der junge Prinz steht an der Schwelle, er leidet zu sehr, er will von dieser Welt gehen. Aber er tut es nicht. Und sie würde es auch nicht tun. Der Weg war abschüssig. Bevor sie die Handbremse anzog, ließ sie den Morris auf das Gebüsch zurollen, bis er mit der Kühlerhaube darin verschwunden war. Dann kletterte sie auf die Rückbank, deckte sich mit ihrem Pelzmantel zu und schlief ein.

Als sie aufwachte, dämmerte es. Zuerst wusste sie nicht, wo sie war, aber beim zweiten Blick aus dem Rückfenster stand ihr alles klar vor Augen. Jeder, der zu dieser Stelle kam und den vom Wege abgekommenen verlassenen Wagen sah, würde den Fahrer auf dem Grunde des Steinbruchs vermuten. Sie würde ein paar Hinweise im Morris hinterlassen: ihre Reisetasche und einen Ausweis. So wüsste der Suchende gleich: Es ist Agatha Christie, die hier strandete. Er würde den Steinbruch absuchen, sie aber dort nicht finden. Wenn Schwager Campbell seine Rolle wie von ihr gedacht spielte, würde die Spur nach Yorkshire führen. Dort also wäre die nächste Station. Agatha stieg aus dem Wagen, ließ ihre Sachen liegen, nahm nur ihre Handtasche und das Geld mit und irrte durch den Wald. Sie fand die Landstraße nach Chilworth und lief im Trab, um sich warm zu halten, bis zum Bahnhof. Bald fuhr der Frühzug nach London. Sie kaufte ein Ticket, und als der Zug kam, stieg sie ein.

An der Station Waterloo warf sie den Brief an Campbell Christie in den Kasten, danach löste sie einen Fahrschein nach Harrogate in Yorkshire und wärmte sich im Warteraum. Ja, in Harrogate gab es hervorragende Spa-Hotels, dort würde sie das Richtige für sich finden. Sie schlief im Zug. Als sie in Harrogate ankam, begab sie sich im Laufschritt in die kleine elegante Innenstadt und besorgte sich Kleidungsstücke und Toilettensachen. Danach wählte sie ein Hotel aus. Das Hydropathic machte einen besonders guten Eindruck, sie bat um ein Zimmer. »Wen darf ich eintragen?«, fragte die Rezeptionistin. Agatha antwortete ohne zu zögern: »Mrs Teresa Neele aus Kapstadt«. Darauf bestellte sie ein Frühstück mit Pfannkuchen.

Die beiden Seelen in Agathas Brust arbeiteten bei dieser Flucht zusammen. Während die rationale Agatha dafür sorgte, dass genug zu essen da war, dass sie etwas Ordentliches anzuziehen und ein Dach über dem Kopf hatte, lieferte die traumverlorene Agatha die Spuren und Indizien für Archie. Irgendjemand würde den verlassenen Morris mit ihrer Tasche und dem Ausweis darin finden und die Sache melden, es entstünde eine gewisse Unruhe. Archie würde am Steinbruch erscheinen und sich zu Tode erschrecken. Aber man fände dann ja ihre Leiche nicht. Also folgte nun der zweite Akt: Nach Campbells Informationen über die Gegend ihres Aufenthalts käme Archie nach Yorkshire und fragte sich dort durch die Hotelgäste-Listen – bis er auf den Namen Neele stieße … Ja, so könnte es gehen. Er fände sie wieder, sie fände ihn wieder. Mr und Mrs Christie wieder vereint. Zufrieden bezog Agatha ihr Zimmer. Es war groß, hell und angenehm. ›Ich werde eine Wasserkur machen‹, dachte sie.

Dass die Autorin Agatha Christie inzwischen zu internationaler Berühmtheit gelangt war, hatte die im Jahre 1926 von tiefsten Kümmernissen gequälte Agatha gar nicht mitbekommen. Sie wusste es wirklich nicht. Die viktorianische höhere Tochter war noch so stark in ihr, dass sie ihr Privatleben als das eigentliche von ihr zu meisternde Leben ansah und alles, was sich in der Öffentlichkeit abspielte, also auch ihre Rolle auf dem internationalen Buchmarkt, als etwas Äußerliches und Nebensächliches empfand. Ganz stimmte das nicht, denn gewisse Konsequenzen des Erfolges, wie zum Beispiel gute Honorare und ein lebhaftes Echo unter Rezensenten und Kollegen, interessierten sie durchaus. Aber sonst wollte sie mit der Sphäre der Öffentlichkeit nichts zu schaffen haben. Der Wirbel und der Rummel um die großen Operndiven und die ersten großen Filmstars ihrer Zeit erschienen ihr lächerlich und peinlich, sie hoffte inständig, als Schriftstellerin von solchen abschreckenden Begleiterscheinungen der Prominenz verschont zu werden. Und so war es für die in den nächsten Tagen unter den Hotelgästen als Mrs Neele bekannte Dame eine böse Überraschung, ihr Foto in den auf Lesetischen der Lounge ausliegenden großen Zeitungen vorzufinden, und das auch noch auf der ersten Seite. Agatha erschrak zutiefst, als sie las, dass die berühmte Autorin des Romans *Alibi* und anderer spannender Kriminalromane verschwunden sei, dass man ihren Wagen in einem Wald aufgefunden habe und die Polizei nach ihr suche. Die Polizei? Ja, sie hatte damit gerechnet, dass die Polizei sich um den verlassenen Wagen kümmern und Archie ins Bild setzen würde, aber dass man eine groß angelegte Suche nach ihr durchführen würde, war ihr nicht in den Sinn gekommen. Auch dass die Presse sich für den Vorfall interessierte, erschien ihr bizarr. Ihre Flucht und die Nachforschungen, die ihr Mann selbstverständlich anstellen würde, waren in ihren Augen eine Privatangelegenheit, die den Rest der Welt nichts anging. Als sie dann noch lesen musste, dass man Mr Christie verdächtigte, seine Frau in den Selbstmord getrieben oder gar ermordet zu haben, brach ihr der Schweiß aus und sie begann zu zittern. Eine Weile saß sie so da und atmete heftig. All das hatte sie nicht gewollt! Warum bloß mischte sich die halbe Welt in ihre Intimsphäre? Als sie sich wieder gefangen hatte, beschloss sie, abends an einem Tanzvergnügen teilzunehmen, um sich abzulenken und besser zu fühlen. Sie kam sogar der Aufforderung des Pianisten nach, eine Gesangseinlage zum Besten zu geben. Als das kleine Publikum klatschte und sie sich verbeugte, dachte sie an Archie und was wohl die Gründe seien, warum er sie noch nicht gefunden habe. Sie konnte nicht wissen, dass Campbell ihren Brief achtlos in den Papierkorb geworfen hatte – er fragte sich ein wenig verwirrt, warum wohl Agatha ihm mitteilte, dass sie in Yorkshire eine Auszeit zu nehmen beabsichtige – und es nicht für nötig befunden hatte, sich mit Archie in Verbindung zu setzen. Ihr Mann und alle ihre besorgten Angehörigen hatten keine Ahnung, wo sie sich befand. Sie waren von früh bis spät damit beschäftigt, die Reporter vor ihren Hauseingängen zu verscheuchen und bei Polizeiverhören den Eindruck zu vermeiden, dass sie es versäumt hätten, eine Frau am Rande des Nervenzusammenbruchs vor sich selbst zu beschützen.

Der Polizeikommissar, der den Fall Christie verfolgte, glaubte nicht daran, die Vermisste lebend aufzufinden und sah in Archie einen potenziellen Mörder, jedenfalls einen Ehebrecher, der seine Frau in die Verzweiflung und schließlich in den Suizid getrieben haben könnte. Zwar gaben Archie, Carlo und die Angehörigen der Christies der Presse keine oder nur völlig nichtssagende Interviews, aber bei der Polizei mussten sie Fragen beantworten und einiges davon sickerte durch. Pfiffige Journalisten verstanden es, im Golfclub und in der Nachbarschaft Menschen aufzutreiben, die etwas wussten und zu reden bereit waren. Es kamen genug Indizien zusammen, um die Schreckensnachricht von der vermissten Mrs Christie mit wesentlichen Details zu unterfüttern: Es gab da im Leben ihres Ehemanns eine andere Frau, das Wort ›Scheidung‹ war gefallen, und die unglückliche Gattin und Mutter hatte wohl nicht ein noch aus gewusst. Die Öffentlichkeit nahm nicht nur deshalb Anteil, weil eine berühmte Schriftstellerin vermisst wurde, sondern auch, weil dieser Frau womöglich bitteres Unrecht widerfahren war. Selbstorganisierte Spähtrupps zogen los, die *Daily News* setzte eine Belohnung aus, die *Evening News* veröffentlichte einen Such-Aufruf, mehrere Hundertschaften Polizisten fahndeten nach ihr, die Nation stand Kopf. Es gab landesweit kaum ein anderes Thema als das Geheimnis um den Verbleib der Autorin von *Alibi*. Lebte sie noch? Wenn nicht, warum fand man ihre Leiche nicht? Wenn doch – wo war sie?

Im Hydropathic Hotel redete man natürlich ebenfalls über das Thema Nr. Eins, und das Zimmermädchen Rosie, das Mrs Neele betreute, las gerne Zeitung. Sie schaute auf die Fotos, sie dachte an den Gast auf Zimmer 7, und sie fand, dass diese sogenannte Mrs Neele sich seltsam verhielt. Sie antwortete nie sofort, wenn sie angesprochen wurde, und sie stand oft lange und stumm am Fenster, als wartete sie auf jemand, der nicht käme. Rosie redete mit der Rezeptionistin, der auch schon eine gewisse Ähnlichkeit aufgefallen war. Das Gerücht sprang auf die Kapelle über, und der Pianist rief bei der Polizei an. Die setzte sich sofort mit Mr Christie in Verbindung – man habe seine Frau womöglich aufgespürt, gesund und munter, er müsse herkommen, um sie zu identifizieren. Archie informierte Madge und James und setzte sich in den Zug.

Einer der in der *Daily News* erschienenen Artikel, in denen nach der
verschwundenen Autorin gesucht wird.

Als Agatha, telefonisch gerufen von der Rezeption, die Treppe in die
Lobby hinunterschritt, erblickte sie ihn – ihren Ehemann. Er stand
da, nur wenige Schritte von ihr entfernt, und schaute sie an. Er kam
ihr nicht entgegen. Sie hielt inne und ging die letzten Stufen langsam
hinab. ›Was für ein Glück‹, sagte sich die rationale Agatha, ›er ist da.
Ich kann mit dem Theater aufhören, wir können nach Hause gehen.‹
Aber die gefühlsbetonte Agatha sah es anders. ›Etwas stimmt nicht‹,
flüsterte ihre innere Stimme, ›sein Blick. So düster. Etwas ist nicht
aufgegangen bei unserem Plan.‹ Sie gab ihm ihre Hand, er nahm sie
unwillig; ein Mann in Uniform kam von der Seite hinzu und sagte
zu Archie: »Ist das Ihre Frau?« Der bestätigte es. Der Polizist führte
Agatha zu einem Tischchen, hieß sie Platz nehmen und stellte ihr
mit sanfter Stimme ein paar Fragen – ob sie wisse, wer und wo sie

sei und wie lange sie schon hier sei. Agatha antwortete mechanisch. Sie sah auf der anderen Seite der Lobby durch das große Fenster eine Menschenmenge, die sich drängte und vom Türsteher daran gehindert wurde, durchs Eingangsportal hineinzuströmen. Junge Männer brachten ihre Kameras in Anschlag, Agatha begriff nicht, dass die Aufregung ihr galt. Sie stand auf und wollte fort, dann wurde ihr schlecht. Von der Rezeption her kam plötzlich Madge auf sie zu, nahm sie in den Arm und führte sie durch die Lobby in Richtung Hinterausgang. Rosie kam angelaufen mit Agathas Sachen. »Meine Frau ist krank«, sagte Archie zum Polizisten, der nickte bloß. Am Hinterausgang des Hydropathic Hotels stand Madges Mann James. Er hielt die Tür auf, und dann stiegen die beiden Paare in ein wartendes Taxi und fuhren zum Bahnhof – zum Zug nach Manchester. Die Reporter und ein Haufen Neugieriger warteten vergeblich am Zug nach London. Die Christies und die Watts' waren der Journalistenmeute entkommen, der Polizei würden sie später zur Verfügung stehen. Agatha lehnte ihren Kopf an Madges Schulter, und Madge hielt ihre Schwester umfasst und streichelte ihren Oberarm. Die Männer sprachen über die Infamie der Presse und die Enttäuschung des Kommissars, der Archie nun nicht wie gehofft verhaften konnte. Agatha lächelte wehmütig. Sie fühlte sich wie einst mit fünf Jahren, wenn die Erwachsenen um sie herum Dinge besprachen, von denen sie nichts verstand, worüber sie aber insgeheim ganz froh war.

Abney Hall, der weitläufige ländliche Wohnsitz ihrer Schwester und der Familie Watts wurde jetzt Agathas Zufluchtsort. Hier hatte sie Zeit, zu sich zu kommen und zu einer einzigen Agatha zusammenzuwachsen, hier saß sie herum, heulte, ließ die Schmerzen in Körper und Seele zu, und ihre Hoffnungen beschränkten sich darauf, dass dieses Weh nach und nach abebben würde. Sie hatte sich für das »to be« entschieden und musste nun den Preis zahlen. Was sie angerichtet hatte, begriff sie im Spiegel von Archies Verhalten. Es gab keine Aussprache mehr zwischen den beiden, er beredete nur das Allernötigste mit ihr und reiste umgehend von Abney Hall nach

Sunningdale ab. Dort wohnte er im Club und bemühte sich, so war es abgemacht, Styles zu verkaufen. Gegen seine Noch-Ehefrau hegte er einen schwer beschreibbaren Groll. Sie hatte, so sah er es, durch ihre idiotische Inszenierung erreicht, dass sein Name in den Zeitungen mit Schmutz beworfen und er selbst unglaublicher Schandtaten verdächtigt wurde, sie hatte Rosalind und ihre gesamte Familie in schreckliche Angstzustände gestürzt und nebenbei das ganze Land beschäftigt und unterhalten – nur aus Rachsucht und Böswilligkeit. Den tief besorgten Eltern seiner süßen Nancy war in der verfahrenen Situation nichts anderes übrig geblieben, als die Tochter auf eine lange Reise ins Ausland zu schicken, wo sie vor den Nachstellungen der Zeitungsleute in Sicherheit war. Dennoch blieb natürlich etwas hängen. Nancys Ruf war jetzt nicht mehr der beste, und Archie hatte anfangs seine liebe Not gehabt, die schwankende Geliebte bei Laune zu halten. Nun war er auch noch von ihr getrennt. Und da Agatha weiterhin Nein zu einer Scheidung sagte, konnte er sein armes Mädchen auch nicht auf ein verlockendes Später vertrösten. Alle waren unglücklich geworden: er selbst, seine neue Liebste und Agatha, der die Zeitungen inzwischen wütende Kommentare widmeten, da sie sich an der Nase herumgeführt fühlten und das Verschwinden der ominösen Mrs Christie für einen misslungenen Werbegag halten mussten. Alles war vergeigt, verbockt, verdorben durch Agathas irrwitzige Flucht; die Absichten, welche die liebende Agatha mit der für ihren Mann so fein ausgeklügelten Schnitzeljagd, die ja nirgend woandershin führen sollte als in ihre Arme, verbunden hatte, konnte Archie auch nicht im Ansatz nachvollziehen. Er war fertig mit ihr, ein für alle Mal. Der Presse gegenüber gab er folgendes Communiqué über die Ereignisse der berüchtigten elf Tage ab: *»Meine Frau leidet an völligem Gedächtnisverlust. Sie weiß nicht, wer sie ist. Sie erkennt mich nicht, und sie weiß nicht, warum sie in Harrogate war. Sie wird in London zu einem Spezialisten gehen und dann hoffentlich wieder ganz genesen. Mein Dank gilt der Polizei für ihre unermüdlichen Bemühungen, die schließlich zum Auffinden meiner*

Frau geführt haben ...« Das stimmte zwar alles nicht, gab aber der Öffentlichkeit ein paar Erklärungsansätze, mit denen sie sich das Rätsel der verschwundenen Mrs Christie irgendwie erklären sollte.

Agathas größtes praktisches Problem war, dass sie nicht arbeiten konnte. Dabei musste sie produzieren, sie hatte Verträge unterschrieben und sie brauchte Geld, außerdem sagten alle, die zu ihr hielten: Wenn es etwas gäbe, das ihr über die Lebenskrise hinweghelfen könne, sei es ihr Schreiben. Agent Edmund Cork war diskret, er wartete. Aber er rief schon mal an in Abney Hall und fragte nach, wie es um das ausstehende Manuskript stünde. Es war nicht nur Madge, die sich liebevoll um Agatha kümmerte, sondern auch ihr Mann James, ein *aufrichtiger Bewunderer* von Agathas schriftstellerischem Talent. *Er war einer der wenigen Menschen, die voll und ganz auf meiner Seite standen und mir die nötige Sicherheit gaben.* James begleitete Agatha auf Spaziergängen und besprach mit ihr die Möglichkeit, ihre Prosa nicht selbst zu tippen oder zu kritzeln, sondern zu diktieren, und man beschloss, zu diesem Zweck Carlo nach Abney Hall zu holen – natürlich mit Rosalind. Auch Schwager Campbell Christie meldete sich, zumal er, ohne es zu ahnen, eine unheilvolle Rolle während Agathas Flucht gespielt hatte. Von ihm stammte die Idee, dass Agatha doch die Kurzgeschichten, die sie für die Zeitschrift *Sketch* und andere Magazine verfasst hatte, in einem Band zusammenstellen und dann dem Verlag Collins anbieten könne. Dazu reichte Agathas Kraft, und sie schickte die Sammlung mit dem Titel: *Die Büchse der Pandora* (englisch: *Partners in Crime*) an Cork. Das Buch kam bei Collins heraus und verkaufte sich ausgezeichnet. Was aber schwer auf Agathas Gewissen drückte, war *Der blaue Express*; dieser Krimi war erst halb fertig, und immer wenn sie sich daran setzte, versagte ihre Imagination. Das konnte auch die geduldige, zum Diktat bereite Carlo nicht ändern. Der Familienrat beschloss, Agatha mit Carlo und Rosalind auf eine Reise zu schicken. Sie brauchte einen Klimawechsel und reizvolle Landschaften, um sich wieder freuen und dann auch schreiben zu können. Im Februar, als es in England kalt und windig war, brachen die drei zu den Kanarischen Inseln auf. Und in der Tat, in Las Palmas regenerierte sich Agathas Phantasie trotz einer Bronchitis, der *Blaue Express* kam zustande. Allerdings war schicksalsbedingt der Wurm drin. *Das Buch machte mir überhaupt keine Freude. Mir fehlte der Schwung. Ich hatte die Handlung festgelegt, der Weg war vorgezeichnet, aber ich sah den Schauplatz nicht vor meinem geistigen Auge, und die Figuren wollten nicht lebendig werden. Was mich zur Eile antrieb, war der Wunsch, besser gesagt die Notwendigkeit, ein weiteres Buch zu schreiben und Geld zu verdienen. – Das war der Moment, da ich vom Amateur zum Profi überwechselte. Ich nahm die Last eines Berufes auf mich, der darin besteht, dass man schreiben muss, auch wenn einem nicht danach zumute ist. Ich habe den* Blauen Express *nie leiden mögen. Aber ich schrieb das Buch und schickte es an den Verlag. Es verkaufte sich genauso gut wie das vorangegangene. Stolz war ich nie darauf.* Zurück in England begab sich Agatha auf Wohnungssuche. Sie fand eine hübsche Bleibe in Chelsea und zog dort mit Rosalind und Carlo ein. Die Lust zu arbeiten kehrte allmählich zurück und auch die Freude, mit ihrer Tochter zusammen zu sein. Rosalind war begeistert von der Aussicht, im nächsten Jahr nach Bexhill auf ein Internat zu gehen, und Carlo erwies sich als eine ausgezeichnete Sekretärin, die nach Agathas Diktat fehlerfreie Typoskripte lieferte. Im Sommer ging Agatha mit den Ihren nach Torquay und in das nur teilweise vermietete Ashfield; Madge hatte ihr vorgeschlagen, doch ganz dorthin zu ziehen. Aber nein, das wäre ihr völlig unmöglich, sagte Agatha. All die Erinnerungen an glückliche Tage würden ihr dort auflauern und sie zerstören. Ein Besuch sei etwas anderes. Sie schrieb in Ashfield eine Reihe von Kurzkrimis. Wenn es Abend wurde, dachte sie an ihren Mann und ihre Ehe, die de jure ja noch fortbestand, und manchmal sprach sie auf der Terrasse mit Carlo darüber.

»Erinnerst du dich an den netten alten Doktor in Las Palmas?«, fragte Agatha. »Er hat mich behandelt, als ich diese Halsentzündung hatte und mir auf den Kopf zugesagt, dass ich einen großen Kummer mit mir herumtrüge. Ob was in meiner Ehe nicht so sei, wie es sein sollte, hat er mich gefragt. Und ich habe gebeichtet.«

»Ich erinnere mich«, sagte Carlo, »er hat gesagt, du solltest warten.«

»Ja, er hat gesagt, auch er sei aus seiner Ehe ausgebrochen, aber er sei zurückgekehrt. ›Die meisten kommen zurück‹, das waren seine Worte.«

Carlo sah Agatha lächelnd an, aber in ihren Augen lag ein mitleidiger Schimmer.

»Manchmal ist es besser, nicht zu warten, Agatha«, sagte sie. »Man verlängert sonst nur das Unglück und die Scham einer verlorenen Partie.«

»Das ist deine Überzeugung in meinem Fall?«, fragte Agatha, »Deine feste Überzeugung?«

»So ist es«, sagte Carlo und lehnte sich in ihrem Gartenstuhl zurück. »Lass ihn gehen und willige in die Scheidung ein.«

»Aber – Rosalind?«

»Ob ihr geschieden seid oder nicht – die beiden werden sich immer wiedersehen. Sie hängen aneinander. Es ist jetzt ein Jahr her, dass er von Trennung gesprochen hat. War er für Rosalind da? Selten. Immerhin ab und an. Er wird ihr ein Geschenk zum Geburtstag schicken. Sie wird ihm einen Brief schreiben. Und wenn sie in Bexhill im Internat ist, wird er sie dort besuchen. Mehr wird es nicht werden, und wenn du die Scheidung bis zum St. Nimmerleinstag verweigerst. Glaub mir. Wenn er diese Miss Neele heiraten kann, wird er womöglich sogar nicht mehr ganz so zurückhaltend und brummig sein und öfter nach seiner Tochter sehen – einfach, weil es ihm besser geht.«

An diesem Abend fasste Agatha den Entschluss, in die Scheidung einzuwilligen. Bevor sie sich schlafen legte, ging sie in die Bibliothek und zog die Bibel hervor. Sie schlug den Psalm 55 auf und las sich laut die Verse 13 und 14 vor. Dann notierte sie die Worte auf ein Blatt

Papier: »Denn es ist nicht mein Feind, der mich schmäht; das könnte ich ertragen. Nicht mein Hasser tut groß gegen mich; vor dem wollte ich mich verbergen. *Aber du bist es, ein Mensch meinesgleichen, mein Freund und mein Vertrauter.*« Den Zettel mit diesen Versen bewahrte sie in einer Briefmappe ihr Leben lang auf.

Die Mode der zwanziger und dreißiger Jahre war Hut-betont; weder Mann noch Frau ging mit bloßem Kopf aus dem Haus. Agatha, stets *up to date* in Modefragen, besaß eine große Auswahl aparter Hüte, darunter einige mit breiter Krempe. Die kamen ihr jetzt zugute. Sie ließen sich so in die Stirne drücken, dass die Trägerin nicht leicht zu erkennen war. Eine Sonnenbrille komplettierte die Tarnung. Und eine Tarnung brauchte Agatha tatsächlich, denn sie wurde auf der Straße erkannt und angesprochen, so etwa, wenn sie eine öffentliche Gerichtsverhandlung besuchte, um sich zu informieren, wie es dabei zuging oder wenn sie unterwegs war, um ihren Agenten aufzusuchen. Solche Blicke oder Ausrufe: ›Das ist sie, die Christie!‹ waren ihr total zuwider. Daheim schirmte Carlo sie ab und teilte aufdringlichen Journalisten höflich aber bestimmt mit, dass Mrs Christie nicht bereit sei, Interviews zu geben. Aber auf der Straße fühlte sich Agatha manchmal wie Freiwild. ›Das ist doch diese Schriftstellerin‹, tuschelten die Leute, ›die damals verschwunden war und nach der halb England gesucht hat, während sie in einem Luxushotel …‹

Agent Cork tröstete sie: »Machen Sie sich keine Gedanken, Agatha. Das Publikum wird Ihre Eskapade vom vorvergangenen Jahr, Sie wissen schon, vergessen, vor allem deshalb, weil es viel Mühe kostet, all das zu verstehen. Aber es wird Poirot nicht vergessen, nicht Ihre lebendigen Dialoge, Ihre ausgefuchsten Fälle mit den überraschenden Lösungen. Es wird die Zeit kommen, in der Sie ihren Ruhm genießen werden.«

»Sie sind zu gütig, Edmund. Mir wird es nie gefallen, dass Menschen glauben, mich einfach ansprechen zu können, nur weil ich ihnen ein paar schöne Lektürestunden bereitet habe, oder weil ich einmal zu unglücklich war, um noch Herrin meiner selbst zu sein. Was ist das für eine Welt? Ich möchte inkognito bleiben. Ich weiß, *es gibt Berufe, für die persönliches Auftreten und public relations wichtig sind – für Schauspieler zum Beispiel oder für Persönlichkeiten des öffentlichen Lebens. Schriftsteller haben zu schreiben. Nichts weiter. Es sind schüchterne und reservierte Geschöpfe. Sie bedürfen der Ermutigung.*«

Cork tätschelte Agathas Hand. »Genau die will ich Ihnen ja geben, meine Liebe. Hören Sie, ich habe hier eine Anfrage von einer renommierten Produktionsfirma, die möchte *Alibi* auf die Bühne bringen. Was meinen Sie dazu? Der Darsteller, der die Rolle des Poirot spielen soll, hat schon zugesagt. Halten Sie sich fest: Es ist Charles Laughton!«

Agatha lachte auf. »O nein, der entspricht nicht im mindesten meiner Vorstellung von Hercule Poirot! Nicht dass wir uns missverstehen, Edmund, Charles Laughton ist phantastisch. Aber er ist kein Poirot.«

»Er ist ein Verwandlungskünstler, Agatha. Er wird zu Poirot werden, mit Schnurrbart und Akzent und allem Drum und Dran. Glauben Sie mir! Na, was sagen Sie? Die Tantiemen werden, wenn die Aufführung einschlägt, beachtlich sein.«

Tantiemen – das war ein gutes Wort. Und das Theater stand in Agathas Rangliste, was die Künste betraf, noch über der Literatur. Ihr wurde sehr warm in Kopf und Brust. Sie lächelte Cork an. »Wirklich, Edmund«, flüsterte sie, »Sie ermutigen mich!«

»Es gibt noch mehr zu besprechen«, sagte Cork, »erst einmal geht es weiter mit ausländischen Verlagen, die Übersetzungen planen. Jetzt haben sogar die Ungarn sich gemeldet. Ich habe einen guten Überblick, und Sie werden Ihre Anteile auf dem Konto spüren. Was ist das hier …? Ahh, etwas ganz Besonderes. Die deutsche Firma Fox Films möchte den *Gefährlichen Gegner* verfilmen –«

Agatha stieß einen kleinen Schrei aus. »Niemals!«, rief sie. »Das können wir nicht gestatten. Der Film! Eine After-Kunst, wenn Sie mich fragen. Alles, was dieses Medium anfasst, banalisiert es. Wie sollte es anders sein bei diesem Licht- und Schattenspiel ohne Sprache, mit einem verschwitzten Klavierspieler in der Ecke und schwer lesbaren Schriftzügen, die den Hergang erklären müssen. Haben Sie je einen Film gesehen, den Sie als Kunstwerk bezeichnen würden?«

»O ja«, antwortete Cork, »erst kürzlich. »*Nosferatu* – ein deutscher Film übrigens, sehr eindrucksvoll –«

»Ein Gruselfilm, wie ich gehört habe? Etwas für Kinder?«

»Nein, keineswegs. Ein sehr ernst zu nehmendes Werk –«

»Ach, Edmund, das glauben Sie doch selber nicht. – Was zahlen denn solche Filmfirmen für die Rechte am Stoff?«

»Das wäre Verhandlungssache. Und ich gehe davon aus, dass Fox Film tief in die Tasche greifen würde. Ihr Name ist inzwischen eine Marke, meine Liebe. Eine wertvolle Marke.«

Nachdem sie sich von Cork verabschiedet hatte, drückte Agatha die Krempe ihres Hutes tief ins Gesicht und schlug den Mantelkragen hoch. So wagte sie sich hinaus auf die lauten, vollen Londoner Straßen. In London zu wohnen – damit hatte sie sich immer noch nicht wirklich angefreundet. Sie fand die Hauptstadt erregend, es gab nicht viel, was ihr mehr bedeutete, als in der Innenstadt ein Theater, ein Konzert oder eine Kunstauktion zu besuchen, auch Einkäufe tätigte sie gerne – aber hier leben? In all dem Gewimmel und Gewusel und der schmerzhaften Naturferne? Jetzt tat sie es, notgedrungen, aber ihre Sehnsüchte, was das Wohnen betraf, gingen zurück aufs Land, gerne nahe bei London, eine gute Zuganbindung vorausgesetzt, in einer geräumigen Villa oder einem Herrenhaus mit weitläufigem Garten und einem Ausblick womöglich auf einen Fluss oder eine Hügelkette. Aber zu so einer Lebensform gehörten ein Mann, eine Familie, Bedienstete, ein Hauswesen, und all das war ihr geraubt worden. Ashfield blieb immer ihr Ideal.

In ihrer Chelseaer Wohnung stand die Schreibmaschine im *Sitting Room*, hier diktierte Agatha Carlo ihr neues Buch *Der letzte Joker*

(englisch: *The Seven Dials Mystery)*, ein Thriller mit einer Geheim-
gesellschaft im Mittelpunkt und einem effektiven Superintendent
Battle als Ermittler. Es war, was den Schauplatz betraf, eine Rückkehr zu den *Memoiren des Grafen*, denn es spielte in demselben
herrschaftlichen Domizil mit Namen *Chimneys*. Campbell hatte
Agatha einmal gefragt, warum denn die Beamten der Polizei bei
ihr im Allgemeinen so gut wegkämen, obschon sie doch einen so
klugen Privatdetektiv unter ihren Figuren habe und es von daher
naheläge, sich über die träge Polizei ein bisschen lustig zu machen.
Aber Agatha hatte sich heftig gegen jedes Polizei-*bashing* zur Wehr
gesetzt. »Das ist billig«, hat sie gesagt, »unserer Polizei eins auszuwi-
schen mit einem fiktiven Detektiv, der sich an keinerlei Vorschriften
und Verfahrensregeln halten muss und den ich in meiner Phantasie nach Gusto mit übernatürlichen Fähigkeiten ausstatten könnte.
Nein-nein, auf unsere Polizeibeamten lasse ich nichts kommen.
Poirot war ja in Belgien selbst einmal Kommissar. Und er arbeitet
jetzt mit Inspektor Japp von Scotland Yard sehr gern zusammen.
Die Sympathie ist wechselseitig.« Agatha musste kichern, als sie das
sagte, weil es so klang, als sei Poirot eine tatsächlich lebende Person.
Für Campbell und für alle ihre Leser und Leserinnen war er das
tatsächlich.

Agatha führte stets Notizbücher, in die sie ihre Einfälle, Impressio-
nen und literarischen Pläne eintrug – alles, was ihr seltsam oder aus-
drucksvoll erschien und was sie glaubte, einmal für eine Geschichte
verwerten zu können, schrieb sie sofort auf. Ein besonderes Kapitel
bildeten die Eigennamen möglicher Figuren. Namen, fand sie, waren
mehr als Einträge in ein Register, sie transportierten Stimmungen,
Hintergründe, Schicksale. Terence O'Rourke zum Beispiel – irische
Abkunft, sieht man da nicht einen jungen Haudegen vor sich? Oder
eher einen Tagträumer? ›Terence‹ jedenfalls klang poetisch. Auf
einer Zugfahrt hatte sie einmal ein Gespräch von Mitreisenden
über eine gewisse *Jane Fish* mitangehört; der Name erschien ihr so
merkwürdig, dass sie einen ganzen Handlungsstrang darum herum

ersann. Allerdings wandelte sie den Nachnamen dann leicht ab – es wurde die viel gesuchte *Jane Finn* aus *Ein gefährlicher Gegner* daraus. Sie notierte *Arundel* nach einer Ortschaft in Sussex, wo einst der Duke of Norfolk zu Hause gewesen war, das klang altertümlich und ehrwürdig, ferner *Farraday*, original Gälisch, übrig geblieben von O'Fearadaligh, ein Name, der den Horizont erneut in Richtung Irland öffnete. Und was klang nicht alles mit in *Narracott*: der erste Teil dieses Namens hieß im Altenglischen ›Norden‹, der zweite ›cot‹ oder ›cottage‹: nördliche Unterkunft, Zuflucht im Norden, etwas in der Art. Und wie klingt McGillicuddy? Im Ohr ganz fidel, aber es ist auch ein alter Name, geht zurück auf ein Königsgeschlecht, das etwa hundert Jahre nach Beginn unserer Zeitrechnung an der Macht war. Wenn man genau hinhört, vernimmt man ein Säbelrasseln in dem Namen. All diese Anklänge überließ Agatha niemals dem Zufall; wenn eine Lady Alexandra Farraday oder eine Elspeth McGillicuddy in einem ihrer Romane vorkam, strahlten deren Namen aus über den gesamten Text, das musste sie als Autorin wissen und wollen. Zur Abwechslung kamen dann aber auch ganz kurze und gewöhnliche Namen vor wie Lee, West oder Japp. Die erlesenen Namen durften keine Oberhand gewinnen, sie durften sich mit ihrer Ausstrahlung nicht hervortun.

Im *Blauen Express* hatte Agatha erneut Hercule Poirot eingesetzt – zur Freude aller, die ihren eigenwilligen Detektiv ins Herz geschlossen hatten. Aber jetzt schrieb sie ein Buch ohne Poirot, und das machte ihr Spaß, ganz so, als drehte sie ihrer Kreatur eine Nase: ›Ätsch, Hercule, es geht auch ohne dich!‹ Er war ihr mittlerweile ein wenig lästig geworden, der Zwerg mit dem Eierkopf, denn wie alle Figuren, die innerhalb eines Gesamtwerkes wiederholt auftreten, musste er stets wiedererkennbar sein, also ganz der Alte, zugleich aber sich auch wandeln oder neue Facetten seiner Persönlichkeit zeigen, damit das Publikum nicht begann sich zu langweilen. Das war nicht leicht umzusetzen. ›Es ist wie im Leben‹, seufzte Agatha, ›wir alle bleiben die, die wir sind, aber wir wandeln uns auch. Wohin geht die Reise?‹ Poirot zu schreiben machte Agatha inzwischen mehr Mühe als Freude, und so kam sie auf den Gedanken, eine neue Detektiv-Figur zu entwerfen. Diesmal nicht aus dem Ausland, dafür vom englischen Dorf. Es wird eine Figur sein, der man niemals zutrauen würde, einen Mord aufzuklären, nein, man wird sie für borniert und blind halten, während sie in Wahrheit etwas ganz Besonderes besitzt: eine unbestechliche Beobachtungsgabe und echte Menschenkenntnis. Wo Poirot Geistesmensch und Psychologe ist, der die Zusammenhänge aus Hypothesen ableitet, wird die neue Detektiv-Figur ihre Erfahrungen sprechen lassen und induktiv vorgehen. Sie wird ihre scharfen Augen einsetzen – womit auch das innere Auge, ein tiefes Verständnis der menschlichen Natur, gemeint ist. Es lag Agatha immer daran, in ihren Erzählungen Menschen vorkommen zu lassen, die von allen unterschätzt werden und plötzlich hervortreten mit einer Leistung, die niemand erwartet hat. Menschen im Schatten, als recht nett, aber schrecklich durchschnittlich und letztlich uninteressant beiseitegeschoben, deren Stunde, deren großer Auftritt dann aber irgendwann kommt. Sie war selbst so ein Mensch.

Im Frühjahr 1928 wurde das Ehepaar Christie offiziell geschieden. Seinerzeit galt das Schuldprinzip, man musste vor Gericht ein Konstrukt darbieten, das den Richter vom Ruin der Ehe überzeugte – diese Kür überließen die Christies ihren Anwälten. Sie trafen sich nur kurz, um das Allernötigste zu regeln, die Begegnung war frostig, nüchtern, ganz aufs Praktische bezogen. Beide wollten die peinliche Prozedur möglichst schnell hinter sich bringen. Agatha verlangte keinerlei finanzielle Unterstützung von Archie. Vierzehn Tage nachdem die Scheidung Rechtskraft erlangt hatte, heirateten Archibald Christie und Nancy Neele.

Nachdem Rosalind mit vielen Umarmungen, guten Worten und schweren Koffern ins Internat Caledonia zu Bexhill/Sussex verabschiedet worden war, fühlte sich Miss Charlotte Fisher als bloße

Schreibkraft Agathas ein wenig unterfordert. Sie erbat einen längeren Urlaub, um ihre Familie in Schottland zu besuchen. Agatha war plötzlich allein. Zwar hatte sie eine Zugehfrau, die ihr den Haushalt abnahm und auch das Telefon beantwortete, aber die meisten Stunden des Tages und abends war sie auf sich gestellt. Zu ihrer Überraschung bemerkte sie, dass ihr das gefiel. Sie schrieb, spielte Klavier, schrieb, überflog ihre Konten, schrieb, ging ins Theater, schrieb und beschloss zu reisen. Sie ging einfach in ein Reisebüro und buchte eine Fahrt zu den Westindischen Inseln. Die Familie rang die Hände. Das war nicht üblich im Jahre des Herrn 1928, dass eine junge Frau ohne Begleitung so weit reiste. Agatha lachte nur. Sie war schon einmal um die Welt gefahren, und weder Archie noch Mr Belcher oder seine Entourage hatten auf sie aufgepasst – eher war es umgekehrt gewesen. »Was wollt ihr?«, sagte Agatha am Telefon zu Madge, »Ich war die erste Surferin in Südafrika, und ich werde die erste Surferin in der Karibik sein. Bitte sieh regelmäßig nach Rosalind. Wirst du das tun?« Natürlich wollte Madge sich um Rosalind kümmern, aber sie schüttelte den Kopf über ihre verwegene Schwester und lästerte mit James über sie. Zumal sie ganz andere Sorgen hatte und fand, dass Agatha diese Sorgen vor Ort teilen sollte: Bruder Monty war krank und pleite nach England zurückgekehrt und musste irgendwo untergebracht werden. Madge und Agatha kamen für die Miete eines Cottage auf, in dem sich Monty erholen sollte. Er zog ein und machte neue Schulden.

So zurückhaltend Agatha war, was den Literaturbetrieb betraf, so gerne bewegte sie sich doch unter Kollegen – und Kolleginnen. 1928 wurde der *Detection Club* aus der Taufe gehoben, Agatha gehörte zu den Gründungsmitgliedern. Aufgabe des Clubs war es, um den Kriminalroman als literarisches Genre ein bisschen Bohei zu veranstalten, vielleicht auch Lärm, auf jeden Fall Reklame. Außer ihr gehörten zu den sechsundzwanzig Gründungsmitgliedern Dorothy Sayers, Anthony Berkeley und Henry Wade. Der Club war ebenso britisch wie exklusiv; aufgenommen werden sollte künftig nur, wer zwei Empfehlungen von Mitgliedern vorweisen konnte und allen Clubbisten genehm war. Man gab sich Regeln, nach denen ein Krimi zu gestalten war, so etwa, dass der Mörder schon in den Anfängen des Romans vorkommen sollte, dass unbekannte Gifte als Mordwerkzeuge verboten seien und Zwillinge oder Doppelgänger gebührend eingeführt werden müssten. Es machte Agatha Spaß, beim *Detection-Club* mitzumischen, sie fühlte sich in ihre Kindheit zurückversetzt, eine Zeit, die sie immer als die glücklichste ihres Lebens betrachtet hat.

Es war nun so weit, die große Reise stand bevor. Sie packte ihre Sachen, darunter die Reiseschreibmaschine und das Notizbuch mit Eintragungen für die kommenden Monate. Sie wollte etwas ganz anderes versuchen: unter einem *nom de plume* aus dem Leben und von der Liebe erzählen. Ein wenig Urlaub von Agatha Christie nehmen, einfach sie selbst sein. Keinerlei Kriminalhandlung, kein Mord, keine Polizei, nur das Leben, wie es war und ihr mitgespielt hatte – aber auf fiktive Spielfiguren verteilt, nicht wirklich autobiografisch, höchstens nah dran. Die Welt der Musik wollte sie erstehen lassen. Wie sollte es lauten, ihr Pseudonym? Sie überlegte hin und her und entschied sich dann für Nathaniel Westmacott. Aber der männliche Aliasname schien ihr dann doch ihrer unwürdig zu sein. Hatte sie Grund, ihre Weiblichkeit in der Autorschaft zu verbergen? Hatte sie nicht! Sie entschied sich um zu Mary Westmacott. Manchmal dachte sie mit leichtem Schauder an ihr *Alibi* auf der Bühne. Soweit Cork sie ins Bild gesetzt hatte, würde es allerlei Umdichtungen geben – für Agatha die Höchststrafe. Sie konnte es nicht ertragen, wenn jemand an ihren Werken herumbastelte, sah aber ein, dass die Bühnenbearbeitung auf größere Änderungen hinauslaufen musste. ›Ich werde selbst ein Stück schreiben‹, nahm sie sich vor, ›sowie ich wieder zu Hause bin. Bin gespannt, was Madge sagen wird.‹

Wenig später war Agatha bei Londoner Freunden zum Abendessen eingeladen. Sie kam neben einem Marineoffizier zu sitzen, einem gewissen Commander Howe und seiner Frau, die beide sehr davon angetan waren, eine berühmte Schriftstellerin kennenzulernen. *Der Commander war am Persischen Golf stationiert gewesen und vor Kurzem nach England zurückgekehrt. Wir plauderten. Die Leute, sagte er, behaupteten, Bagdad sei eine fürchterliche Stadt, aber das sei nicht wahr. Sie sei faszinierend. Die beiden erzählten und erzählten, und ich geriet allmählich in Begeisterung. Man müsse wohl eine Schiffsreise unternehmen, um hinzukommen?, fragte ich.* »*Nein, Sie können mit dem Zug fahren, mit dem Orientexpress*«, *sagte* Mrs Howe. »*Und Sie müssen nach Mossul*«, *ergänzte ihr Mann*, »*nach Basra, und unbedingt nach Mugajjar, dem vorgeschichtlichen Ur.*«

Mit dem Orientexpress? Agatha hatte von diesem Zug gehört und über ihn gelesen, aber sie hatte nicht geglaubt, je damit fahren zu können. Ihr Fernweh regte sich mit Macht. Am nächsten Tag tauschte sie ihre Tickets für die Westindischen Inseln um gegen eine Fahrkarte nach Bagdad.

Agathas erste Orient-Reise war für ihr Leben und Schreiben entscheidend: sie entdeckte eine Weltgegend, die eine tiefe innere Anteilnahme in ihr abrief und in die sie immer wieder, physisch und in Gedanken, zurückkehrte. Sie fuhr mit dem berühmten Express – der nicht ganz so komfortabel war wie sein Ruf es insinuierte und immer mal stehen oder stecken blieb – von Calais über Mailand, Istanbul und Damaskus nach Bagdad und überließ sich dem Appell dieser fremden Kultur, die ihr zurief: Schau hin, schau mich an, ich bin nicht wie du, aber dennoch bedeutend. Agathas Blick auf die Fremde war ein anderer geworden. *Ich merkte sehr bald, dass im Nahen Osten nichts so ist, wie es zu sein scheint. Man muss die eigenen Lebenserfahrungen und Verhaltensweisen ins Gegenteil verkehren und Beobachtungen und Wahrnehmungen neu interpretieren.* Damals vor sechs Jahren, bei der Empire-Tour, hatte sie in Afrika, Australien und Neuseeland die Schönheit der Bäume, der Früchte, der Kinder gesehen und das bewundert, was sie für ein natürliches

Leben hielt. Sie hatte auf diese Länder wie auf Kulissen geblickt, mit Freude an der Folklore. Als Ehefrau eines wichtigen Mannes empfand sie es als ihre Verpflichtung, gute Laune zu verbreiten und den Gastgebern zu schmeicheln, und was dabei herauskam, war, dass sie vor allem die Oberfläche wahrnahm. Das war anders geworden; sie empfand sich nicht mehr als Touristin, sondern als Weltreisende auf Erkundungstour, die hinter die Fassade blicken wollte. Sie war jetzt allein, nur sich selbst verpflichtet, ohne Vormund, ohne Vorschriften, ohne spezielle Rolle. Und sie fand die ungepflasterten Wege, die Ochsenkarren und die Kinder in Lumpen nicht mehr putzig und pittoresk wie einst, sondern arm und erbärmlich. Konnte es am Ende so sein, dass die Menschen, die hier im Irak geboren waren, im alten Mesopotamien, das gerne die Wiege der menschlichen Zivilisation genannt wurde, dass diese Menschen ganz froh wären, die britische Verwaltung los zu sein? Obwohl sich Agatha sehr darum bemühte, mit der irakischen Bevölkerung in Kontakt zu kommen und mit geborenen Bagdadern zu sprechen und bei ihnen einzukaufen, konnte sie nicht verhindern, dass sie es vorwiegend mit ihren eigenen Landsleuten zu tun bekam. Sie hatte ihrer Heimat doch nicht den Rücken gekehrt, um in der Ferne immer wieder auf das *Merry old England* zu stoßen. Aber sie waren eben überall, die Briten, und als Mandatare des Iraks in Bagdad praktisch ständig präsent. Agatha fand sich damit ab, dass sie auch im Zweistromland nicht inkognito unterwegs sein konnte und wählte sich ihre britischen Weggefährten und Freunde sorgfältig aus.

Ihr Glück war es, dass sie in Ur Zugang zum archäologischen Camp bekam, wo Leonard Woolley seine weltweit diskutierten und bestaunten Ausgrabungen leitete. Woolley selbst war so in seine Arbeiten vertieft, dass er gar nicht registrierte, was links und rechts von ihm sonst noch geschah; es war seine Frau Katharine, eine besonders schöne und dominante Person, der die Aufgabe zugefallen war, unwillkommene Besucher, meist amerikanische oder englische Touristen, vom Camp fernzuhalten und nötigenfalls mit harten

Worten zu vertreiben. Agatha hatte ein Empfehlungsschreiben von Commander Howe dabei, aber das brauchte sie nicht hervorzuziehen. Als Katharine Woolley hörte, dass die Dame, die sich angemeldet hatte, Agatha Christie hieß, strahlte sie übers ganze Gesicht und ging persönlich zum Tor, um die Besucherin abzuholen. Sie war ein großer Fan von *Alibi* und konnte sich nichts Schöneres denken, als die Autorin dieses sensationellen Buches persönlich zu begrüßen und mit ihr über Archäologie zu sprechen. Agatha selbst war am Ziel ihrer Wünsche. *Ich verliebte mich in Ur mit seinen herrlichen Abenden, der in geheimnisvolle Schatten gehüllten Zikkurrat und dem unendlichen Sandmeer, das ständig seine zarten Farben wechselte. Der Zauber der Vergangenheit nahm mich gefangen. Die Sorgfalt, mit der Töpfe und Krüge ans Tageslicht geholt wurden, erfüllte mich mit dem sehnsüchtigen Verlangen, selbst Archäologin zu sein.* Zu Beginn der Regenzeit nahm Agatha Abschied von Ur und reiste nach London zurück, obwohl die Woolleys alles taten, um sie noch länger bei sich zu behalten. Sie schwor, wie sie das während der Empire-Tour mehrfach getan hatte, einen heiligen Eid, zurückzukommen. Und diesmal hielt sie Wort.

V
Max

Wieder zu Hause arbeitete Agatha mit voller Kraft an ihrem Mary-Westmacott-Roman *Singendes Glas* (englisch: *Giant's Bread)*. Als Cork das Manuskript in die Hände bekommen und es, wie Agatha voraussetzte, gelesen hatte, erfolgte nicht wie sonst ein Anruf mit den üblichen Lobsprüchen und Ermutigungen, sondern ein langes Schweigen. Agatha wurde nervös. Dann endlich meldete sich Cork und sagte mit kleiner Stimme, dass ja nun Collins Agatha Christie verlegen wolle und nicht Mary Westmacott. Er zögere, den Titel an den Verlag weiterzureichen. Ob er wenigstens einen neuen Poirot-Krimi für demnächst in Aussicht stellen könne? Agatha war enttäuscht. Sie fand, sie könne mehr als knifflige Rätsel stellen. Aber weder Cork noch Collins wollten ihre Star-Autorin verlieren, sie auch nicht verstimmen. Deshalb lehnten sie das *Singende Glas* nicht ab, aber sie stellten es zurück, sie hielten die Autorin hin. Agatha konnte den Rückschlag verkraften, denn sie hatte durch die Theater-Tantiemen und den internationalen Erfolg ihrer Bücher so viel Geld verdient, dass sie jetzt sogar den Ankauf eines Hauses in Erwägung zog. ›Das soll mir mal einer nachmachen‹, dachte sie, ›auf Reisen gehen, dort ordentlich Geld ausgeben, wiederkommen und – reich sein! Herrlich.‹

Agatha erwarb ein Haus am Cresswell Place in London, einen ehemaligen Pferdestalltrakt, den sie ganz ihren Wünschen gemäß um- und ausbauen konnte. Mit Carlo und Rosalind Fliesen und Vorhänge auszusuchen, war ein Fest für sie. Abends saß sie an ihrem Tisch im Sittingroom in Chelsea und diktierte Carlo die Dialoge für ihr erstes Theaterstück. Es sollte *Black Coffee* heißen und Poirot vor die Aufgabe stellen, einen Giftmord aufzuklären, einen Spionagefall zu untersuchen und eine hochwichtige Geheimformel zu finden. Hastings kam ebenfalls vor, und auch Chefinspektor Japp von Scotland Yard hatte seinen Auftritt. An Cork sandte sie in paar Szenen, und ihr Agent reagierte ähnlich zurückhaltend wie bei dem *Singenden Glas*. »Liebe Mrs Christie«, sagte er am Telefon, »bitte schreiben Sie Ihre Detektivromane und wildern Sie nicht in anderen Bezirken. Das haben Sie nicht nötig.« Nicht nötig? Agatha war nun aber doch verstimmt. ›Verdammt noch mal‹, sagte sie zu sich selbst, ›ich bin festgelegt. Das kommt dabei raus, wenn man mit einem bestimmten Genre erfolgreich ist. Die Leute trauen einem nichts anderes mehr zu.‹ Sie schrieb indes ihr Stück zu Ende und machte Cork klar, dass sie auch als Mary Westmacott weiter existieren und sich ausdrücken wollte. Cork seufzte tief. ›Was macht sie für Sachen‹, dachte er. ›Sie ist die geborene Krimi-Autorin und sollte das Theater und die Poesie anderen überlassen.‹ Dieser Meinung war Agatha aber nun gerade nicht. Sie kämpfte um Mary Westmacott und um ihren Zutritt zur Bühne. Und kaufte sich noch ein weiteres Haus in der Camden Street in Kensington.

Nach ihrem Umzug in das neue Heim am Cresswell Place, wo nun alles so war, wie sie es sich erträumt hatte, einschließlich eines märchenhaften Kinderzimmers für Rosalind, ging Agatha Christie wieder an ihre Arbeit – als die professionelle Schriftstellerin, die sie der Sache nach schon lange war und als die sie sich nun auch selbst empfand. Sie schrieb einige Krimi-Kurzgeschichten für Magazine, die gutes Geld brachten und begann den ersten Roman mit einer neuen Detektiv-Figur. Sie feilte an ihrem Theaterstück und bearbeitete ihr Westmacott-Buch. Agatha schrieb immer leicht und schnell, außer wenn sie unglücklich war oder an einer Schreibhemmung litt;

daran, dass sie jetzt verschiedene Projekte zur gleichen Zeit betrieb und durchgehend unter Dampf stand, merkte sie, dass sie drüber weg war: über den Zusammenbruch ihrer Lebensrolle als Ehefrau und Familienmutter und Seele eines Hauswesens – die nebenbei Bücher schrieb. So war das mal gewesen. Von der Peripherie ihres Lebens war die Schriftstellerei in jene zentrale Leerstelle gerückt, die sich seit Archies Weggang aufgetan hatte. Und Agatha stellte fest, dass ihr jetzt nichts mehr fehlte. Allerdings durfte sie nicht allzu lange an die alten Zeiten zurückdenken, denn dann kamen sie wieder: die rosigen Vorstellungen vom Glück, die sie seit ihrer Kindheit mit sich herumgetragen und mit Archie und Rosalind verwirklicht hatte, das Unverständnis: wie nur konnte ihr Ex-Mann das alles von sich werfen?, das Gefühl, gedemütigt und beraubt worden zu sein, der Zorn und die Tränen. Deshalb dachte Agatha kaum zurück, sie lenkte sich lieber ab: durch Arbeit, durch Tennis, durch Briefe und (an den Wochenenden) Spiele mit Rosalind, durch Gespräche mit Carlo – nicht über die Vergangenheit. Sie empfing auch gern Gäste, und sie kochte sogar selbst für sie: Madge kam mit ihrem Mann James, deren inzwischen erwachsener Sohn Jack, Schwager Campbell, Schwägerin Nan, Agent Cork und viele Freunde, darunter Leonard und Katharine Woolley, die außerhalb der Grabungssaison in London weilten. Es war ausgemacht, dass Agatha im Frühjahr 1930, kurz vor Ende der nächsten Grabungssaison, noch einmal nach Ur kommen sollte, um von dort mit den Woolleys über Syrien und Griechenland nach England zurückzureisen.

»Werden wir Delphi besuchen?«, fragte Agatha.

»Ganz sicher«, antwortete Katharine, »Delphi ist ein wichtiges Ziel.«

Agatha bekam Herzklopfen schon bei Erwähnung des mythischen Ortes. Sie guckte verklärt von Katharine zu Leonard.

»Wie ich dich kenne«, sagte Katharine, »wird eine deiner nächsten Detektivgeschichten in Delphi spielen: Wer ermordete das Orakel? – oder so ähnlich …«

»Neulich«, antwortete Agatha, »fiel mir ein Titel ein: *They came to Baghdad* (deutsch: *Sie kamen nach Bagdad)*. Klingt schön, nicht? Ich musste mitten auf der Oxford Street mein Notizbuch rausziehen und es aufschreiben. Aber mehr als den Titel weiß ich noch nicht.«

»Hauptsache, Poirot kommt vor!«

»Das sagt Edmund Cork auch immer. Aber ich bin anderer Meinung. Man kann eine Figur auch verschleißen. Das Publikum will immer dasselbe, ja-ja, aber von einem Tag auf den anderen hat es dasselbe satt. Nein, ich finde es klüger, den Auftritt so einer Gestalt wie Poirot zu dosieren. Sie rar zu machen sozusagen, und zwischendurch andere Protagonisten aufzustellen. Meine Amateurdetektive Tommy und Tuppence Beresford, die ich in meinem zweiten Buch losgeschickt hab, das Rätsel um Jane Finn zu lösen, sind beim Publikum prima angekommen. Und auch meine verwegene Anne Beddingfield aus *Der Mann im braunen Anzug* –«

»Unbedingt, ich habe die Bücher verschlungen«, unterbrach Katharine, »– aber ein Profi wie Hercule Poirot, und dann auch noch ein so komischer Kauz, der bringt doch immer einen ganz besonderen Bonus mit.«

»Um die Wahrheit zu sagen,« fuhr Agatha fort, »habe ich mir für mein nächstes Buch eine andere Figur ausgedacht, die das Rätsel löst, sie wird wieder ein Amateur sein. Das Manuskript ist in Arbeit.«

Leonard, der kaum andere Publikationen las als archäologische Fachliteratur und deshalb über das Krimi-Genre nichts zu sagen wusste, wurde nun doch neugierig.

»Erzähl uns was über diesen Detektiv – oder ist alles noch *top secret*?«

»Eigentlich schon.« Agatha schloss die Augen, um sich zu konzentrieren. »Aber ihr dürft es erfahren, denn ich weiß, ihr seid diskret. Also: meine neue Spürnase ist eine Sie. Ich habe sie schon in einer Kurzgeschichte ausprobiert und denke jetzt nicht daran, sie in Serie gehen zu lassen, ich will ihr aber einen Roman-Auftritt gönnen. Sie ist, ihr werdet lachen, eine alte Lady. Kein Profi wie Poirot, nur eine schwatzhafte alleinstehende Person mit grauen Haaren und scharfen Augen. So eine, vor der sich die Mitmenschen reflexhaft fürchten, weil ihr nichts entgeht und sie das, was sie nicht wissen kann, intuitiv errät. Ich nenne sie Miss Marple und siedele sie in einem typischen englischen Dorf an, in so einem Weiler mit vielen alten Mädchen, die sich zu Klatsch und Tratsch im Pfarrhaus treffen, mit einer Apotheke, einem Doktor, einem Kirchlein, einer Polizeistation und der bäuerlichen Bevölkerung, nebst kleinen Handwerkern und kleinen Läden. St. Mary Mead, ein fiktiver Ort – den jeder kennt.«

»Aber –«, sagte Katharine ziemlich verdutzt, »in so einer Idylle passieren doch keine Morde!«

»Tja, würde Miss Marple jetzt sagen, das denkst du! Das englische Dorf ist auf seine Art ein Mikrokosmos der Gesellschaft – mit all den Ängsten, Boshaftigkeiten und Gewaltphantasien, von denen man fälschlich glaubt, es gebe sie nur in der Stadt. Und aus den Phantasien wird auch auf dem Dorf dann und wann eine blutige Tat.«

»Keine schlechte Ausgangsidee«, sagte Leonard anerkennend, »wenn ich bedenke, wie wir die Inschriften und Abbildungen auf unseren Tonscherben interpretieren: es geht immer wieder auch um Leben und Tod, obschon vieles aus seinerzeit ländlich-schlichten Gegenden stammt …« Er verlor sich in Gedanken.

Agatha fand, dass sie jetzt auch für Katharine noch ein bisschen Überzeugungsarbeit leisten müsste. »Du erinnerst dich an *Alibi* und an die Schwester des Ich-Erzählers und Täters *Dr. Sheppard*? Sie heißt *Caroline* und ist das Vorbild für Miss Marple. Ja, ich gehe so weit zu sagen, *dass es Miss Marple nur deshalb gibt, weil mir die Caroline in* Alibi *einen solchen Spaß gemacht hat. Sie war in diesem Buch meine Lieblingsfigur: eine neugierige, bissige alte Jungfer, die alles weiß und alles hört; das ideale Detektivbüro für den Hausgebrauch. Du weißt ja, man hat das Buch für das Theater bearbeitet und ausgerechnet Caroline gestrichen. Das empfand ich als sehr schmerzlich.«*

»Und deshalb lässt du jetzt als Vergeltung diese Miss Marple auf dein Publikum los?«

»Wenn du es so sehen willst … Ja, da ist was dran. Ich bin fest davon überzeugt, dass die Leute Miss Marple mögen werden. Sie steht für etwas, das wir alle mögen: den common sense, den gesunden Menschenverstand. Allerdings wäre das allein noch nicht genug. Miss Marple ist zusätzlich in der Lage, eins und eins zusammenzuzählen, sie besitzt eine herausragende Intelligenz.«

»Eins und eins können die meisten Menschen zusammenzählen.«

»Schon, aber sie müssen diese beiden Größen erstmal finden. Die erste Eins finden alle. Aber wie steht es mit der zweiten? Miss Marple erkennt sozusagen aus dem Stand den verborgenen Zusammenhang. Und dann zählt sie zusammen. Die zweite Eins zu finden, das ist ihre Aufgabe und dafür ist sie geistig gerüstet.«

»Hast du schon einen Titel für das Buch?«

»Einen sehr schlichten: *Mord im Pfarrhaus* (englisch: *The Murder at the Vicarage).«*

Agatha hatte mütterlicherseits zwei Großmütter. Die eine war Omi Böhmer, die leibliche Mutter Claras, und die andere war »Omatante«, die Schwester der Omi Böhmer, zu der die kleine Clara im Alter von neun Jahren geschickt worden war und bei der sie aufwuchs. Diese beiden Großmütter kamen als Witwen oft nach Ashfield und spielten in Agathas Leben eine große Rolle. Sie waren jede auf ihre Art durchsetzungsstarke Damen, viktorianische Familienmenschen, die ihre Kinder und Enkel mit häufigen Besuchen, eingemachten Früchten, großartigen Plumpudding-Rezepten und jeder Menge Lebensregeln versahen. Agatha hing an beiden. Sie waren nun schon lange tot, und auch Clara war nicht mehr unter den Lebenden, aber diese Frauen spukten noch in Agathas Kopf herum, und es war für sie eine Freude und Notwendigkeit, alte Ladys in ihren Romanen mit Zügen ihrer Vorfahrinnen auszustatten. Die von Empathie und Humor gemilderte Misanthropie ihrer Miss Marple, die deshalb so effektiv bei der Aufklärung von Verbrechen war, weil *sie von ihren Mitmenschen stets das Schlechteste dachte* – ohne dabei je zynisch zu sein – stammt in direkter Linie von Omi Böhmer und Omatante ab. Agatha brauchte bloß die Augen zu schließen und die Großmütter in ihrer Vorstellung zum Leben zu erwecken, und schon wusste sie, wie sie Miss Marple charakterlich zu kostümieren hatte. Allerdings musste ihre Schöpfung sich auch von ihren Vorbildern unterscheiden, um ganz sie selbst zu sein. Dafür sollte sie, anders als die Omas, von hohem, schlankem Wuchs und mit einer sanften Stimme gesegnet sein. Was sie dann wieder ihren Vorbildern annäherte, war ihre Freude am Stricken von allerlei Gebrauchsartikeln und Kleidungsstücken und ihre Lust, aus dem Fenster zu gucken und zu erraten, wohin die Menschen, die sie an der Gartenpforte vorbeilaufen sah, wohl ihre Schritte lenkten.

Als Agatha gerade, das Notizbuch auf den Knien, ein paar Attribute niederschrieb, die auf die Erscheinung Miss Marples passen sollten, kam der Telegrammbote, und sie erfuhr, dass ihr Bruder Monty gestorben war – in Marseille, wo er sich des Klimas wegen seit einiger Zeit aufgehalten hatte. *Er starb ganz plötzlich an einer Gehirnblutung in einem Kaffeehaus; auf dem Militärfriedhof in Marseille wurde er bestattet.* Agatha hatte den zehn Jahre älteren Bruder ihr Lebtag zu wenig gesehen, um seinen Tod jetzt als großen Verlust zu empfinden. Aber sie mochte es nicht, wenn man Captain Miller einen Windhund und Versager nannte, obwohl sie wusste, dass er genau das gewesen war. *Wo liegt denn eigentlich die Grenze zwischen Erfolg und Versagen? So wie es sich einem unbeteiligten Beobachter darstellt, war Montys Leben eine einzige Katastrophe. Er hatte alles Mögliche versucht und nichts erreicht. Aber ist Erfolg nur in Zahlen messbar? Muss man nicht zugeben, dass mein Bruder es ungeachtet seines finanziellen Versagens fast immer verstanden hat, sein Leben zu genießen? ›Ich gebe zu‹, sagte er einmal gut gelaunt zu mir, ›dass ich ein ziemlich schlechtes Leben geführt habe. Auf der ganzen Welt bin ich Leuten Geld schuldig. In vielen Ländern habe ich gegen die Gesetze verstoßen. Unserer armen Mutter und Madge habe ich viel Kummer gemacht. Die Pfaffen würden wohl keine gute Meinung von mir haben. Aber auf mein Wort, Mädel, ich habe meinen Spaß gehabt. Für mich war immer nur das Beste gut genug.‹*

Madge war sehr angetan von *Black Coffee* und ermutigte ihre Schwester, auf eigene Faust für das Stück zu kämpfen. Agatha gab es einem alten Freund aus der Zeit in Sunningdale, der beim Theater arbeitete, und der reichte es weiter an einen Prinzipal. Inzwischen hatte Agatha *Alibi* auf der Bühne gesehen und sich die Verfilmung von *Ein gefährlicher Gegner* im Kino angetan, und sie war von beiden Produktionen gleichermaßen enttäuscht, um nicht zu sagen abgestoßen. Mit ihrem *Black Coffee* sollte nun endlich mal die Krimi-Atmosphäre, wie nur sie sie erschaffen konnte, sowie ein adäquater Poirot auf der Bühne Einzug halten. Es kam tatsächlich zu einem Vertrag und später zu einer Aufführung am Embassy-Theatre, die Inszenierung wurde dann von anderen Häusern, darunter das St. Martin's Theatre, übernommen. Alles in allem lief sie genau wie *Alibi* nur relativ kurze Zeit. Das war noch kein durchschlagender Erfolg, aber es war ein erster Schritt Agathas in die verlockende Welt der Bühne. Was die Verkörperung der Hauptperson betrifft, so war sie in *Black Coffee* genauso wenig zufriedenstellend wie in *Alibi*. *Ich habe mich immer darüber gewundert, dass Poirot stets von ungewöhnlich großen und dicken Männern gespielt wird. Charles Laughton war mit beträchtlicher Leibesfülle gesegnet und Francis Sullivan war breitschultrig, dicklich und 1,85 Meter groß. Er spielte Poirot in Black Coffee.* Der echte Poirot, so wie er Agathas Phantasie entsprungen war, maß um die 1,60 Meter, und selbstverständlich spielte seine geringe Körpergröße für seine Persönlichkeit und Ausstrahlung eine Rolle. Es zeigte sich und sollte sich später immer wieder zeigen, dass Agatha Christies Poirot als literarische Figur einmalig, singulär, *unique* war und es den darstellenden Künsten kaum je gelang, sie kongenial auf die Bühne oder vor die Kamera zu stellen. Nichtsdestotrotz wurden Agatha und der Poirot-Darsteller Francis Sullivan im Laufe der Proben und Aufführungen von *Black Coffee* dicke Freunde.

Das Jahr 1930 hatte begonnen; Rosalind, von den Masern genesen, kehrte nach den Weihnachtsferien aufs Internat zurück. Ihre arme Mutter hatte sich, um einer Ansteckung zu entgehen, gegen die Masern impfen lassen und dabei unglücklicherweise eine Blutvergiftung davongetragen. Sie musste ins Krankenhaus. ›Einen Klinikaufenthalt kann ich mir nicht leisten‹, dachte sie, ›ich muss zu den alten Sumerern!‹ Sie war gezwungen, sich Zeit zu nehmen. Als sie wieder aufstehen konnte, schrieb sie *Mord im Pfarrhaus* zu Ende, schickte das Manuskript an Cork und packte für ihre zweite Reise ins Morgenland.

Über Rom und Beirut fuhr sie zu den Woolleys nach Ur. Es war ein Wiedersehen mit Jubelrufen. Man saß im Zelt beim Tee zusammen, der Architekt Algy Whitburn war auch dabei, und Agatha musste viel von England und manches von den Stationen ihrer Reise erzählen. Da kam plötzlich jemand hinzu, ein junger Mann, untersetzt und hager, mit einem ernsten Gesicht und braunem Haarschopf.

»Hiermit, liebe Agatha«, sagte Leonard, »stelle ich dir meinen Assistenten vor. Er gehört schon seit einigen Jahren zu unserem Team, und du hast ihn nur deshalb bei deinem ersten Besuch verpasst, weil er gerade wegen einer Blinddarmentzündung im Krankenhaus lag: unser überaus geschätzter Mitarbeiter Max Mallowan.« Der junge Archäologe kam ebenfalls aus England, er war fünfundzwanzig Jahre alt und hatte sogar mit Agathas Neffen Jack Watts am New College in Oxford studiert. Ungeachtet seiner Jugend war er bereits namhaft unter den Experten seines Fachs. Die Woolleys hatten ihm von Agatha erzählt, und Katharine hatte ihn gedrängt, *Alibi* zu lesen.

Am späteren Abend saßen Agatha und Max zu zweit vorm Zelt und schauten über den Königsfriedhof. Jetzt wollte er von ihr alles Mögliche über die Kriminalschriftstellerei erfahren, aber sie wollte noch mehr von ihm über Archäologie wissen, und da sie leidenschaftlicher fragte als er, wurde ihr gemeinsames Thema die Archäologie.

»Es gibt viel Ähnlichkeit zwischen Ihrer und meiner Tätigkeit«, sagte er, »man sucht nach Fragmenten, Indizien, Beweisen und Fakten, und man setzt später die Fundstücke zusammen. Wenn man Glück hat, passt alles. Meistens hat man keins.«

»O ja«, antwortete Agatha, »nur dass Sie Ihre Spitzhacke in den Boden schlagen, während ich bloß ein paar Hirngespinste hervorbringe. Ich kann mir das Glück ausdenken.«

»Und dennoch möchte ich nicht behaupten, dass das eine verdienstvoller oder schwieriger sei als das andere.«

›Der Junge ist wirklich nett‹, dachte Agatha, ›ich muss Jack fragen, ob er sich an einen Max Mallowan erinnert.‹ Und laut sagte sie: »Was meinen Sie – können Sie mich ein wenig anlernen? Ich würde so gerne dabei helfen, Tonscherben aus dem Boden zu retten.«

Die Grabungssaison ging aber ja gerade zu Ende, und es war die Rückreise – mit einigen Unterbrechungen bei besuchenswerten Orten wie Delphi –, die Agatha nun mit den Woolleys und Max Mallowan zusammen antreten sollte. Katharine fand, dass sie und ihr Mann der von so weit her angereisten Agatha mehr schuldig seien als nur die gemeinsame Heimreise, und sie hatte Max dazu ausersehen, Agatha vor dem Abschied aus der Region noch die wichtigsten Sehenswürdigkeiten zwischen Ur und Bagdad zu zeigen. Als Agatha das vernahm, erschrak sie.

»O nein«, sagte sie, »das lassen wir mal lieber bleiben. Was mag der arme Max schon daran finden, mit mir auf Besichtigungstour zu gehen?«

»Er wird es tun, und er wird es gern tun«, antwortete Katharine. »Ihr müsst als Erstes nach Nejef und Kerbala. *Nejef ist die heilige Totenstadt der Muslime, und in Kerbala steht eine prachtvolle Moschee. Wenn wir hier Schluss machen und nach Bagdad fahren,*

wird er sie hinbegleiten. Unterwegs sollten Sie auch Nippur besuchen.«
Sprach's und wandte sich zum Gehen. Nach und nach lernte Agatha,
dass es im Camp nicht üblich war, Katharine Woolleys Befehlen oder
Aufforderungen den Gehorsam zu verweigern. Ihr Wort galt, immer
und unter allen Umständen. Aber dass sie über Max' und ihren Kopf
hinweg Pläne schmiedete, schien Agatha dann doch nicht richtig.

Sie vertraute sich Mr Whitburn an. *»Finden Sie das nicht ein
bisschen anmaßend, dass sie so über mich und Max verfügt? Meinen
Sie, ich könnte sagen, dass ich Nejef und Kerbela gar nicht besuchen
will?«*

»Nun, ich glaube, Sie sollten diese Städte besuchen«, antwortete
Whitburn. *»Das geht schon in Ordnung. Max wird nichts dagegen
haben. Und außerdem, verstehen Sie, ich meine, wenn Katharine
einmal etwas beschlossen hat, erübrigt sich jede weitere Diskussion.«*

Agatha war das Ganze ausgesprochen peinlich, und als sie Max
im Camp wiedertraf und ihn auf die geplante Reise ansprach, stotterte sie herum. Aber er wusste schon Bescheid. Sie schrieb in ihrer
Autobiografie: *Ich überlegte mir, ob ich mich irgendwie entschuldigen
sollte. Und brachte auch tatsächlich eine Erklärung des Sinns heraus,
dass diese Reise nicht meine Idee gewesen sei, aber Max blieb ganz
cool. Er würde selbst gerne Nippur mal wieder einen Besuch abstat-
ten. Es sei eine höchst interessante Fundstätte und, ebenso wie Nejef
und Kerbala, einen Besuch wert.* Also brachen Max und Agatha auf.
*Wir fuhren stundenlang über unebenes Terrain und besichtigten die
weit auseinanderliegenden Fundstätten. Ich glaube nicht, dass ich
sie sehr aufregend gefunden haben würde, wenn ich nicht jemand an
meiner Seite gehabt hätte, der mir alles erklärte. Und so bezauberte
mich die Archäologie in zunehmendem Maße.*

Max hatte sich unter einer englischen Erfolgsschriftstellerin eine
Dame vorgestellt, der man auf einer Reise keine Unbequemlichkei-
ten zumuten dürfe, und so staunte er nicht schlecht, als sich seine
Gefährtin als ziemlich belastbar erwies. Als sie einmal mit dem

Wagen im Wüstensand stecken blieben und der Beduine, der sie begleitete, die Stirn runzelte und sagte, er müsse losziehen, Hilfe holen, und er wisse nicht, wie lange es dauern würde, da äußerte Agatha keinen Laut des Entsetzens oder des Vorwurfs, sondern rollte sich im Schatten des Wagens zusammen und hielt ein Schläfchen. Diese Gabe, immer und überall, wo und wann sie es brauchte, einzuschlafen, hat sie ihr Leben lang behalten, sie war darüber sehr froh. Ein anderer Fall, der Mr Mallowan zum Staunen brachte, war Agathas Ausruf angesichts eines Sees in einer Oase: »*O Max, lass uns schwimmen gehen!*« Sie hatten beide kein Badezeug dabei, deshalb zögerten sie ein Weilchen. Was sollte der Beduine denken? Aber dann sagte Max: »Ach was!«, Agatha stimmte zu, beide streiften ihre Oberbekleidung ab und gingen in Unterwäsche baden. Agatha jauchzte. Ihr musste niemand erzählen, dass die Menschheit aus dem Wasser kam. *Es war himmlisch, und die Welt schien vollkommen zu sein.*

Die beiden Reisenden fühlten sich nicht nur deshalb besonders wohl, weil sie sich gut verstanden, sondern auch, weil sie dem Camp und damit Katharine entronnen waren. Bei ihrem ersten Besuch und auch beim Wiedersehen in London hatte Agatha gar nicht bemerkt, wie schwierig es sein konnte, mit der herrischen Mrs Woolley auszukommen; auch Max hatte seine liebe Not mit ihr, denn es passierte öfters, dass sie ihn, kaum hatte er sich in seine Arbeit vertieft, zu sich rief und ihn losschickte, damit er irgendetwas für sie besorge, ja, sie kommandierte ihn herum – nicht nur ihn, alle im Camp.

»Sie müssen sich zur Wehr setzen«, sagte Agatha.

»Das ist nicht so einfach«, antwortete Max. »Leonard schätzt mich unter anderem deshalb, weil ich Katharine zu nehmen weiß.«

»Was ja wohl praktisch nichts anderes heißt, als dass Sie sich von ihr unterjochen lassen.« Agatha schaute ihn mit mildem Vorwurf an, und er zuckte die Schultern.

»Gemeinsam mit Leonard«, sagte er leise, »kann ich das machen, was ich mir immer gewünscht habe. Ich liebe diese Arbeit.«

In Bagdad trafen Agatha und Max wieder mit den Woolleys zusammen. Geplant war eine Weiterfahrt über Athen nach Delphi, aber als die Reisegefährten in Athen Pause machten und Agatha in der Hoffnung auf gute Nachrichten von der Familie und von Cork zum Postamt ging, mussten die Pläne über den Haufen geworfen werden. Auf Mrs Christie wartete ein ganzer Stapel Telegramme: Rosalind war an Lungenentzündung erkrankt, ihr Zustand war ernst, Madge hatte sie aus dem Internat zu sich nach Abney Hall geholt. Die Pneumonie verlief seinerzeit noch öfters tödlich, jedenfalls war sie eine schwere Krankheit, und Agatha wusste vor Sorge weder ein noch aus. Eine Flugverbindung von Athen nach London gab es noch nicht, es blieb der unglücklichen Mutter nur die Eisenbahn. Alle hatten Verständnis, dass Agatha sofort aufbrechen musste – zumal sie sich auch noch einen Fuß so schlimm verstaucht hatte, dass sie nur unter argen Schmerzen laufen konnte. Da klopfte jemand abends an ihre Hotelzimmertür. Agatha trocknete ihre Tränen und öffnete. Max stand vor ihr. »Ich komme mit dir«, sagte er. »Ich begleite dich nach Hause.«

Auf der viertägigen Zugfahrt durch den Kontinent erzählten Max und Agatha einander ihre Lebensgeschichten. Max wusste, dass Agatha geschieden war und dass Mr Christie in der City bei einer Bank zu tun hatte, aber die näheren Umstände der Trennung waren ihm unbekannt. Agatha wunderte sich ein wenig über sich selbst, dass sie alles so freimütig auspackte und preisgab, auch die Harrogate-Episode; sie tat es gern, weil der rollende Zug sie gesprächig machte und weil sie Max vertraute. Der vergalt es ihr und sprach davon, dass er just in der nämlichen Zeit, in der Agatha so sehr gelitten hatte, seinerseits einen schweren Verlust verkraften musste. Er hatte damals seinen besten Freund und Kommilitonen verloren, Esmé Howard, Sohn eines Lords, der über Nacht an einem unheilbaren Leiden erkrankte und bald darauf starb.

»Auf seinem Totenbett nahm er mir das Versprechen ab, zum Katholizismus überzutreten. Er war selbst Katholik und machte sich in seiner letzten Stunde Sorgen um mein Seelenheil.«

»Und du hast dein Versprechen gehalten?«

»O ja. Es ist mir gar nicht schwergefallen. Weißt du, ich bin eigentlich gar kein echter Engländer und somit auch kein Protestant. Mein Vater ist aus Österreich nach Großbritannien eingewandert. Und meine Mutter ist eine Französin. Ihre Mutter, meine Oma, war Opernsängerin.«

»Das ist ja hochinteressant, Max. Eigentlich wollte ich es nicht ansprechen. Aber nun muss ich es tun. Mein erster Berufswunsch war Sängerin. Ich habe sogar eine Ausbildung angefangen – und zwar in Paris!«

»Und … sagtest du nicht neulich einmal, dein Vater habe Frederick geheißen?«

»So ist es. Frederick Miller. Er kam aus Amerika nach England.«

»Mein Vater hieß auch Frederick! Und ist auch nicht in England geboren.«

Agatha kicherte. »Ist das nicht *spooky*? Vielleicht haben wir beide von daher unsere Wanderlust.«

»Jedenfalls«, sagte Max ganz ernst und zog seinen Tabakbeutel und seine Pfeife hervor, »ist es schon ein bisschen unheimlich, wie viele Berührungspunkte es in unser beider Lebensgeschichten gibt, ich meine …« Weil er nicht weiterwusste, sah er aus dem Fenster, und weil es schon dunkel war, erblickte er im Spiegel der Scheibe Agathas Profil. »*Weißt du eigentlich*«, sagte er, »*dass du ein edles Gesicht und eine römische Nase hast?*«

In Paris unterbrach Max die Reise, er wollte die Gelegenheit nutzen, seine Mutter zu besuchen. Er stieg mit Agatha aus dem Zug, sie fuhren zu Marguerite Mallowan, und die schlug vor, dass die erschöpfte Mrs Christie sich bei ihr ausruhen und den Fuß behandeln lassen sollte. Aber Agatha wollte so schnell wie möglich nach Hause. Marguerite packte ihr einen Korb mit ausgesuchtem Proviant, Max brachte sie zum Zug nach Calais und umarmte sie zum Abschied. Jetzt musste Agatha allein weiterfahren. In London und daheim angekommen, griff sie als Erstes zum Telefon und rief Madge an. Zu ihrer großen Erleichterung erfuhr sie, dass Rosalind auf dem Wege der Besserung und sogar schon fieberfrei war. Agatha atmete mehrmals tief ein und aus, dann betete sie. Sie dankte Gott für die Errettung ihres Kindes. Was wäre von ihrem Leben geblieben, wenn sie ihre Kleine auch noch verloren hätte?

Bevor sie sich mit ihrem eigenen Wagen nach Abney Hall aufmachte, schaute Agatha bei Cork vorbei. Der war heilfroh, sie wiederzusehen.

»Agatha, meine Beste«, rief er aus, »ich kann Ihnen gar nicht sagen, welche Ängste ich um Sie ausstehe, wenn Sie so weit reisen – und dann noch allein. Ich fürchte immer, Sie könnten sich überreden lassen, auf einem Kamel zu reiten und dann stürzen und sich alle Knochen brechen. Oder sich von einem bärtigen Araber ausrauben und womöglich töten lassen, weil Sie sich natürlich wie wild wehren würden …«

»Was sind denn das für dumme alte Vorurteile gegen den Orient und seine bezaubernden Menschen!«, sagte Agatha mit mildem Tadel im Ton. »Hier bin ich, gesund wie der junge Morgen, und Sie, lieber Edmund – ach bitte, berichten Sie: Wie geht es den Auflagen von Mrs Christie?«

»Sie hatten recht und ich unrecht. Das *Singende Glas* macht sich ausgezeichnet. Mrs Christie kommt auch als Mary Westmacott an. Die Kritiken sind äußerst anerkennend. Hier bitte.« Er schob ihr einen Stoß Zeitungsausschnitte hin. »Und demnächst erscheint *Mord im Pfarrhaus*. Ich hoffe, dass Sie auch bei diesem Titel recht behalten werden und dass das Publikum Miss Marple ins Herz schließt. Bei Collins ist man sehr zufrieden mit Ihnen. ›Mrs Christie weiß offenbar stets, was sie tut, auch wenn es oft ganz anders aussieht‹, sagte mir kürzlich der Chef. Und er fügte hinzu: ›Bitte sagen Sie ihr, wir wären alle sehr froh, wenn sie mit diesen Weltreisen aufhörte!‹«

»Aber Sie wissen doch, dass es mich in die Ferne zieht. Das wird immer so bleiben.«

»Solange Sie in der Wüste weiter arbeiten ... Wie steht es damit? Können wir auf ein neues Manuskript hoffen?«

Agatha lächelte. »Ich habe in Ur einen Kriminalroman begonnen, er heißt *Das Geheimnis von Sittaford* (englisch: *The Sittaford Mystery)* und wird Eindruck machen. Ich bringe diesmal übernatürliche Kräfte ins Spiel.«

»Sie meinen – Geister?«

»Genau. Aber keine Sorge, Edmund, es gibt eine vollkommen rationale Auflösung.«

»Mit Poirot?«

»Den spare ich mir noch auf.« Cork seufzte und blätterte in seinen Papieren.

»Hier habe ich noch was für Sie: Die BBC will eine Hörspielreihe oder etwas in der Art auflegen, mit lauter *Detective-Story*-Autoren, und Sie sollen unbedingt dabei sein. Am besten, sie telefonieren selbst mit dem Redakteur. Übrigens: Nächste Woche geben meine Frau und ich eine Party im Savoy. Wir würden uns riesig freuen, Sie dabeizuhaben. Sie könnten bei der Gelegenheit Ihren amerikanischen Verleger kennenlernen. Und Francis Sullivan kommt auch. Ich schreibe Ihnen in dieser Sache noch.«

Heiteren Sinns verließ Agatha das Büro. Eigentlich hatte sie nichts übrig für das, was man den Literaturbetrieb nannte, und neugierige Journalisten, Autogrammjäger und Verlegerpartys stießen sie ab. Aber jetzt verspürte sie doch eine tiefe Befriedigung, dass all das erneut Teil ihrer Welt war. Es zeigte ihr, wie gefragt sie war. Sie hatte ihr Kind wieder, das ganz gesund werden würde. Und als Schriftstellerin fuhr sie auf der Erfolgsspur. Wie gut das Leben derzeit zu ihr war.

In Abney Hall schloss Agatha ihre abgemagerte kleine Rosalind in die Arme, sie begrüßte Madge und Carlo und begab sich nach einigen Tagen wieder *on the road*, nach Torquay. Die Familie meinte, es sei für Rosalind das Beste, im milden Klima von Devon zu genesen, zumal der Frühling die erste warme Luft mitbrachte; Agatha konnte es sich gut vorstellen, Carlo in Ashfield ihr *Geheimnis von Sittaford* zu diktieren. Da saß nun Rosalind, in allerlei Decken und Schals eingemummelt, auf der Terrasse, und Agatha war bei ihr, beide tranken Tee und schauten über den weitläufigen Garten hinaus. Er war ein wenig vernachlässigt, jetzt, wo es hier keinen Gärtner mehr gab und nur Madge oder Agatha oder die Mieter des Westflügels hin und wieder Unkraut jäteten, aber er verströmte immer noch jenen Duft, der Agatha durch ihre Kindheit geleitet hatte – jetzt vielleicht sogar mehr denn je.

»Mama«, sagte Rosalind, die in ihrem elften Jahr stand und schon viel vom Leben der Erwachsenen zu wissen glaubte, »wirst du wieder heiraten?«

»O nein, mein Kind, das habe ich nicht vor«, antwortete Agatha, ein wenig verwundert über diese Frage.

»Aber alle sagen es.«

»Wer sagt es?«

»Carlo. Tante Madge. Jack. Und meine Lehrerin, Miss Denford. Auch Papa sagt es.«

»Und woher wissen alle das so genau?«

»Sie sagen, das sei der Lauf der Welt und du seist noch jung genug. Aber ich finde dich schon ziemlich alt. Und ich möchte keinen zweiten Papa.«

Agatha lachte. »Sorge dich nicht, mein Liebes. Ich denke wirklich nicht an einen neuen Ehemann.« Als Carlo mit Medizin und einem Geographie-Buch kam, um ein wenig mit Rosalind zu üben, ging Agatha hinein, setzte sich in die Bibliothek und schrieb einen Brief. An Max. Er fehlte ihr sehr. Sie wusste, dass er inzwischen in England war, wie auch die Woolleys, und dass die drei im British Museum eine Ausstellung mit ihren Fundstücken aus Ur vorbereiteten. Sie wollte Max sehr gerne wiedersehen. Immer wenn sie allein war, dachte sie darüber nach, wie sie ihm danken könnte für alles, was er für sie getan hatte, vom Bad im Oasen-See bis zur Bandage für ihren verstauchten Fuß. Sie schrieb ihm, dass es Rosalind besser gehe und dass sie selbst nicht mehr humpeln müsse und dass ihr neuer Roman, das *Singende Glas*, den sie unter Pseudonym veröffentlicht hatte, glänzend besprochen worden war. *»Aber du darfst niemand sagen, dass ich Mary Westmacott bin.«* Sie erwähnte auch, dass sie demnächst nach London käme zu Corks großem Fest und fügte hinzu, dass sie ihn bei dieser Gelegenheit allzu gern träfe. Sie errötete, während sie das schrieb, ihre Ohren wurden richtig heiß. Aber es war ihr egal, ob sie jetzt einen Schritt zu weit ging, denn sie hätte es sich nie verziehen, wenn sie diesen Schritt unterlassen und Max womöglich nie wiedergesehen hätte. Mr Mallowan antwortete postwendend, seinerseits sehr angetan von der Perspektive eines Wiedersehens. Agatha lud ihn für den Morgen nach der Party zu einem Frühstück in ihrem Haus am Cresswell Place ein.

Beim Gedanken, ihn wiederzusehen, war es mir warm ums Herz geworden, doch als er dann in der Tür stand, überkam mich eine sonderbare Scheu. Ich konnte mir meine Befangenheit nicht erklären. Ich glaube, dass auch er diese Scheu empfand, aber als wir mit dem Frühstück fertig waren, fanden wir zu unserer alten Vertrautheit zurück. Agatha lud Max nach Ashfield ein, und er sagte zu ihrer großen Freude für das übernächste Wochenende zu.

In Torquay hatte Agatha keine Zeit für Verlegenheit, denn sie musste Max überall herumführen. Sie wusste tausend und eine Geschichte und sagte augenzwinkernd zu ihm, wenn er möge, dürfe er gerne im Süden der Stadt ein bisschen graben, dort fänden sich bestimmt noch Überbleibsel aus der Römerzeit. Aber für schlappe zweitausend Jahre Zeitreise war Max nicht zu haben, er war ja schon zwei Tausender weiter in die Vorgeschichte zurückgereist, und im Übrigen wollte er lieber mehr von der Vorgeschichte Agathas wissen. Mit ihr durch das Dartmoor zu wandern, dazu war er bereit. Anschließend stromerten sie durch den verwildernden Garten von Ashfield, atmeten den Duft der unbeschnittenen Hecken; sie zeigte ihm die

Beete und Bäume und die Orte, wo sie als Kind mit den Kätzchen ihrer Phantasie gespielt hatte. Sie stellte ihn Carlo vor, die sofort beschloss, die Londoner Ausstellung zu besuchen, sie machte ihn mit Rosalind bekannt, die sich erfreulich aufgeschlossen zeigte. Mit seiner ruhigen Art gewann Max die Herzen der Ashfielder, selbst Peter, der Familienhund, unternahm nichts, um den Eindringling abzuschrecken, wie er es sonst immer tat. Agatha war heiter und gelassen wie schon lange nicht mehr, und nach einem üppigen Mahl und einer Pfeifenlänge mit Max im Herrenzimmer – er trank Portwein, sie Tee – warf sie ihrem Gast eine kleine verschämte Kusshand zu, bat Carlo, ihm sein Zimmer anzuweisen und zog sich in das große, mit Chippendale-Möbeln vollgestellte Schlafgemach ihrer Mutter zurück, wo sie inzwischen gern nächtigte. Sie legte sich ins Bett und schlug ein Buch auf, um ihre Gedanken von der Situation, wie sie war und wie sie gut war, abzulenken, denn sie war noch zu aufgeregt, um zu schlafen. Da klopfte es an die Tür. Sie rief »Herein!«, in der Annahme, dass es Carlo oder Rosalind seien, die ihr noch etwas mitteilen wollten. Es war Max.

»Oh«, sagte sie und zog die Decke über ihre Schultern. »Was gibt es denn?«

»Etwas sehr Wichtiges«, antwortete er, »ich möchte dich fragen, dich bitten – ich möchte dich heiraten.«

Das Buch fiel Agatha aus der Hand. Sie starrte Max an und sagte eine ganze Weile nichts. Max hob das Buch auf, setzte sich auf den Bettrand, legte seine Hände in den Schoß und wartete. Agatha schüttelte den Kopf, erst langsam, dann immer heftiger.

»Wir sind Freunde«, sagte sie, »das ist großartig, und das soll so bleiben. Wir –«

»Nein«, unterbrach Max, »oder ja, natürlich wollen wir Freunde bleiben. Aber fühlst du denn nicht … Ich glaube, dass wir füreinander bestimmt sind.«

»Lieber Max«, sagte Agatha und presste ihre Hände gegen die Wangen, »du könntest beinahe mein Sohn sein. Es ist vollkommen ausgeschlossen, dass wir zwei heiraten. Ich würde mich grausam lächerlich machen und du dich auch –«

Er unterbrach sie noch einmal. »Keineswegs, Agatha, wir tun nur, was das Richtige für uns ist, das einzig Richtige! Du und ich –«

Agatha zog kurzerhand die Decke über ihren Kopf. »Geh fort«, rief sie mit einer Stimme, in der, wie es Max schien, Tränen mitklangen, »geh schlafen und lass mich allein.« Er wartete noch ein paar Minuten, aber als sie nicht wieder unter der Decke hervorkam, tappte er aus dem Raum und zog leise die Tür hinter sich zu. Er wusste nicht recht, was er von Agathas Antwort halten sollte, aber er war nicht entmutigt.

Am nächsten Tag blieb beiden nichts anderes übrig, als sich nach dem Frühstück in die Bibliothek zurückzuziehen und ihr Gespräch fortzusetzen. Agathas Gesicht war rot, Maxens bleich. Sie stritten – das erste Mal, seit sie sich kennengelernt hatten.

Sie: »Sieh es doch ein: Ich bin zu alt für dich! Viel zu alt.«

Er: »Quatsch!«

Sie: »Du würdest es sofort bereuen.«

Er: »Ich kenne mich besser.«

»Versteh doch, Max, ich bin so tief verletzt worden, als mein Mann mich aufgab, ich kann mich unmöglich noch einmal so fest binden, wie eine Ehe es verlangt –«

»Wir sind längst miteinander verbunden, du willst es nur nicht wahrhaben. Und du kannst sicher sein: Ich werde dich nie verletzen.«

»Das sagt jeder Mann, wenn er um eine Frau wirbt. Ich habe das auch schon mal gehört. Und dennoch ist es geschehen. Ich habe mir danach geschworen: Nie wieder!«

»Du hast es ja nur dir selbst geschworen, und es dürfte keine große Mühe kosten, diesen Schwur aufzulösen. Du wirst dir verzeihen. Ich werde dir dabei helfen.«

»Du bist katholisch, Max. Deine Kirche würde unsere Ehe nicht segnen, weil ich eine geschiedene Frau bin.«

»Dann verzichten wir auf die kirchliche Trauung. Mir genügt die standesamtliche.«

»Aber mir nicht.«

»Das ist doch verrückt.«

»Gerade habe ich Rosalind versprochen, nie wieder zu heiraten. Außerdem kennen du und ich uns erst seit ein paar Wochen. Das ist zu kurz, um –«

»Hör auf! Die Sache ist mir zu ernst. Agatha –« Er machte einen Schritt auf sie zu, und als sie nicht zurückwich, schloss er seine Arme um sie, sah in ihr flammendes Gesicht und schüttelte seinen Kopf, immer wieder. Damit sagte er: ›Lass sie sausen, deine Einwände, deine Ängste, glaube mir, dass wir das Richtige tun, glaube mir.‹ Sie sagte:

»Wenn du mich jetzt küsst und ich es zulasse, heißt das nicht, dass ich Ja sage.« Er küsste sie und sagte:

»Das kann nicht bedeuten, dass du Nein sagst.«

Wenig später brachte Agatha ihren Freund zur Bahn; zum Abschied sagte er zu ihr: »*Weißt du, ich glaube, du wirst mich heiraten – wenn du erstmal Zeit und Muße gehabt hast, darüber nachzudenken.*«

»*Ich durchlebte ein paar schreckliche Wochen. Ich war so deprimiert, so unsicher, so durcheinander. Ich redete mir ein, dass ich auf keinen Fall ein zweites Mal heiraten dürfte, dass ich gefeit sein müsse gegen jeden, der mir Schmerz zufügen könnte, dass nichts dümmer wäre, als einen Mann zu heiraten, der vierzehn Jahre jünger wäre als ich, dass Max ja auch viel zu grün sei, um wirklich zu wissen, was er wollte; dass es ihm gegenüber unfair wäre – – Und dann, kaum merkbar, änderte ich meine Meinung –*« Ihr Gefühl sagte ihr etwas anderes als ihr Verstand, das war damals, als sie sich für Archie entschied, genauso gewesen. ›Und ich glaube‹, sagte sie zu sich, ›ich würde Archie noch einmal heiraten – trotz allem, was er mir angetan hat. Wieder bin ich im Grunde bereit, auf mein Gefühl zu hören. Auch wenn es ein verdammtes Risiko ist. Aber ich bin ein Mensch, der ins Risiko geht. Es wäre besser für mich, wenn es nicht so wäre, aber ich bin, wie ich bin.‹ Sie entschloss sich, Max' Antrag anzunehmen. Miteins war das Glück zurück, das Glück zu lieben. Sie schrieben sich Briefe. Er: *»Gott segne dich, meine Liebste. Ich möchte, dass du so glücklich bist wie ich, und ich denke, dass wirst du sein, mein Engel.«* Sie: *»Liebster, bedeute ich dir wirklich so viel, wie du sagst? Ich wäre hingerissen, wenn es so wäre, ich empfinde dasselbe – mit dir zusammen zu sein, ist eine Form der Freiheit.«* Wenn Agatha an Max dachte, schwieg ihre stets aktive Vorstellungskraft und erlaubte es dem wirklichen Leben, ihre Erinnerung zu besetzen. Sie sah ihn vor sich, wie er in Ur das Zelt betrat und sie kurz musterte. Wie er in Paris auf dem Bahnhof erst zögerte, sie dann aber zum Abschied umarmte und dabei tief atmete. Sie erkannte an, dass er verliebt war und dass sie es auch war. Telefonisch verabredeten sie sich in London, in der Nähe des Britischen Museums bei einer Grünanlage mit einer eisernen Bank. Dort verlobten sie sich inoffiziell. Agatha trug einen neuen Hut mit breiter Krempe. Sie verlangte einen kleinen Ritus, und auch Max war dafür. Er wiederholte seinen Antrag, sie hauchte ihr Ja! und sah ihm dabei in die Augen, und nach dem Verlobungskuss sagte sie:

»Ich habe mit Rosalind gesprochen. Überraschenderweise war sie sofort einverstanden. Du hast ihr gefallen. Aber sie stellt eine Bedingung: *Sie verlangt eine große Tüte Karamellbonbons – es müssen die von Selfridges sein, das sind die besten.«*

So einig das Paar, so entsetzt war Agathas Familie, war auch ihr Freundeskreis, als die Heiratsabsicht herauskam. *Dieser Sommer war einer der schwersten meines Lebens. Mit wem ich auch sprach, alle waren dagegen.* Madge, James, Nan, Campbell, auch Jack, der keine guten Erinnerungen an Max in Oxford hatte. Wie sich herausstellte, hatten er und Agathas Verlobter sich während des Studiums überhaupt nicht verstanden. Max galt als viel zu ernst, und der lustige Jack fühlte sich von ihm als Clown abgestempelt. Das war zwar Jahre her, jedoch kein gutes Omen. Selbst Carlo, die Max mochte, war skeptisch. Madge wurde geradezu wild und brach in Tränen aus, als Agatha, zu Besuch in Abney, nicht auf ihre Vorhaltungen einging.

»Es muss dir doch klar sein«, rief sie wütend, »dass dieser Junge hinter deinem Geld her ist. Wenn ihr verheiratet seid, hat er das Recht, sich deines Vermögens zu bemächtigen.«

Agatha rang die Hände. »Wir haben das angesprochen, Madge. Und uns darauf geeinigt, dass jeder von uns sein Einkommen selbst verwaltet und ausgibt, wie es ihm gefällt und wie bisher. Im Übrigen bezieht Max ein anständiges Gehalt.«

»Hach, jetzt stellt er dir natürlich jede Freiheit in Aussicht. Aber warte nur bis nach der Hochzeit! Er wird sofort –«

Agatha lief rot an. »Wie kannst du es wagen, Max als eine Art Mitgiftjäger hinzustellen!«, rief sie verärgert.

»Aber Agatha, es liegt doch auf der Hand –«

»Was liegt auf der Hand? Dass ich abgesehen von meinem Geld keinerlei Reize zu bieten habe?!« Sie schrie ihre Schwester an: »Es reicht! Schluss!«, und lief aus dem Haus.

Und dann waren da die Woolleys. Leonard guckte verklärt und wünschte Glück, in Gedanken war er bei seiner Ausstellung. Katharine erschrak. Das hatte sie nicht kommen sehen. Sie rang sich ein Lächeln ab.

»Aber nicht sofort, Agatha. Du musst euch beiden Zeit geben. *Zwei Jahre mindestens müsst ihr warten.*«

»Aber warum, um Himmels willen?«

»Weil Max noch fast ein Kind ist und er, wenn ihr morgen heiratet, glaubt, er bekäme alles, was er sich wünscht, sofort.«

»Aber Katharine, ich bin doch nicht seine Gouvernante!«

»Agatha, er ist vier-zehn Jah-re jünger als du. Und völlig unerfahren. Das heißt für dich: du hast eine Verantwortung.«

Agatha schüttelte zornig den Kopf. »So ein *bullshit*«, rief sie, »die einzige Verantwortung, die ich sehe, ist, ihn möglichst bald, meinetwegen morgen, zu umarmen, und das für immer.«

Max tröstete sie und stellte ihr Selbstwertgefühl wieder her. Er sagte: »Ich bin überzeugt, dass Katharine eifersüchtig ist, dass sie um meine Loyalität für Leonard bangt oder etwas in dieser Art. Jedenfalls darfst du dir nichts daraus machen. Und keineswegs auf sie hören. Zwei Jahre warten! Wo sind wir denn? In der Ritterzeit?«

Er führte seine Braut in ein gutes Fischrestaurant, ihre Leibspeise waren Meeresfrüchte. Unglücklich starrte sie auf die Crevetten. «Weißt du, Max, es bleibt ja dabei, dass unser Altersunterschied etwas fast Skandalöses hat. Wäre ich der Mann und du die Frau, hätte niemand was gegen unsere Verbindung, aber es ist nun mal andersrum. Ich stelle mir unsere Heiratsurkunde vor, und da wird mir wirklich mulmig. Meinst du nicht, wir könnten ein bisschen mogeln? Ich gebe mein Alter statt mit vierzig mit siebenunddreißig an, und du deins statt mit sechsundzwanzig mit dreißig? Das sähe sehr viel besser aus.«

»Würde mir nichts ausmachen, aber ich vermute, dass wir unsere Pässe vorzeigen müssen.«

»Auf Standesämtern gucken sie nie genau hin. Das weiß ich. Also: Würdest du um meinetwillen so eine kleine Korrektur vornehmen?«

Mord im Pfarrhaus lag jetzt in den Buchhandlungen aus, die Verkaufszahlen waren ermutigend, die Kritiken desgleichen. Ferner hatte die Autorin ihr Manuskript für den neuen Krimi mit Titel *Das Geheimnis von Sittaford* abgeliefert, damit war auch für Cork und Collins die Welt wieder in Ordnung. Zurzeit befand sich Agatha mit Dorothy Sayers in einem gemeinsamen Projekt, beide arbeiteten für eine Hörspielserie bei der BBC, und so erfuhr Agatha fast nebenbei und aus erster Hand, wie entzückt ihre Kollegin von der neuen Detektiv-Figur in *Mord im Pfarrhaus* war. »*Eine nette alte Klatschbase*«, sagte sie zu Agatha, »*ist die einzige Frauengestalt, die wirklich auf eine Detektivin passt, und Miss Marple ist reizend. Ich glaube, sie ist das Beste, was Sie bisher geschrieben haben, obgleich mir auch ›Alibi‹ sehr gut gefällt.*« Agatha freute sich unheimlich über dieses Lob. Auch Max, der das Buch in Windeseile durchlas, äußerte sich anerkennend: »*Mein Engel, ich halte dich für schrecklich klug. Mein einziger Einwand gegen die Geschichte ist, dass sie zu klug ist.*« Ähnlich schätzte Agatha viel später den *Mord im Pfarrhaus* ein, sie fand in der Rückschau, das Werk habe alles in allem zu viele Nebenhandlungen und zu viele verdächtige Personen. Aber als es neu erschienen war, dachte sie nicht so. Sie war einfach nur sehr stolz. Und so euphorisch, dass sie gleich zwei Häuser auf einmal kaufte: in der Campden Street die Nummern 47 und 48. Häuser erschienen ihr als die vernünftigste Geldanlage, aber sie waren noch mehr für sie: beseelte Monumente menschlicher Baukunst, geschaffen, um Menschen darin zu behüten, aber auch, sie einzusperren. Weil sie ein Eigenleben haben, können Häuser nicht nur Obdach sein und Orte des Glücks, sondern auch Knast und Verhängnis. Wie war das mit *Styles* gewesen? Hatte nicht ein Fluch auf diesem Haus gelegen? Nicht umsonst sind Häuser, gern alte viktorianische Villen oder Landsitze mit verwinkelter Architektur, oft Schauplätze von Agathas Romanen. Sie verwaltete ihre Immobilien lange Zeit selbst, restaurierte und pflegte sie, auch wenn sie nicht darin wohnte.

Max und Agatha beschlossen, sich hinfort um keinerlei Dreinreden ihrer Freunde und Verwandten mehr zu scheren und im September zu heiraten. Es kam darauf an, alles diskret vorzubereiten und dafür zu sorgen, dass die Presse auf keinen Fall Wind bekam. Für Agatha war die Aufmerksamkeit der Medien für ihr Tun und Lassen damals im Jahre 1926 eine traumatische Erfahrung gewesen, so etwas wollte sie auf keinen Fall wieder erleben. Deshalb erschien es ihr unumgänglich, die Ehe irgendwo zu schließen, wo niemand sie vom Sehen kannte und niemand hinkam – jedenfalls *never ever* in London. Max musste noch viel, sehr viel im Britischen Museum erledigen, das meiste waren Zeichnungen, die seine und Leonard Woolleys archäologische Funde erklären und auf dem Papier komplettieren sollten. Er schaffte ganze Nächte hindurch, und Agatha hegte den Verdacht, dass Katharine ihren Mann dazu angestiftet hatte, den armen Max mit Arbeit zu überhäufen, um ihn von möglichen Hochzeitsvorbereitungen fernzuhalten oder auch einfach nur, um ihn zu bestrafen, weil er nicht bereit war, seine Eheschließung zu vertagen. Agatha schlug vor, mit Rosalind, Carlo und deren Schwester Mary einen kurzen Urlaub inkognito auf Skye zu verbringen, einer schottischen Insel, um sich danach in Edinburgh heimlich mit Max zur Trauung zu treffen. Carlo und Mary sollten Trauzeuginnen sein und im Anschluss zu ihren schottischen Verwandten reisen. Das fand Max gut, und so machten sie es. Als die Frauen mit Rosalind in Edinburgh eintrafen, wartete Max schon auf sie.

Wir wurden in der kleinen Kapelle der St. Columba-Kirche getraut. Auch Agathas zweite Hochzeit fand in aller Stille und ohne Feier statt. Diesmal war die Braut sehr froh über den bescheidenen Rahmen. Sie wusste, dass die Presse nichts so sehr liebte wie Hochzeiten, und die Trauung der berühmten Mrs Christie mit einem so viel jüngeren Mann wäre ein gefundenes Fressen gewesen. *Es gab keine Reporter, denn von unserem Geheimnis war nichts an die Öffentlichkeit gedrungen. Und wir setzten unser Versteckspiel fort. Wir trennten uns an der Kirchentür. Max fuhr nach London hinunter, um noch weitere drei Tage an den Vorbereitungen für Ur zu arbeiten, und ich kehrte am folgenden Tag nach Cresswell Place zurück. Zwei Tage später erschien Max mit einem gemieteten Daimler vor meinem Haus. Wir fuhren nach Dover hinunter, von dort aus überquerten wir den Kanal auf dem Weg nach Venedig, der ersten Station unserer Hochzeitsreise. Max hatte diese Reise ganz alleine geplant, sie sollte eine Überraschung für mich sein. Ich bin sicher, niemand hat seine Flitterwochen so genossen wie wir.*

Und auf der Heiratsurkunde stand wirklich, dass die Braut siebenunddreißig und der Bräutigam einunddreißig Jahre alt sei.

Max, der erfahren hatte, dass seine Kirche die Eheschließung mit Agatha tatsächlich nicht anerkannte, trat umgehend aus der römisch-katholischen Glaubensgemeinschaft wieder aus.

VI
Ehrliche Arbeit

»Es ist eine Sache der Wahrnehmung, verstehst du«, sagte Agatha, »ob man hinter die Dinge sieht und verborgene Zusammenhänge erkennt oder ob man bloß an der Oberfläche entlangschlittert. Poirot und Miss Marple sind beide auf ihre Weise mit besonderen Sensoren ausgestattet, die es ihnen erlauben, Dinge wahrzunehmen, die anderen entgehen, weil sie nicht auf sie achten. Jeder Mensch hat ein Schema vor Augen oder im Hinterkopf, mittels dessen er seine Umwelt zu erfassen sucht, und bei einem guten Detektiv ist dieses Schema sehr fein ausziseliert. Bei Poirot ist es abstrakter als bei den meisten Menschen, es ist sozusagen mathematisch durchgestylt, und wenn er von irgendeiner Kleinigkeit stutzig gemacht worden ist, weil er findet, dass sie nicht ins Schema passt, dann kann er das nicht einfach übergehen oder vergessen, sondern er bleibt davon beunruhigt und wird auf dieser Fährte in die Nähe der verborgenen Wahrheit geführt. Seine Maxime lautet: Ordnung und Methode. Bei Miss Marple überwiegt das Denken in Präzedenzfällen – nach genau diesem Prinzip ist unser britisches Rechtswesen aufgebaut. Man hat schon einmal in einem ähnlich gelagerten Fall so entschieden, also macht man es wieder so. Miss Marple vergleicht Konstellationen. Sie sagt: Es war damals bei meiner Nachbarin auch so, sie war immer unzufrieden mit dem Verhalten ihrer Schwiegertochter und so weiter, und das und das ist später dabei herausgekommen. Also wird es in einem ähnlich gelagerten Fall wohl wieder so kommen. Sie bildet Analogien. Das ist ihre Art, der Welt zu begegnen. Dabei stützt sie sich auf ihre Erfahrung. Was andere sagen, muss nicht richtig sein. Nur was sie selbst erlebt hat, gilt für sie. Deshalb ist es wichtig, dass sie alt ist und dass ihr Gedächtnis weitgehend unabhängig von ihren Vorlieben funktioniert. Sie hat genug erlebt, um Dinge, die jetzt geschehen und rätselhaft scheinen, mit Aussicht auf Erfolg aufzuklären, indem sie sie mit dem Schatz ihrer Erinnerungen konfrontiert. Und sie weiß, dass nahezu jeder Mensch zu einer Gemeinheit oder Brutalität fähig ist, die man ihm nimmermehr zugetraut hätte.«

»Hm«, sagte Max, »besondere Sensoren haben sie also, deine Detektive. Kann man sagen, dass es bei ihnen ein bisschen übersinnlich zugeht?« Er war dabei, ihre früheren Werke zu lesen und wollte hinter das Geheimnis ihres Erfolges kommen.

Agatha wiegte den Kopf. »Übersinnlich? Nein, gerade nicht. Die sinnliche Wahrnehmung steht ja am Anfang. Sie ist aber interpretierbar. Das meine ich mit dem Herstellen von Zusammenhängen. Poirot und Miss Marple deuten die Dinge jeweils auf ungewöhnliche Art. Überleg dir folgende Situation. Poirot befragt das Hausmädchen, wie es war, als die Gäste kamen. Sie sagt, es war wie immer. ›Wirklich nichts Ungewöhnliches?‹, fragt er. Sie schüttelt den Kopf. ›Es war alles normal. Außer …‹ Sie denkt nach, und weil Poirot geduldig wartet und ihr ermutigend zunickt, fährt sie fort: ›Eines erschien mir seltsam. Aber ich weiß nicht mehr, was es genau war. Wahrscheinlich hat es eh keinerlei Bedeutung …‹ Poirot wartet immer noch. Da fällt es ihr ein. ›Nun‹, sagt sie, ›mir fiel auf … Der Gast scherzte mit dem Butler. Das machte er sonst nie. Butler sind ja keine Personen, mit denen man Scherze macht, sie scherzen auch selber nicht, das gehört sich nicht für einen Butler. Ich wunderte mich. Es war schon eigenartig.‹ Bei einer polizeilichen Vernehmung hätte so eine Aussage keine Beachtung gefunden. Aber Poirot notiert etwas in seinem Kopf. Ein vertrauter Umgang des Gastes mit dem Butler. Das kann bedeuten, dass sie sich von früher kennen. Es kann bedeuten, dass dieser Butler, der erst vor Kurzem seinen Dienst angetreten hat, mit dem Gast unter einer Decke steckt, dass seine Bewerbung bei just dieser Herrschaft Teil eines Planes war. Es kann auch gar nichts bedeuten. Poirot weiß jetzt noch nichts Genaues. Aber er merkt sich die Beobachtung des Hausmädchens, verstehst du. Und später ist es dann die überraschende Vertrautheit von Gast und Butler, die ihn auf die richtige Spur führt.«

»Und Miss Marple?«

»Interpretiert die Dinge wiederum auf ihre Art. Neben der Analogien-Bildung, die ihr geistiges Schema, die Abbildung der Wirklichkeit in ihrem Kopf beherrscht, ist sie ein Mensch, der sich nicht täuschen lässt. Weil Mrs Proseroe im leichten Sommerkleid und ohne Handtasche an ihrem Garten vorbeispaziert ist und ihr zugewinkt hat, weiß Miss Marple, dass diese Frau keine Schusswaffe mit sich führte, und sie sagt das auch bei der Polizei aus. Aber da Miss Marple ihren Mitmenschen stets das Schlimmste zutraut und sich zudem wundert, dass Mrs Proseroe nicht wie sonst eine Handtasche dabeihatte, kommen ihr sogleich Hintergedanken: Wie wenn es in Mrs Proseroes Absicht gelegen hätte, Miss Marple zu genau der Aussage zu bewegen, die sie dann auch getätigt hat? Und die Pistole in einem Versteck hinterlegt war, alle aber davon ausgehen mussten, Mrs Proseroe sei unbewaffnet gewesen? Et cetera, et cetera. Miss Marple denkt weiter. Und mit den Bösewichtern mit.«

»Ich weiß wirklich nicht, was komplizierter ist – Tonscherben aus dem vierten vorchristlichen Jahrhundert zu ordnen oder Kriminalromane ersinnen«, sagte Max.

Agatha grinste. »Ich würde gern mit dir tauschen«, sagte sie. »Ich wünschte mir, ich wäre Archäologin geworden. Dann könnte ich jetzt in Ur auf die Jagd nach der Vorgeschichte gehen.«

»Ich bin froh, dass du es bist, die die Romane schreibt. Dazu wäre ich nicht imstande. Ich wollte immer gerne eine ungewöhnliche Frau haben – und die habe ich jetzt. Vermutlich bist du die erste Frau, die eine Schreibmaschine mit auf ihre Hochzeitsreise nimmt.

Im Übrigen kannst du natürlich im Irak wirklich mit mir arbeiten. Als Erstes solltest du einen Zeichenkurs belegen.«

»Sei sicher, dass ich das machen werde. Gibt's was Schöneres, als etwas Neues anzufangen?«

»Komm mit, mein Engel, lass uns noch ein wenig am Canal Grande entlangwandern. Es wird bald dunkel.«

Sie fuhren weiter nach Griechenland, und diesmal kamen sie an den mythischen Ort, dessen Besuch Agatha zu ihrem großen Kummer im Jahr zuvor versäumen musste. Das hatte Max, die Route planend, extra so vorgesehen. *Delphi war natürlich der Höhepunkt unserer Hochzeitsreise. Ich fand es so unbeschreiblich schön, dass wir uns auf die Suche nach einem Platz machten, wo wir uns eines Tages ein Häuschen hinbauen würden. Ich erinnere mich, dass wir drei solcher Plätze fanden. Es war ein schöner Traum. Wir glaubten damals selbst nicht, dass er je in Erfüllung gehen würde.*

In Athen zog sich Agatha eine Lebensmittelvergiftung zu – möglicherweise war mit den Seebarben etwas nicht in Ordnung. Es wurde so schlimm, dass sie ins Krankenhaus musste. Max konnte nicht bei ihr bleiben – er wurde dringend in Bagdad erwartet. Der Arzt fand es unglaublich, dass die arme junge Frau von ihrem Ehemann im Stich gelassen wurde, aber Agatha wollte es genau so und nicht anders haben. »Bitte fahr zu den Woolleys, sie warten auf dich. Du hast nicht nur eine ungewöhnliche Frau geheiratet, sondern auch eine unabhängige, mein lieber Max«, sagte sie. »Ich werde wieder gesund, das fühle ich. Wir telefonieren, und ich komme nach.« Max fuhr in den Irak, und Agatha genas. Zurück im Hotel setzte sie sich sofort an die Schreibmaschine und arbeitete an ihrem neuen Buch *Das Haus an der Düne* (englisch: *Peril at End House*). Sie liebte es, sich Widmungstexte auszudenken. Dieses Buch sollte ihrem ersten Förderer zugeeignet werden, folgende Zeilen notierte sie: *Für Eden Philpotts in Dankbarkeit für seine Freundschaft und die Ermutigung vor vielen Jahren.* Jetzt musste es nur noch ein richtig gutes Buch werden. Der Plot stand ihr vor Augen. Das Hotel Majestic, wie sie es aus Torquay kannte, würde Schauplatz sein, ferner ein unheimliches Haus aus dem vorigen Jahrhundert – ein verwahrloster alter Kasten, der von einer temperamentvollen jungen Dame geerbt wird. Die Szenerie ist das wilde Cornwall in Englands Süden. *»End House‹ war ein großes Haus und wirkte ziemlich düster. Die Bäume, deren Äste teilweise bis zum Dach reichten, schlossen es fast völlig ein. … Poirot bedachte es mit einem anerkennenden Blick, bevor er die Glocke betätigte – eine dieser altmodischen Glocken, für die man die Kräfte eines Herkules benötigte und die, einmal in Gang gesetzt, in vorwurfsvollem Ton immer weiter läuten.«* So beschrieb Agatha das Haus, in dem sich ein perfide geplanter Mord ereignen sollte.

Sie wartete auf Max' Anruf, sie war darauf vorbereitet, mit ihm und den Woolleys über Bagdad nach Ur zu gehen. Stattdessen kam ein Telegramm: »Liebste, fahr nach Hause. Ich komme nach. Bis später. Max«. Irritiert ließ Agatha ein Ticket buchen. Ein paar kurze Erklärungen am Telefon – es war eine schlechte Verbindung, Agatha verstand nur die Hälfte – folgten. In London dann, wo Max einige Zeit nach ihr eintraf, erfuhr sie die Hintergründe. Das Verhältnis zu den Woolleys war, wie Max befürchtet hatte, nicht mehr zu kitten. Leonard hätte sicher gerne mit seinem vertrauten Assistenten weitergemacht, aber er kam gegen Katharine nicht an. Mrs Woolley untersagte Max strikt, seine Frau ins Camp nachzuholen. Das sei nicht üblich. Es dürften sich nur ausgebildete Archäologen längere Zeit dort aufhalten. Max verstand nicht. Sei denn nicht Agatha vor Kurzem erst ein gern gesehener Gast im Camp gewesen? Das sei etwas anderes, fand Katharine. Als Ehefrau eines der Angestellten habe sie hier nichts verloren. »Wo kämen wir denn hin, wenn alle Mitarbeiter ihre Frauen mitbrächten?« Max blieb der Mund offen stehen, als er das hörte. Am selben Abend telefonierte er mit Dr. Campbell Thompson, dem schottischen Ausgrabungsleiter einer großen Fundstätte bei Ninive. Dieser Mann kannte Max Mallowan und war beeindruckt von seiner Expertise, ihm gefiel besonders, dass Max Arabisch konnte. Schon seit Längerem hätte er ihn gerne in sein Team geholt. Nun war er hocherfreut zu hören, dass der junge Mann für ihn frei sein würde. Er könne sofort bei ihm anfangen. Max bat um etwas Zeit. Sein Vertrag verlangte von ihm, Leonard noch bis ins nächste Jahr zur Verfügung zu stehen. Und zuvor musste der frisch verheiratete Max noch von seiner Hochzeitsreise heimkehren und Agatha wiedersehen.

Ihretwegen trennte er sich nun von den Woolleys – nicht nur, weil Katharine dagegen war, dass seine Angetraute nach Ur mitkäme, auch weil er nicht vergessen konnte, wie abschätzig sich Agatha über seine Bereitschaft geäußert hatte, Katharines Launen nachzugeben und ihr immer und überall zu Willen zu sein – nur um keinen Ärger zu kriegen und seine Arbeit machen zu können. Das sei ein zu hoher Preis gewesen, fand Agatha. Und Max fand das nun auch. Er war sehr froh über seine neue Anstellung. Aber er musste demnächst zurück nach Ur und dort bis Saisonende noch einige Bauarbeiten durchführen. Weil er sich mit Leonard immer noch gut verstand, zumindest was ihrer beider Zusammenarbeit betraf, war das nicht allzu belastend für ihn. Katharine würde er aus dem Weg gehen.

»Wirst du im März zu mir kommen, und dann reisen wir über Persien und Russland zurück nach London?«

Agathas Augen leuchteten. »Wie kannst du fragen! Und wenn es dann losgeht mit dir und Dr. Campbell Thompson in Ninive – wird er erlauben, dass ich dich besuche?«

»Er wird es müssen, mon ange. Sonst ist er mich gleich wieder los.«

Max war sehr beeindruckt von der Klugheit seiner Frau, von ihrer schriftstellerischen Begabung und von ihrem Wissensschatz. Schließlich hatte sie keine systematische Schulbildung genossen und kein Studium absolviert wie er – und dennoch konnte sie in ihren Büchern reizvolle Szenerien entfalten und die unterschiedlichsten Charaktere und Milieus lebendig werden lassen.

»Woher weißt du, wie es bei den Geheimdiensten zugeht und was ein Finanzberater für Sorgen hat?«, fragte er sie.

Agatha zuckte die Schultern. »Ich lese Zeitung«, antwortete sie, »und ich höre zu, wenn die Herren sich auf Abendgesellschaften unterhalten. Archie redete zwar nicht viel über seine Arbeit in der City, aber ich habe ihm immer wieder Fragen gestellt. Und die hat er beantwortet.« Sie lächelte vor sich hin. »Wenn du Krimis schreibst oder Theaterstücke oder Liebesromane, dann ist nur eines wirklich wichtig. Du musst ein Interesse haben für die menschliche Natur. Das muss dich leiten und sich auf das Lesepublikum übertragen. Dafür musst du nicht studiert haben. Aber das Interesse muss echt sein – und es darf nicht zurückschrecken vor den Untiefen der menschlichen Natur. Denn die sind in der Tat erschreckend. Und sie bleiben es. Ich glaube nicht, dass sie sich je ändern wird, die menschliche Natur.«

»Mir reicht es, wenn deine Natur sich nicht ändert, mein Engel. Alles andere darf gerne im Fluss sein.«

Max fuhr zurück nach Ur, und es war fest abgemacht, dass Agatha im nächsten Frühjahr nachkäme, um ihn abzuholen. Sie schrieb an ihren Liebsten: »*Ich glaube, Männer sind in deinem Alter am besten. Sie haben eine Vision und große Ideale für ihr Leben. Doch sehr oft macht das Leben sie dann klein. Sie werden egoistisch, geltungssüchtig, kleinlich, mäkelig und lassen sich gehen. Du darfst nicht so werden, du musst immer Max bleiben.*« Agatha hatte Sehnsucht nach ihrem Ehemann, sie freute sich auf die Wochenenden mit ihrer Tochter, sie trank gerne Tee mit Carlo, aber sie genoss das Alleinsein auch. Wenn sie einen neuen Roman begann, musste sie in die Geschichte, die sie sich ausdachte, immer ganz eintauchen – so lange, bis sie Gewissheit hatte, sich in der Welt, die sie erschuf, frei bewegen zu können. Dafür war das Alleinsein gut. *Meistens fiel es den Menschen in meiner Umgebung auf, wenn sich bei mir eine neue Schaffensperiode ankündigte. Sie merkten es, wenn ich zu ›brüten‹ begann und legten mir nahe, mich in ein Zimmer zurückzuziehen und zu arbeiten. Ich benehme mich wohl wie Hunde es tun, wenn sie einen Knochen ergattert haben: Sie verkriechen sich und lassen sich eine Zeitlang nicht mehr sehen. Schuldbewusst und mit schmutziger Schnauze kommen sie zurück. Bei mir ist es ähnlich. Ich war immer ein wenig verlegen, wenn ich ein Buch anfing. Sobald ich dann allein war, die Tür hinter mir verschlossen und Auftrag gegeben hatte, mich nicht zu stören, konnte ich mich so richtig ins Zeug legen und konzentriert arbeiten.* In ihrem nächsten Roman *Dreizehn bei Tisch* (englisch: *Lord Edgware Dies*) ging es um den Mord an einem exzentrischen Adligen, der mit der überaus attraktiven Schauspielerin Jane Wilkinson verheiratet ist. Kommissar Japp von Scotland Yard ermittelt, Poirot steht ihm zur Seite. Die Geschichte beginnt im Theater mit einer Art Revue, in der eine amerikanische Schauspielerin namens Carlotta Adams in verschiedene Rollen schlüpft und in komischen Sketchen Prominente aus der englischen Society parodiert. Sie imitiert auch ihre Kollegin Jane Wilkinson alias Lady Edgware, die in Skandale verwickelt ist und mit ihrem Gatten in Scheidung lebt. Adams agiert so bestechend, dass das Publikum vor Begeisterung ganz aus dem Häuschen ist. Diesen Einstand brauchte Agatha für die Auflösung. Die würde damit zu tun haben, dass Carlotta Adams sich für Jane Wilkinson ausgibt, um dieser ein Alibi zu verschaffen. Selbst Poirot braucht einige Zeit, bis er die Maskerade durchschaut. Widmen würde Agatha dieses Buch Campbell Thompson, Max' neuem Arbeitgeber und seiner Frau.

Gern und oft siedelte Agatha ihre Geschichten im Theatermilieu an. Die Premiere von *Black Coffee* war noch nicht lange her, und schon dachte sie an ein neues Stück. Das lag nicht nur daran, dass sie sich weiterhin als Dramatikerin beweisen wollte, sondern auch daran, dass sie so gerne Bühnenluft schnupperte. Sie mochte die Atmosphäre der Vorspiegelungen und Deklamationen, der Kostümierungen und Kulissen, der Tricks und Coups, des großen Pathos und der magischen Momente, der knisternden Spannung und des donnernden Applauses. Ihr Freund Francis Sullivan, der in *Black Coffee* den Poirot gegeben hatte, führte sie einmal nach

Vorstellungsschluss auf die Bretter, die die Welt bedeuten, und Agatha durfte über den dicken samtenen Vorhang streichen und ins Parkett spähen. Sie schrieb an Max, dass eine Bühnenfassung von *Die Memoiren des Grafen* im Gespräch sei: »*Wir könnten eine schöne kleine Summe einstreichen, und damit könnten wir dann eine ganze Stadt ausgraben. – Mein liebster Max, warum bist du so weit weg?*« Aber so war es nun mal, es würde sechs Monate dauern, bis die Jungvermählten sich wiedersähen, und bis dahin wollte Agatha all ihre derzeitigen Projekte umsetzen. Sie hatte mehrere Eisen im Feuer. Zuerst belegte sie einen Zeichenkurs, um Max nächstes Jahr besser behilflich zu sein. Dann schrieb sie einige Kurzgeschichten für Magazine, an denen sie doppelt verdiente, weil die *short stories* nach ihrer Erstveröffentlichung noch in Sammelbänden als Bücher ediert werden konnten. Parallel dazu beendete sie *Das Geheimnis von Sittaford*, schrieb *Das Haus an der Düne* und machte sich erste Notizen zu *Dreizehn bei Tisch*. Sie arbeitete mit Feuereifer und hohem Tempo. Zwischendurch legte sie sich immer wieder Rechenschaft ab. Was war es, was sie da tat? Schuf sie Literatur? Strebte sie nach Ruhm? Ging es ums Geld? Oder immer noch darum, die Wette mit Madge zu gewinnen? War sie darauf aus, den Menschen eine Freude zu machen, ihnen Ablenkung zu verschaffen, sie zu verblüffen? Oder zu belehren? Konnte sie dazu beitragen, die menschliche Natur zu enträtseln? Und das Böse in der Welt zu bekämpfen oder wenigstens zu erklären? Ihre Schwiegermutter Marguerite hatte in einem Brief den Wunsch geäußert, Agatha solle doch ihr Talent an etwas Ernsteres wenden, etwa eine Studie über Shakespeare verfassen, den sie doch so gut kenne. Machte sie es sich zu leicht? Begnügte sie sich mit bloßer Unterhaltungsliteratur? Nein, dachte Agatha, Marguerite war auf dem Holzweg, über Shakespeare sollten andere sich den Kopf zerbrechen. Sie verriet keinen höheren Ehrgeiz, wenn sie ihre Krimis oder ihre anderen Romane schrieb. *Man sollte sich nicht mit der Überzeugung an die Schreibmaschine setzen, ein gottbegnadetes Genie zu sein – das sind nur wenige. Nein, man ist Handwerker, ein Handwerker, der gute, ehrliche Arbeit leistet. Man muss die technischen Fähigkeiten erwerben, nur dann ist es möglich, innerhalb eines Handwerks schöpferische Ideen zu verwirklichen.*

Als sie erfuhr, dass es mit der Bühnenfassung der *Memoiren des Grafen* nichts werden würde, war Agatha deprimiert. Max war nun nicht da, sie zu trösten und brieflich würde sich alles zu sehr hinziehen. Also rief sie Francis Sullivan an und verabredete sich mit ihm in einer verschwiegenen Künstlerkneipe, wo sie sicher sein konnte, dass niemand sie ansprechen würde. Francis nahm ihre Hand, drückte sie und sagte:

»Agatha, du hast keinen Grund, den Kopf hängen zu lassen. Du wirst ein neues Stück schreiben. Und neue Romane. Wie viel sind es bis jetzt? Zehn? Zwölf? Du bist dermaßen erfolgreich – von deinen Auflagen und Übertragungen in alle Weltsprachen können doch unsere größten Dichter nur träumen. Aber wenn ich dir einen Rat geben darf, was das Theater betrifft: Überwinde deine Scheu und tummle dich ein bisschen unter uns Bühnenleuten. Persönliche Beziehungen sind besonders beim Theater entscheidend. Morgen wäre da eine Cocktailparty bei –«

»Oh, nein, Francis, verlange nicht das Unmögliche. In meiner Jugend habe ich gern getanzt. Aber seit ich so schrecklich bekannt bin und gedrängt werde, meinen Namen in Exemplare meiner eigenen Bücher zu schreiben, sind mir Partys verleidet. Und ich sage dir noch was: *Ich bin keine gewandte Gesprächspartnerin und werde es nie sein. Ich bin so leicht beeinflussbar, dass ich unbedingt allein sein muss, um zu überlegen, was ich denken und was ich tun soll. Es fällt mir schwer, anderen gegenüber in Worte zu kleiden, was mir durch den Kopf geht – schreiben geht leichter. Ich kann zu meiner Meinung stehen, wenn es um etwas Prinzipielles geht, aber sonst nicht. Ich weiß, dass morgen Dienstag ist, aber wenn mir jemand mehr als viermal versichert, dass morgen Mittwoch ist, bin ich überzeugt, dass morgen Mittwoch ist ...«*

»He, was ist los, warum heute so selbstkritisch? Ich kenne dich ganz anders.«

Agatha seufzte. »Ich hätte die *Memoiren* so gerne auf die Bühne gebracht. Dass nichts daraus wird, ist eine Niederlage. Übrigens: Es sind zwölf.«

»Zwölf was?«

»Zwölf Romane, die ich bisher geschrieben habe.«

»Aber das ist doch phantastisch!«

»Sind denn alle gut? *Der blaue Express* scheint mir misslungen.«

»Hör mal, Mädchen –«

»Es gibt so vieles, was ich nicht kann. Du solltest mich bei diesem Zeichenkurs sehen. Die arme Lehrerin verzweifelt an mir. Ich fürchte, ich werde alt, Francis, weil es immer mehr gibt, was ich nicht ertrage. *Dazu gehören Menschenansammlungen, Gedränge, laute Stimmen, Lärm, langes Geschwätz, Partys, insbesondere Cocktailpartys, Zigarettenrauch, Alkohol, ein grauer Himmel und Vogelfüße. Ganz besonders hasse ich den Geruch von heißer Milch.*«

»Nun, das ist alles in allem nicht wirklich besorgniserregend. Mit dem Greisenalter hat es noch Weile. Wie alt bist du jetzt? Vierzig, richtig?«

Im Frühjahr fuhr Agatha wie geplant zu ihrem Mann nach Ur. Unterwegs war ihr das erste Wiedersehen mit Max in London eingefallen, als beide nicht wussten, was sie sagen sollten und verlegen voreinander standen. *Ich hatte mich gefragt, ob ich in Ur wieder eine solche Scheu empfinden würde, denn wir waren ja vor unserer Trennung erst kurze Zeit verheiratet gewesen. Zu meiner freudigen Überraschung war alles so, als ob wir uns erst am Tag zuvor verabschiedet hätten.* Eine ganz andere Sache war die Wiederbegegnung mit den Woolleys, mit dem Architekten Algy Whitburn und den anderen Leuten im Camp, wo man ihr ja die Eheschließung mit Max auf eine schwer erklärbare Weise übel genommen hatte. Und so blieb eine gewisse Befangenheit auf Agathas Seite.

»Alle hier denken, dass du deine eigene Mutter geheiratet hast«, sagte sie zu Max, »das macht mich so alt, und es macht mich fertig.«

»Du siehst wunderbar aus«, antwortete Max, »und wenn du darauf bestehst, gehe ich hinaus und verkündige allen die Wahrheit.«

»Was ist denn die Wahrheit?«, fragte Agatha eine Spur ängstlich.

Max lachte. »Willst du es wirklich wissen?«

Agatha nickte.

»Du hast mir viel aus der Zeit von vor vier Jahren erzählt, als du erst deine Mutter verloren hast und dann deinen Mann. Mir schien immer, dass du eher eine Waise bist als eine verlassene Ehefrau. Dass die Trauer um den Tod deiner Mutter tiefer geht und länger gedauert hat als die Trauer um deinen untreuen Mann. Und dass der Platz in deinem Herzen, den ich eingenommen habe, derjenige ist, den einstmals deine Mutter besetzt hatte.«

Agatha guckte zweifelnd, sagte aber nichts. Max fuhr fort:

»Weißt du, wie ich darauf gekommen bin? Dadurch, dass ich sehe, wie du mit mir zusammen zum Kind wirst: lustig, trotzig, verspielt, schmollend, anschmiegsam, abweisend und immer bereit, dich von mir verwöhnen oder ausschimpfen zu lassen. Die Mütterlichkeit bei uns als Paar – die kommt von mir und gilt dir. Soll ich rausgehen und den Leuten sagen, dass du es bist, die ihre eigene Mutter geheiratet hat?«

»O Junge«, sagte Agatha und kicherte, während sie zugleich die Brauen zusammenzog, »da erzählst du mir was! Es ist verrückt, aber es ist was dran. Ich bin so gern an deiner Seite ein kleiner drolliger Hund. Aber das ist nicht alles, das ist nur eine Facette. Du bist vor allem mein Mann.«

Agatha und Max hatten sich viele Briefe geschrieben, es waren Liebesbriefe. »*Max, ich träume davon, mit dir schwimmen zu gehen, ohne etwas am Leib zu tragen, im hellen Mittagslicht, und dann möchte ich mich am Strand auf den Bauch legen und mir von dir den ganzen Rücken küssen lassen …*« Anders als in der Zeit mit Archie standen Agathas Sinnlichkeit und der Stolz auf ihren Körper jetzt nicht mehr vornehmlich im Zeichen der Familienplanung, sie waren auch nicht mehr dem konventionellen Entwurf untergeordnet, als Herrin eines Hauswesens und als Gebärerin von Nachwuchs Erfüllung zu suchen, sondern Sex war Selbstzweck geworden, und das gefiel ihr sehr. Max seinerseits war überrascht und glücklich, dass seine ungewöhnliche Frau nicht nur unabhängig, sondern auch temperamentvoll war, und er genoss es, nach der langen Trennung wieder bei ihr zu sein. Jetzt verabschiedeten sich beide von den Woolleys und von Whitburn und traten ihre lange Reise über Teheran, Schiras, Isfahan, das Kaspische Meer, Baku, Batumi und das Schwarze Meer zurück in die Heimat an. Es war eine Art zweiter Hochzeitsreise, auf der sie viel improvisieren mussten, weltgewandte, arme, gefährliche und geheimnisvolle Leute kennenlernten und manchmal ausschließlich Kaviar und dann wieder gar nichts zu essen bekamen, es war eine Abenteuertour, auf der sie meist nicht wussten, wo sie abends ankommen und gar unterkommen könnten und doch immer wieder einen Weg fanden, die Städte, die Menschen, die Sitten kennenzulernen, kurz: eine Reise ganz nach Agathas Geschmack. Und die Schreibmaschine war immer dabei.

1931 war ein Reisejahr. Denn es ging ja nun auch noch nach Ninive. Zuerst aber richteten sich Agatha und Max in der Campden Street ein. Wenn Rosalind an den Wochenenden aus Bexhill kam, musste Agatha zusehen, dass sie auch mal die Chance erhielt, mit ihrer Tochter Zeit zu verbringen, denn Max hatte sie ihr richtiggehend ausgespannt. Ihm lag daran, mit dem Kind zu spielen und Quatsch zu machen, und Agatha musste sich mit *small talk* beim Essen begnügen. Aber sie war natürlich heilfroh, dass ihr Mann und ihre Tochter sich so gut verstanden. Rosalind sagte einmal, es sei *sehr praktisch, zwei Väter zu haben*. Denn da waren nun zwei *gentlemen*, die sich um sie bemühten und Geschenke mitbrachten, Karamellbonbons, Strohhüte, seidene Tücher und spannende Bücher. Archie kümmerte sich um seine Tochter und besuchte sie öfters im Internat.

Aber sie konnte mit ihm nicht so unbefangen Spaß haben wie mit Max, denn wenn Archie mit ihr zusammensaß oder mit ihr spazieren ging, stand immer die Frage nach dem Befinden der Mutter im Raum, und beide wussten nicht recht, wie sie die beantworten und ob sie sie überhaupt anschneiden sollten. Archies Bruder Campbell, der den Kontakt zu Agatha aufrechterhielt, hatte mal eine kleine Prognose gewagt: Wenn Agatha erst einen neuen Mann gefunden hätte, würde sie Archie auch wiedersehen wollen und Freundschaft mit ihm halten. Das kam nun doch nicht so. Weder er noch sie bemühten sich um ein Wiedersehen oder auch nur um ein kurzes Treffen, etwa um über Rosalind zu sprechen. Es herrschte Funkstille. Agatha dachte an ein Buch über ihre Zeit mit Archie und über die Trennung. Zu schreiben wäre es von Mary Westmacott.

Max' neuer Arbeitgeber Dr. Campbell Thompson, genannt C. T., weilte derzeit auch in London, und er bestand darauf, Agatha erst kennenzulernen, bevor er sein Plazet zu ihrem Aufenthalt in Ninive gab. Er unterzog Menschen, die er in seinen Bekanntenkreis aufzunehmen gedachte, gerne gewissen Tests. *Einer davon war die Querfeldeinwanderung. Er marschierte dann mit dem Betreffenden an einem möglichst unfreundlichen Tag über unebenes und schwieriges Gelände und achtete genau darauf, welche Schuhe die Versuchsperson trug, wie rasch sie ermüdete und ob sie sich bereitfand, durch Hecken zu kriechen und Gehölze zu durchstreifen. Nachdem ich im Dartmoor so viel gewandert war, bestand ich den Test erfolgreich. Dass er gern meine Kriminalromane las, tat ein Übriges. Er kam offenbar zu dem Schluss, dass ich gut in den Betrieb in Ninive hineinpassen würde. Max sollte in den letzten Septembertagen hinunterfahren und ich ihm Ende Oktober folgen.*

Agatha hatte sich eine interessante Route überlegt: Über Rhodos wollte sie mit dem Schiff nach Alexandretta (İskenderun) fahren, dann mit dem Auto nach Aleppo, mit dem Zug an die irakisch-türkische Grenze und weiter mit dem Wagen bis Mossul. Dort würde Max sie erwarten und mit ihr nach Ninive gehen. Aber so

Agatha Christie an ihrem Schreibpult in Winterbrook House, 1950.

kam es nicht. Heftige Stürme im Mittelmeer zwangen das Schiff, einen anderen Hafen anzulaufen, ausgefallene Züge und verpasste Anschlüsse folgten – mit ganzen drei Tagen Verspätung traf eine erschöpfte Agatha in Mossul ein. Max wartete immer noch. Er sagte in aller Ruhe: »*Solche Verspätungen sind hier unten nicht ungewöhnlich.*«

So gern Agatha bei den Grabungen zusah und praktische Hilfe beim Säubern und Sortieren der Fundstücke leistete, so sicher war sie sich inzwischen, dass keine wirkliche Archäologin aus ihr werden würde. Max erwartete auch nichts dergleichen, er fand es viel besser, wenn Agatha ihr nächstes Buch schrieb, und so sah sie es nun auch selber. Mit C. T. geriet sie aneinander, weil der es ablehnte, einen weiteren Tisch in seinem Haus oder in einem der Zelte aufzustellen. Agatha wollte das Möbelstück selbst erwerben, aber der sparsame C. T. sträubte sich, er fand, Agatha könne ihre Schreibmaschine auf einem Stein oder einer Orangenkiste postieren. *Das Bücherschreiben, argumentierte ich, war meine Arbeit, und dafür brauchte ich nun mal Werkzeuge: Papier, meine Maschine und einen Tisch.* Grummelnd gab C. T. nach. Er dachte vom Bücherschreiben genauso wie einstmals Agatha – dass es ein hübsches Hobby sei. Als Arbeit galt für ihn im Grunde nur die mit den archäologischen Grabungen verbundene Plackerei. Aber Agatha wusste es inzwischen besser und verteidigte ihre Ansprüche. Sie war außerordentlich produktiv in dieser Zeit. Sie arbeitete im Team mit und schrieb zugleich. C. T. hatte in gewisser Weise sogar recht: Sie konnte ihre Schreibmaschine überall aufstellen. Aber ein Tisch war schon nützlich.

Gegen Ende des Jahres fuhr Agatha allein mit dem Orientexpress zurück – sie musste in London noch den Kaufvertrag für ein Haus abschließen. Das nannte sie ein ›Haus für Max‹, weil es bei Oxford lag, einem Ort, den Max besonders mochte, denn er hatte sich während seines Studiums dort sehr wohl gefühlt. Winterbrook House war ein stolzes Anwesen mit einem riesigen Garten, es gehörte zu

Wallingford, war nahe der Themse gelegen und zu großen Teilen im 17. Jahrhundert erbaut worden. *Häuser sind schon immer meine Leidenschaft gewesen,* so Agatha in ihren Memoiren, *es gab eine Zeit in meinem Leben, da war ich stolze Besitzerin von acht Häusern. Es war meine Passion geworden, heruntergekommene, ramponierte Häuser aufzukaufen, sie umbauen zu lassen, zu sanieren und neu einzurichten.* Bald würde auch in Winterbrook House ein Tisch für die Arbeit von Agatha Christie-Mallowan bereitstehen.

In London traf sich Agatha mit ihrem Agenten Edmund Cork, der sich damit abgefunden hatte, dass seine Starautorin trotz ihrer Liebe zu alten Häusern keineswegs häuslich, ja nicht einmal sesshaft war. Als sie von ihrer großen Reise mit Max durch den Iran und die Sowjetunion berichtete und dann noch Ausführungen über ihre mit Hindernissen gepflasterten Wege nach Ninive anschloss, schwirrte ihm der Kopf.

»Hören Sie auf, meine Beste, oder bringen Sie das nächste Mal eine Weltkarte mit. Sie erzählen zwar sehr plastisch, aber mein Orientierungsvermögen ist begrenzt. Um die Wahrheit zu sagen, ich hatte gehofft, dass der Ehestand diesmal eine gewisse Bodenständigkeit in Ihnen wecken würde. Was mich allerdings mit Ihrer Reiselust versöhnt, ist die Aussicht auf einen Kriminalroman, der irgendwo in Mesopotamien spielt.«

Agatha nickte. »Den werden Sie bekommen, versprochen. Aber nur, wenn Sie mir zusichern, dass Sie sich für das nächste Werk der Mary Westmacott einsetzen.«

Cork runzelte die Stirn. Er wusste ja, dass Westmacotts erstes Buch gut gegangen war, aber er wünschte sich, dass seine Agatha Christie ihre Zeit nicht mit Maskierungen und sentimentalen Frauenromanen verschleuderte, sondern Krimis schrieb. »Worum soll es dabei gehen?«, fragte er mit einer gehörigen Portion Skepsis in der Stimme.

»Um meine jungen Jahre. Und meine erste Ehe. Und um die Trennung.«

174

Das schien Cork vielversprechend. »Warum bringen Sie diese Geschichte nicht als Agatha Christie heraus? Die Leser würden sich drauf stürzen –«

»Edmund! Sie wissen genau, dass das undenkbar ist. Sogar Mary Westmacott wird ihrer Heldin einen Tarnnamen geben. Und die Umstände werden ein wenig anders sein. Aber im Kern wird es meine Geschichte sein. Ich dachte, ich könnte sie abschütteln. Aber jetzt, wo ich wieder verheiratet und mit meinem Mann glücklich bin, merke ich, dass da noch etwas in mir und an mir nagt, etwas, das ich aufschreiben muss.«

Cork versuchte, verständnisvoll und ermutigend auszusehen. »Machen Sie nur«, sagte er, »ich gebe die Sache an Collins weiter. Er wird sich darauf einstellen. Übrigens, das muss Sie interessieren: Twickenham Studios wollen *Alibi* verfilmen. Was sagen Sie?«

Agatha verzog das Gesicht. »Sie wissen, wie ich über diese sogenannte Filmkunst denke.«

»Aber diesmal ist es ein Tonfilm!«

»Ich nehme an, dass die Rechte teuer verkauft werden?«

»Wovon Sie ausgehen können. Collins verhandelt in der Regel recht hart.«

Agathas Züge entspannten sich. »Ich werde es mir einfach nicht ansehen«, entschied sie.

»Warten Sie ab, Agatha, beim Film gibt es große Entwicklungen, Sie werden sich überzeugen lassen! Aber nun – ehe Sie aufbrechen –, es gibt da etwas, was ich Sie immer schon mal fragen wollte und was mir jetzt wieder einfällt, wo Sie mir von Ihrem neuen Westmacott-Plan erzählen. Sie haben mir einmal anvertraut, dass die Scheidung für Sie so ein harter Schlag gewesen war, weil Sie Ihre ganze Existenz und den Sinn Ihres Lebens auf die Ehe gebaut hatten und dass Sie Ihren Beruf beim Einchecken in ein Hotel immer mit ›Hausfrau‹ angaben, auch nachdem Sie längst als Autorin überzeugt hatten. Jemand, der Ihre Publikationsliste liest und erfährt, wie hoch das Einkommen ist, das Sie erzielen, wird das niemals glauben.

Ich bin kein Journalist, ich bin nur Ihr Agent, und ich werde nichts von dem, was Sie mir sagen, weitererzählen. Aber erklären Sie mir doch bitte diesen Widerspruch.«

Agatha guckte eine Weile in die Luft, um sich zu konzentrieren, dann sagte sie:

»Die Welt hat sich verwandelt und ich mich mit. Jetzt sehe ich die jungen Mädchen auf der Suche nach einer Stellung in irgendeinem Büro oder auch beim Radio oder in der Werbung. Sie wollen unabhängig sein, und ich verstehe das. Wäre ich heute achtzehn, würde ich wohl auch so fühlen und so handeln.«

»Oh, jetzt sagen Sie mir nicht, dass Sie sich diesen marktschreierischen Frauenrechtlerinnen anschließen werden –«

»Keineswegs. Ich wollte sagen: Als ich achtzehn war, wünschte ich mir auch eine Laufbahn. Ich sah mich auf der Opernbühne, das habe ich Ihnen erzählt. Aber selbst in jener Zeit, in der ich intensiv von der Bühne träumte, wusste ich, dass meine Zukunft die Ehe sein würde – so wie es bei meiner Mutter und bei den Großmüttern war. Dahinter stand aber nicht die Vorstellung einer Pflichterfüllung, wie man vielleicht denken könnte, sondern die Vorstellung einer endlosen Freude: schön zu sein, für Mann und Kinder da zu sein – in einem wunderbaren Haus, so eins wie Ashfield, mit vielen anhänglichen Dienstboten, einer Köchin, einem Gärtner, womöglich einem Kutscher – und dem Hauspersonal: dem Butler, der Hausdame, den Küchen- und Zimmermädchen, den Kammerzofen und natürlich der Kinderfrau in ihrem eigenen Reich mit den Kleinen. Es gab damals hochherrschaftliche Familien, die zahlenmäßig viel kleiner waren als die Riege der Dienstboten, die alle Experten auf ihrem Gebiet waren und die hoch zu achten unsere Eltern uns damals gelehrt haben. Ach, und was für herrliche Feste wurden auf den Landsitzen und in Ashfield gefeiert! Die Weihnachtsfeste in Abney Hall, die Bälle bei den Cliffords, die Gartenpartys bei den Lucys und die Kindergeburtstage in Ashfield! Mittelpunkt einer solchen Welt wollte ich sein. Dazu wurde ich erzogen. Das mit dem Schreiben ergab sich nebenbei. Es sollte meine müßigen Stunden füllen, ich hatte nie im Sinn, davon zu leben.«

»Es kam anders. Wären Sie heute achtzehn – würden Sie überlegen, aus dem Schreiben Ihren Beruf zu machen?«

»Das würde ich vielleicht. Und dennoch – da Sie nach meiner Einstellung zu den Frauenrechtlerinnen fragten: *Ich sehe da eine große Dummheit von Frauen, ihre durch jahrhundertelange Zivilisation erreichte privilegierte Position aufzugeben. Die Frauen der Naturvölker unterziehen sich einer unablässigen harten Plackerei. Wir scheinen entschlossen, zu diesem Zustand freiwillig – oder indem wir uns dazu überreden lassen – zurückzukehren. Das ist doch absurd.* Wir haben erreicht, dass wir uns als Frauen von einem Mann umsorgen und beschützen lassen können, und das ist ein hoher Stand der Zivilisation. Meine Mutter lebte dieses glänzende Leben, zu dem auch ich mich bestimmt sah. Sie war nicht unterdrückt – im Gegenteil. Mein Vater war es, der ohne sie gänzlich verloren gewesen wäre.«

»Aber – wenn sie von harter Plackerei sprechen, von der die Frauen angeblich befreit sind, vergessen Sie da nicht die Dienstmädchen, die Arbeiterinnen, die Bäuerinnen und die Mägde auf den Farmen, die auch schon zu Lebzeiten Ihrer Großmütter harte Arbeit tun mussten, einfach um der puren Lebensnotwendigkeit willen?«

»Aber natürlich, ja, das ist die leidige Klassenfrage. Wir Großbürger haben den Lebensstil der Aristokratie kopiert, und schon im Kleinbürgertum mussten Frauen immer kräftig mit anpacken und außerdem die Kinder selbst erziehen. Für sie gab es keine Nursies und keine Kammerzofen. Und jetzt erst die Fabrikarbeiterinnen … Ich weiß das alles, aber ich glaube, dass die Verallgemeinerung der Frauenarbeit uns nicht weiterhilft. Es ist eine Frage der Höhe der Kultur …«

Cork schüttelte den Kopf. »Ich kann Ihnen wirklich nicht folgen, Agatha. Kommen denn in Ihren Büchern nicht immer wieder lebenslustige junge Frauen vor, die einen Bürojob haben oder sich darum bemühen, die unabhängig und selbstbewusst sind, vor Mut und Tatkraft sprühen und dann quasi nebenbei dabei helfen, ein Verbrechen aufzuklären? Wie war das denn mit der famosen Anne Beddingfeld? Und Prudence Beresford? Es kann nicht sein, dass Sie ernsthaft gegen die moderne Frau eingestellt sind.«

»Nein, das bin ich nicht, und ich weiß, das ist ein Widerspruch zu dem, was ich eben gesagt habe. Ich kann diesen Widerspruch nicht auflösen, er gehört zu mir. Ich sehe ja, dass die alte Welt untergeht. Ich muss mich damit abfinden. Was mir aber wirklich wehtut, ist, dass ihre grandiose Schönheit und ihre zarte Poesie mit ihr dahinschwinden. Für diese Schönheit standen einst die Frauen ein. Jetzt haben sie andere Aufgaben, jetzt fordern sie Gleichheit. Sie sollten aber wissen, dass die ihren Preis hat.«

»Schönheit, so allgemein«, seufzte Cork, »scheint mir ein Preis zu sein, von dem die moderne Frau gar nicht weiß, dass sie ihn zahlt. Sie denkt in anderen Kategorien.«

»Sie haben völlig recht. Es ist, wie es ist. Ich wünsche mir ja auch für Rosalind, dass sie später mal eine Ausbildung macht. Ich kann aber die Loyalität zu der Welt, in der ich groß geworden bin, nicht aufgeben. Deshalb sage ich solche Sachen wie: die Frauen sollten doch ihre Privilegien verteidigen. Im Grunde war mit dem Krieg schon alles vorbei. Der hat die Kategorie der Schönheit ruiniert – nicht die modernen Frauen. Die versuchen nur, das Beste aus ihrer Situation herauszuholen. Ich beobachte sie dabei und stecke sie in meine Romane. Und da machen sie eine gute Figur, finden Sie nicht?«

»Unbedingt, in puncto Zeichnung weiblicher Rollen spielen Sie den Frauenrechtlerinnen geradezu in die Hände, auch wenn Sie es gar nicht wollen, einfach weil Ihre Heldinnen einen eigenen Kopf und das letzte Wort haben. Aber sagen Sie mir noch eines: Ihre Vorstellung von einem Leben in unendlicher Freude an der Seite eines sorgenden Ehemanns – wie stehen Sie heute dazu?«

»Es war eine Illusion.«

»Müssten Sie nicht deshalb davon abrücken? Und sie sogar verurteilen als Perspektive für das Leben einer Frau?«

»Ich kann es einfach nicht. Ich habe zu fest daran geglaubt.«

Als Agatha nach Hause kam, setzte sie sich mit Carlo vor den Kamin, nahm ihr Strickzeug und fragte die Freundin, ob es ihr hier als Angestellte im Winterbrook House – und auch früher in Agathas anderen Wohnsitzen – gefalle und ob sie ihre Arbeit möge und mit dem Leben, das sie führe, zufrieden sei. Sie war ein bisschen heiser dabei und blickte angestrengt auf den entstehenden Schal. Aber ja, völlig zufrieden, antwortete Carlo und lächelte freudig. Während Agatha zu Bett ging, dachte sie darüber nach, dass aber Carlo ja nun keine Sekretärin habe und keine Aufwartefrau, die ihr den Haushalt abnahm, dass sie ganz im Gegenteil ihr, Agatha, zu Diensten war. Vielleicht aber hat auch Carlo ein Talent, das sie gerne entwickelt hätte, vielleicht ist sie zeichnerisch begabt oder wäre eine gute Wissenschaftlerin? Das wird man nie erfahren. Vielleicht hätte ja auch Jane, die große, dicke, wunderbare Köchin ihrer Kinderzeit, gerne etwas anderes gemacht, hätte es vorgezogen, selbst eine Herrin zu sein, der eine Zofe in die vielen Unterröcke und das gestärkte Kleid hineinhilft? Das hatte ja nie im Bereich des Möglichen gelegen. Agatha seufzte. ›Leidige Klassenfrage‹, murmelte sie. ›Mein Beitrag kann nichts anderes sein, als dass ich auf dem Papier hin und wieder einen Großbourgeois oder einen Aristokraten ermorde.‹

Agatha oder genauer: Carlo, beide hatten sich daran gewöhnt, Anfragen von Journalisten, die eine Homestory schreiben oder ein Interview führen wollten, abzulehnen, und die Journalisten hatten sich daran gewöhnt, von Agatha oder Carlo abgewimmelt zu werden. Aber über die Fragen, die Agatha brieflich ins Haus geschickt wurden, dachte sie dann doch öfter nach. Da war zum Beispiel diese: Woher beziehen Sie, werte Mrs Christie, Ihre Inspiration? Agatha überlegte und staunte dann, wie banal die Ereignisse waren, die sie stimulierten. Sie kamen meistens aus dem Alltag und konnten ein winziges optisches Motiv sein. Zum Beispiel ein *Wachsblumenstrauß*, der in einem Salon auf dem Tisch stand und eine berührende Traurigkeit ausstrahlte. Oder zwei *Uhren*, die auf einem Kaminsims standen und von denen die eine richtig, die andere aber eine Viertelstunde vorging – was hatte es damit auf sich? Oder ein paar Wortfetzen, Fragmente eines Dialogs, den sie auf der Straße mitbekam. »*Warum fragten sie nicht Evans?*«, hörte sie einmal, und sofort spann ihre Phantasie einen Roman um diese Frage herum. Es wäre naheliegend und logisch gewesen, Evans zu fragen, aber es geschah nicht, und diese Unterlassung bildete den Clue für die Auflösung eines Rätsels. Aber wer war Evans? Das Hausmädchen? Der Bäcker? Für Agatha war die Realität ein breites feines Netz aus tausenderlei winzigen Wandlungen und Beharrungen, Verschiebungen und Starrheiten, Eindrücken und Interpretationen, die ja erhalten blieben, wenn ein Akteur wie beispielsweise ein Mörder oder ein Lügner versuchte, dieses Gewebe anders aussehen zu lassen als es war. Und der Detektiv war jemand, der es in seiner wirklichen Gestalt rekonstruierte und so den Schuldigen fand, und in diesem Prozess konnte eine Bemerkung wie «*Warum fragten sie nicht Evans?*« der Schlüssel sein. Sie notierte die Frage und verwendete sie als die letzten Worte eines Mannes, der von einer Klippe gefallen, vielleicht aber auch hinuntergestoßen worden war. Die fünf Worte wurden auch der Buchtitel. Ihre Notizbücher halfen Agatha beim Sammeln ihrer inspirierenden kleinen Gimmicks oder Sprüche oder Kinderreime, doch sie verlegte diese Kladden ständig, besorgte sich neue, die sie auch wieder verlor. *Für gewöhnlich hatte ich ein halbes Dutzend Hefte zur Hand. Ich machte mir Notizen über Einfälle, über Drogen und Gifte oder über geschickte Gaunereien, die ich in der Zeitung entdeckte. Natürlich würde ich mir eine Menge Arbeit erspart haben, wenn ich diese Eintragungen fein säuberlich sortiert und geordnet hätte.* Dazu kam sie aber nie. Im Wesentlichen verließ sie sich auf ihr gutes Gedächtnis. Diese ihre Fähigkeit, kleinen Dingen eine große Bedeutung zu geben, trug ihr die Liebe des Publikums ein. Denn das kannten alle: die Irritation, die entsteht, wenn ein minimales Detail in einem Bild, einem Ablauf, einer Reminiszenz nicht stimmt oder nicht passt oder eine ungewohnte Frage aufgibt, und auch die

Freude, wenn dann doch jemand kommt, der die Erklärung findet und die Dinge geraderückt.

Aber die wahre Arbeit, das war Agathas Erfahrung, steckte nicht in der Jagd nach einem Stoff oder einem Clue, sondern in der langen mühseligen Strecke, die auf den Anfang folgt. *Von einer Idee entflammt, voller Hoffnung, getragen von einem gesunden Selbstvertrauen, stürzt du dich in die Arbeit. Dann gerätst du in Schwierigkeiten, siehst kein Ende mehr vor dir, bis es dir bei ständigem Schwinden deines Selbstvertrauens schließlich gelingt, mehr oder minder zu erreichen, was du ursprünglich wolltest. Nun bist du fertig – und überzeugt davon, dass das Ganze ein großer Mist ist. Einige Monate später fragst du dich dann, ob dir die Sache nicht vielleicht doch ganz gut gelungen ist.*

Max kehrte zufrieden nach Hause zurück; er hatte sich im Team von C. T. bewährt und schrieb einige richtungsweisende Artikel über die Arbeiten in Ninive. Sein Ehrgeiz war es, eine eigene Expedition in Nimrud zu leiten, er plante, in die prähistorische Tiefenschicht der dortigen Grabhügel einzudringen, und dafür musste er Gelder auftreiben. Das war kein leichtes Unterfangen, er ging ganz darin auf, und Agatha rechnete nach, ob sie nicht auch etwas dazugeben könnte. Wenn sie mit Max zusammen war, wenn sie nicht durch ganze Kontinente von ihm getrennt war, freute sie sich des Lebens und war durchgehend guter Dinge. Eines Tages aber weinte sie doch lange in seinem Arm. Sie hatte eine Fehlgeburt erlitten, und die kurze Freude auf ein neues Familienglück war so erfüllend für sie gewesen, dass der Verlust sie heftig traf. »So wie unser Leben bisher war, war es doch schön«, sagte Max ein wenig hilflos zu ihr, »und so wird es nun weitergehen.« Er glaubte, das sagen zu dürfen, weil der Arzt Bedenken wegen einer möglichen weiteren Schwangerschaft geäußert hatte, noch ein Kind also wohl auch in Zukunft nicht in Frage kommen würde. Agatha sprach nur mit der Familie darüber. Sie war völlig durcheinander, weil sie nicht damit gerechnet hatte, überhaupt noch mal schwanger zu werden. Aber sie fand Trost bei den Ihren, und Ablenkung kam schnell. Denn jetzt erschien *Das Haus an der Düne*, die Kritiken waren positiv, ihre Leserschaft in aller Welt begeistert über den nunmehr zurückgekehrten Poirot in Bestform. *Dreizehn bei Tisch* würde als Nächstes herauskommen, zur Befriedigung ihrer Fan-Gemeinde war es wieder ›ein Poirot‹. Agatha hatte immer Wert darauf gelegt, dass ihre Schauplätze stimmten, dass sie für sich interessant waren, dass sie der Geschichte eine Färbung und eine Stimmung mitgaben. Jetzt entschloss sie sich, einen mobilen Schauplatz zu inszenieren: den Orientexpress.

Mit Max sprach sie über Marguerites Bitte, doch ihre Ansprüche als Schriftstellerin etwas höher zu schrauben, aber Max schlug sich zu ihrer Genugtuung ganz auf ihre Seite.

»Was gibt es denn Höheres für die menschliche Gesellschaft als das Gesetz, was gibt es Böseres als seine Übertretung und Wichtigeres als die Ahndung des Bruchs? All das reflektierst du in deinen Krimis. Ich sehe da nichts Triviales drin.«

»Aber du weißt, dass die Literaturwissenschaft diese Einteilung macht: Es gibt die seriöse Literatur und die triviale. Krimis gehören nun mal in letztere Abteilung.«

»Und wenn schon. Das kann doch dir und dem *Detection Club* egal sein. Es bleibt dabei, dass ihr die großen Themen behandelt.«

»Die Voraussetzungen ändern sich. Neuerdings gibt es den sympathischen Mörder. Man will seine Motive besser verstehen. *Als ich anfing, Detektivgeschichten zu schreiben, war es meine Sache nicht, den Übeltäter an den Pranger zu stellen oder ernsthaft über Verbrechen nachzudenken. Die Detektivgeschichte war die Geschichte einer Jagd, und sie hatte auch eine Moral; die war tatsächlich nichts anderes als die klassische Jedermann-Moralität, die Niederlage des Bösen und der Sieg des Guten. Zur Zeit des Weltkriegs war der Übeltäter kein Held – damals aalten wir uns noch nicht in psychologischen Erklärungen. Wie alle, die Bücher schrieben oder Bücher lasen, war auch ich gegen die Verbrecher und für das unschuldige Opfer.«*

»Meinst du nicht, dass das im Grunde so bleiben wird? Dass man sich für die Psyche eines Mörders interessiert, scheint mir damit vereinbar und irgendwie auch legitim.«

»Es schreckt mich auch nicht, zumal ja Poirot immer in die Seelen der Menschen hineinschaut. Dennoch: Es widerstrebt mir, mich lange bei der psychischen Unwucht eines Mörders aufzuhalten. *Oft sind es Menschen aus gutem Hause; man hat ihnen alles geboten, sie haben eine gute Erziehung genossen – und doch sind sie Verbrecher geworden. Was kann man mit ihnen anfangen? Lässt sich Schlechtigkeit kurieren? Nein, nicht mit lebenslänglichem Zuchthaus, das ist gewiss eine weit grausamere Strafe als der Schierlingsbecher im alten Griechenland.* Es ist nur so, dass meine Parteinahme und mein Mitgefühl eben nicht den Tätern gelten, sondern den Opfern und auch den zu Unrecht Verdächtigen. *Es gilt, die Unschuldigen zu schützen, sie müssen in Frieden mit ihren Nachbarn leben können.«*

»Aber wenn es schon um die ›menschliche Natur‹ geht, wie du immer sagst, dann verdient auch der Mörder Interesse. Denn er ist auch ein Mensch.«

»Ganz recht. *Ich versage es mir, über Mörder ein Urteil zu fällen. Aber sie sind ein Übel für die Gemeinschaft, sie reißen alles an sich und säen Hass. Ich will glauben, dass sie so geschaffen wurden, dass sie mit einem Geburtsfehler zur Welt gekommen sind und vielleicht sogar unser Mitleid verdienen, aber deshalb darf man sie nicht schonen. Möge Gott ihnen verzeihen. Doch am wichtigsten sind immer noch die Unschuldigen, die offen und furchtlos in unserer Zeit leben und zu Recht verlangen können, vor Schaden bewahrt zu werden.* Um ihretwillen muss die Aufklärung gelingen. Das jedenfalls ist Poirots Standpunkt. Und du hast recht, mein Liebster. Alle diese Fragen sind überhaupt nicht trivial.«

Als Max die Finanzierung für eine eigene Expedition mit den Treuhändern des British Museums und der British School of Archeology geregelt hatte, stellte er seine Truppe zusammen und fuhr mit ihr in den Irak. Das Team war klein, es bestand aus ihm selbst als Leiter, aus Architekt John Rose – und aus Agatha als Assistentin. Sie wollten in der Nähe von Ninive graben, in Arpachiya, bei einem eher kleinen Hügel, denn Max war überzeugt, dass dort mehr zu finden sein müsse als die üblichen Scherben. Er war nun sein eigener Herr. Das war doch ganz etwas anderes, als nach der Pfeife von Leonard Woolley oder Campbell Thompson zu tanzen, zumal Max sich sicher war, dass die von ihm geplanten tiefen Schürfungen Fundstücke freilegen würden, die der Fachwelt Verblüffung abringen müssten. Sie logierten in einer schlichten Unterkunft und arbeiteten mit den ortsansässigen Helfern oft bis in die Nacht. Einige Wochen förderten sie gar nichts zu Tage. Aber dann geschah das Wunder. Agatha: *Max stürzte ins Haus, um mich zu holen. ›Ein großartiger Fund‹, rief er, ›Wir haben eine abgebrannte Töpferwerkstatt entdeckt. Komm mit. So etwas hast du noch nicht gesehen.‹ Es war wirklich ein Glückstreffer. Die Töpferwerkstatt war verlassen worden, als sie brannte, und der Brand hatte sie vor der völligen Zerstörung geschützt. Herrliche Teller, Vasen, Becher und Schüsseln – bunt bemalte Schalen – scharlachrot, schwarz und orange – leuchteten in der Sonne, ein prachtvoller Anblick.* Agatha machte bei der Säuberung der Stücke mit, sie setzte ihre feinen Nagelpolierstifte und Stricknadeln ein, um die kostbaren Scherben von Erde und Staub zu befreien. *Ich war außer mir vor Freude. Auch Max, und – in seiner stillen Art – John Rose freuten sich unbändig. Aber wie hart mussten wir bis zum Ende der Saison arbeiten!* Bald hatte auch Max ein Buch zu schreiben: Es handelte von Arpachiya und ging in die Geschichte der Archäologie ein. Seine Funde würden im British Museum zu sehen sein.

Agatha erlaubte sich jetzt, wo sie glücklich war, die gedankliche Rückkehr in die Epoche ihrer Vita, in der sie geglaubt hatte, ihr Leiden nicht aushalten zu können. Sie schrieb als Mary Westmacott ihr Buch *Das unvollendete Portrait*, in Ich-Form. Aber das literarische Ich ist nicht etwa Agatha selbst oder ihre fiktive Doppelgängerin, sondern ein Maler, der eine verstörte junge Frau namens Celia vom

Selbstmord abbringt. Daraufhin erzählt ihm Celia ihr Leben und ihr Unglück. So viele Verkleidungen, dachte Agatha, während sie schrieb, so viele Metamorphosen. Ich verwandele mich in Celia und erzähle deren und meine Geschichte als Mary Westmacott. Aber der Maler, das bin ja auch ich. Damals habe ich mich selbst davor bewahrt, ein Ende zu machen. Im *Unvollendeten Portrait* tut es ein von mir erfundener Maler, der zur rechten Zeit am rechten Ort ist und zuhört. So kommen Geschichten zustande.

VII
Khatun

Der *Orientexpress* war einstmals für Agatha ein sagenumwobenes Vehikel der Sehnsucht gewesen; inzwischen war sie schon mehrmals damit gefahren und würde auch in Zukunft öfter einen Platz im Kurswagen von oder nach Calais buchen. *»Ich hatte immer schon eine Schwäche für Fernzüge«,* hat sie gesagt, und so war es eine quasi natürliche Herausforderung für sie, einen Krimi mit dem Titel *Mord im Orientexpress* (englisch: *Murder on the Orient Express)* zu schreiben. Dieses Buch erschien im Januar 1934 und wurde in den Jahren und Jahrzehnten danach zu einem ihrer größten Bestseller. Als sie es an Cork schickte, war ihr Herz schwer, denn sie hatte mit diesem Werk ein Tabu gebrochen: Sie rechtfertigte die Selbstjustiz. Das hatte sie sonst nie getan, und sie würde es nie wieder tun. Dieses eine Mal musste es sein.

Im Jahre vor der Niederschrift des Romans war die Öffentlichkeit von einem besonders grausamen Verbrechen erschüttert worden. Der noch nicht zweijährige Sohn des Flugpioniers Charles Lindbergh war aus dem Hause seiner Eltern in New Jersey entführt worden, es ging um Lösegeld. Der Vater zahlte 50 000 Dollar, das Kind wurde bald darauf tot aufgefunden, der Täter aber vorerst nicht gefasst. Diese monströse Untat ging Agatha im Kopf herum, als sie ihr Buch plante. Ihr Mörder wird im Orientexpress, der in einer Schneewehe stecken geblieben ist, aus dem also eigentlich niemand entweichen, in den auch kaum jemand zusteigen kann, glücklicherweise aber Poirot mitfährt, sehr wohl überführt. Das Opfer, das im Kurswagen nach Calais zwölf Messerstichen erliegt, hat eine ähnlich infame Tat begangen wie der Entführer des Lindbergh-Babys, auch er hat ein Kind geraubt und umgebracht. Zwölf Fahrgäste zählt der Kurswagen – außer Poirot und dem Personal – und sie alle haben eine Beziehung zu jenem ermordeten Kind. Es gibt allerdings zwei Theorien, die der Detektiv, als der Zug wieder fährt und die Polizei geholt worden ist, präsentiert: der Mörder kann den Zug insgeheim geentert, die Tat begangen haben und im Schneetreiben spurlos verschwunden sein. Es ist nicht vollends auszuschließen. Oder aber ... Die zweite Theorie ist äußerst bizarr, aber belegbar bis in die Einzelheiten. Poirot überlässt es der Polizei, sich für eine der beiden Versionen zu entscheiden. Die hält den Hergang mit dem unbekannten Täter für den wahrscheinlicheren und handelt entsprechend. Das heißt: der wahre Mörder – genauer: die wahren Mörder, denn es sind mehrere – kommen davon. Darf man der weltweiten Leserschaft eine solche Auflösung bieten? Agatha findet: eigentlich nicht. Sie macht es trotzdem. Stünde sie Aug in Auge mit dem Entführer des Lindbergh-Babys, sie erschlüge ihn. Sie würde es nicht bereuen, so gehandelt zu haben, aber sie würde es verurteilen. Oder? Ja, das würde sie. »Lieber Edmund«, seufzte sie am Telefon, »es ist ein Dilemma, und da kommen wir nie raus.« Das Buch ist Max gewidmet, mit dem sie die Grundidee erörtert hatte.

Während Agatha Christie den *Mord im Orientexpress* zu Papier brachte, schrieb Mary Westmacott *Das unvollendete Portrait*. Sie hatte sich damals, auf der Flucht vor ihren zerbrechenden Lebensumständen, die Hamlet-Frage gestellt, und sie hatte sie wie Hamlet mit *Sein* beantwortet. Wie nah sie dem *Nichtsein* gewesen war, wie kurz vor dem Sprung, damals im Wald an der Schlucht, das wollte sie mitteilen, das wollte sie aufschreiben. Sie nannte sich Celia, Archie bekam den Namen Dermot. Celia und Dermot sind nicht die genauen Abbilder von Agatha und Archie, aber sie sind ihnen sehr,

Szenenbild aus der Verfilmung von *Mord im Orientexpress* von 1974. Von links nach rechts: Martin Balsam, Albert Finney (als Hercule Poirot) und George Coulouris.

sehr verwandt. Im Roman erkennt Celia am Ende, was Agatha in der Wirklichkeit jetzt wusste: *Ich gebe Dermot nicht mehr die Schuld. So war er nun einmal. Ich hätte das wissen und auf der Hut sein müssen. Ich hätte nicht so verflixt sicher und selbstzufrieden sein dürfen. Wenn einem jemand mehr bedeutet als irgendetwas sonst auf der Welt, so muss man wachsam sein. Jetzt weiß ich das, doch jetzt ist es zu spät … Ich war dumm. Ich lebte in meiner eigenen Welt, meiner Traumwelt. Ja, ich war unendlich dumm.* Auch dieses Manuskript übergab Agatha Cork mit Herzklopfen. Aber er hatte ihr ja versprochen, sich bei Collins für *Das Unvollendete Portrait* einzusetzen, und das tat er auch. Der Verlag brachte es heraus, und es verkaufte sich wie das erste Werk von Mary Westmacott recht gut. Agatha stellte sich vor, dass Archie das Buch lesen und ihr die berühmt-berüchtigte

Eskapade von Harrogate vergeben würde. Aber nein, dachte sie, er wird es nicht lesen. Er wird gar nicht wissen, dass es da ist.

Max hatte vor, in der nächsten Saison in Syrien zu graben, zum einen, weil er dort auf außerordentliche Funde hoffte, zum anderen, weil die politischen Verhältnisse im Irak kompliziert wurden und britische Archäologenteams nicht mehr erwünscht waren. Er hatte bei den französischen Behörden, die in Syrien das Sagen hatten, Lizenzen für Forschungen nahe bei den Ortschaften Qamischli, Tell Brak und Tchárher Bazar erhalten. Wieder wollte er mit einem ganz kleinen Stab arbeiten: mit ihm selbst als Expeditionsleiter, mit dem Architekten Robin McCartney, dem ortsansässigen Vorarbeiter und ›Mädchen für alles‹ Hamoudi – und mit Agatha als Gefährtin und unermüdlicher Rekonstrukteurin prähistorischer Keramiken. Zu ihren Pflichten gehörte es auch, Tagebuch über den Fortgang der Expedition zu führen und die Grabungsstätten und die Funde zu fotografieren. Ein Pritschenwagen, Gerätschaften, ein Fahrer, ein Koch, Hausboys und Arbeiter für die Grabungen würden vor Ort gesucht werden müssen. Und das Gebäude, in dem das Team wohnen, arbeiten und die geborgenen Schätze verwahren würde, wäre erst noch zu errichten! Der Grund und Boden, auf dem es in Tchárher Bazar entstehen sollte, gehörte einem Scheich, der zum Lohn für die Hergabe seines Landes nach Abschluss der Arbeiten das Haus würde in Besitz nehmen dürfen. Das Projekt, die Reise, die Grabungen in der Wüste, all das war ein Unternehmen mit offenem Ausgang – zumal die Fachwelt immer noch warnte: in den Tiefenschichten würde man nicht etwa ins vierte vorchristliche Jahrtausend, sondern ins Nichts vorstoßen. »Abwarten!«, sagte Max.

Besuche in Abney Hall bei Schwester Madge, Schwager James und Neffe Jack waren für Agatha eine liebe Gewohnheit – vor allem, wenn Rosalind dabei war und für ein paar Tage der Traum eines großfamiliären Zusammenlebens Wirklichkeit wurde. Madge hatte sich damit abgefunden, dass ihre eigenwillige Schwester eine Mesalliance mit einem Glücksritter eingegangen war – zumal sich allmählich herausstellte, dass Mr Mallowan alles andere als ein Blender und Frauenheld war, sondern ein fürsorglicher Ehemann und hoch anerkannter Experte in seinem Fach.

»Aber dass er eine Art Glücksritter ist«, sagte Madge, »musst du zugeben. Er weiß doch gar nicht, ob er da, wo er graben will, etwas findet.«

»So ganz auf blauen Dunst hin hat er seinen Plan nicht entwickelt. Es gibt in der Region vielversprechende Grabhügel, die nur oberflächlich erschlossen worden sind«, stellte Agatha richtig. »Im Übrigen bin ich der Meinung, dass du oder Max oder ich, dass wir alle niemals was erreichen, wenn wir nichts riskieren. Das ist doch eigentlich auch dein Standpunkt.«

Madge wiegte den Kopf. »Es gibt Grenzen«, sagte sie, »das, was du über die Grabungen da unten erzählst, macht mir Angst – nicht wegen Max, meinetwegen kann er seine Projekte in den Sand setzen, buchstäblich. Es geht mir um dich. Und um Rosalind. Das Leben als Frau auf so einer Expedition ist einfach furchtbar gefährlich. Es gibt dort unten keinen Komfort und jede Menge Räuber. Wer weiß, was passiert, wenn du –«

»Du redest wie Cork«, unterbrach Agatha, »der bloß Angst hat, dass sein Einkommen schrumpft, wenn ich nicht mehr liefere. Na, da tue ich ihm Unrecht. Er mag mich als Person, das stimmt, er würde an meinem Grab weinen. Aber sag mir eins: Wenn es Rosalind nicht gäbe, würdest du mich leichtherziger verabschieden?«

»Natürlich. Das Kind hat zwar bei mir ein zweites Zuhause. Aber die Mutter ist doch …« Madge stockte und sah Agatha einfach nur flehentlich an. »Ich glaube, so hat Großmutter das nicht gemeint mit ihrem Spruch: eine Frau hat bei ihrem Mann zu bleiben. Sie ging von Männern aus, die in der nahen Großstadt in einem Büro arbeiten und nicht in der Fremde in einem Zelt. Du bist ja auch nicht mit Archie in den Krieg gezogen.«

»Ich war nahe dran. Und ich sage dir eins: Ich glaube nicht daran, dass die Frauen hierzulande unterdrückt sind. Aber ich sehe, dass sie sich selbst unterdrücken, indem sie sich zu eng an ihre Kinder binden. Und die Kinder an sie. Das tut niemand gut, weder den Müttern, noch den Kindern. Ich habe es öfter beobachtet und werde ein Buch daraus machen, einen Fall, verstehst du: eine Mutter, die ihre Kinder unter dem Vorwand der Mutterliebe im Grunde nur beherrschen will und sie damit gegen sich aufbringt. Vielleicht sogar eine Mutter, die keine leiblichen Kinder bekommen kann und deshalb adoptiert …«

»Keine üble Idee«, gab Madge zu, »aber mir scheint, du lenkst ab. Mir leuchtet es nicht ein, dass die Frau eines Archäologen mit ihm auf Tour gehen muss. Wie du es schilderst, ist das Leben als eine *Memsahib* im Orient – oder wie heißt es auf Arabisch: als eine Khatun? – eine einzige Überforderung.« Rosalind war hinzugekommen.

»Was ist eine Khatun?«, fragte sie.

Agatha erklärte: »Das ist das arabische Wort für Frau. So nennen mich die Leute da unten im Irak oder in Syrien.«

Rosalinds Augen glänzten. »Ich möchte auch mit in den Irak oder nach Syrien.«

Agathas Abenteuerlust überstand alle Warnungen und Mahnungen ihrer Familie und Freunde, sie war nun schon eine kundige Fernreisende und der Orientexpress für sie ein Fortbewegungsmittel wie für andere die Vorortbahn. Im November 1934 brachen Max und sie nach Syrien auf. Agatha nahm außer der Reiseschreibmaschine noch einen Klapptisch mit. Da sich in jenen Jahren die zivile Luftfahrt etablierte, fühlte sie sich dazu aufgelegt, einen Krimi zu verfassen, der in einem Flugzeug spielt. *Tod in den Wolken* (englisch: *Death in the Clouds)* wählte sie als Arbeitstitel. Zuvor war aber noch die *Tragödie in drei Akten* (englisch: *Three Act Tragedy*) abzuschließen. Agatha arbeitete gern an zwei Büchern gleichzeitig. »Wenn mir beim einen nichts mehr einfällt«, erklärte sie freimütig, »gehe ich zum anderen über, da kommt mir dann meistens ein guter Gedanke.«

Für die Ehefrauen der britischen Gouverneure in Indien hatte sich das Wort *Memsahib* eingebürgert. Es bestand aus ›Mem‹ für das englische ›Madam‹ und aus ›Sahib‹, indisch für ›Herr‹, bezeichnete also den weiblichen Anhang der zahlenmäßig nicht unbedeutenden britischen Truppe, die in Indien stationiert war und aus deren Umkreis einzelne Vertreter öfters in Agathas Romanen auftauchen. So tadelfrei der Ruf des britischen Offiziers, der in Indien seinen Dienst tat, im Allgemeinen schien, so herabwürdigend waren die Attribute, die man ihren Gattinnen zuerkannte. Man stellte sich unter einer *Memsahib* einen herrschsüchtigen weiblichen Dragoner vor, der ständig Launen hatte und sich von den indischen Dienstboten umsorgen und verwöhnen ließ und sie dabei unablässig herumkommandierte. Agathas Rolle als Frau des Grabungsleiters in Syrien würde ja nun eine ganz ähnliche sein, aber sie wollte *never ever* einem derart üblen Charakter ähneln. Sie dachte an Katharine Woolley, die diesem Schreckensbild ziemlich nahegekommen war und nahm sich vor, Acht zu geben; ihre Position als Frau des Chefs sollte ihr keine Privilegien verschaffen, die sie dazu veranlassen könnten, sich aufzuplustern. Als sie einmal ein sehr damenhaftes Kostüm in ihren Koffer packen wollte, hielt Max sie auf: »Bloß nicht«, rief er, »*darin siehst du aus wie eine Memsahib!*« Im Camp sollten die Frauen vielmehr ihre kameradschaftliche Seite unter Beweis stellen, und das tat Agatha nur zu gerne, es entsprach ihrem Charakter. Dennoch war sie ihrer Funktion nach für die Menschen vor Ort eine *Memsahib*, aber als sie erstmal mittendrin war, gelang es ihr, einen neuen Typus zu kreieren. Für sie war die Arbeit an den Grabungsstätten keineswegs unter ihrer Würde, sie wühlte im Erdreich, schleppte Funde durch die Wüste, säuberte sie, nummerierte sie, zeichnete sie ab, fotografierte sie und verpackte sie. Zugleich bemühte sie sich um ein egalitäres Verhältnis zu allen Mitarbeitern. Ihre Eltern hatten sie nicht umsonst Respekt vor den zahlreichen Dienstboten in Ashfield gelehrt; sie machte nie den Fehler, auf die Araber, Kurden und Türken, die mit der Spitzhacke für Max' Forschungen antraten, herabzusehen oder ihnen mit Gleichgültigkeit zu begegnen. Dasselbe galt für die Hausboys, den Fahrer und den Koch. Trotz aller sprachlichen Hürden gelang es ihr, Kontakte zu knüpfen und Erfahrungen auszutauschen, Agathas nie endende Neugier auf das Leben der Menschen erwies sich als ein hervorragender Dolmetscher. Und dann war ja Max da, der Arabisch sprach und auch nicht daran dachte, den Einwohnern von Tchárher Bazar mit Herablassung zu begegnen. Eine gewisse Strenge indes war unabdingbar. Ohne dass Max seine Autorität etablierte und zum Beispiel darauf bestand, den Lohn erst nach einer Woche auszuzahlen oder unverbesserliche Streithähne zu entlassen, wäre die Arbeit nicht vorangegangen. Manche Probleme wiederholten sich trotzdem: Wenn die Männer ausgezahlt worden waren, dachten sie nicht daran, am nächsten Tag zum Camp oder zur Baustelle – das Haus war ja erst noch zu errichten – zurückzukehren, sondern ließen es sich erst einmal gut gehen. Max und Hamoudi mussten anderswo neue Mitarbeiter anwerben, die nach einer Woche ebenfalls wegblieben, aber die vorherigen kehrten dann zurück, es etablierte sich also eine Art Schichtdienst. Westliche Disziplin war unbekannt, menschliche Offenheit verbreitet und für Agatha ein guter Anknüpfungspunkt, um zum Zusammenhalt der Truppe beizutragen. Sie war ziemlich gut darin. Wenn sich der Koch überfordert fühlte, ging sie ihm zur Hand, und sie bereitete auch mal Gerichte nach Rezepten aus ihrer Heimat zu. *Genau genommen sind die Ergebnisse meiner Kochkunst sehr unterschiedlich. Zitronencreme hat einen Riesenerfolg. Mürbeteig-Plätzchen werden als ungenießbar heimlich vergraben, ein Vanille-Soufflé gelingt, o Wunder, während Chicken Maryland derart zäh ist, dass die Zähne darin stecken bleiben. Später merke ich, dass die Tiere grauenhaft alt waren.* Manchmal gab sie medizinischen Rat und half bei entzündeten Schrammen, bellendem Husten und chronischen Darmbeschwerden. Für die Araber war es zunächst unverständlich, dass eine Frau mitsprach und überhaupt dabei war. Aber sie gewöhnten sich daran und lernten die ›Khatun‹ schätzen. Es kam soweit, dass sie ihre Ehefrauen ins Camp mitbrachten – der Scheich rückte gleich mit mehreren an – damit die Khatun, der sie heilende Kräfte zuerkannten, ihre Schmerzen lindere und ihrer Fruchtbarkeit aufhelfe. Es nützte nichts, dass Agatha verkündete, sie fühle sich heillos überfordert. Nachdem die Arbeiter sie einmal anerkannt hatten, trauten sie ihr alles zu. Einer sagte zu ihr: »*Es ist gut, dass die Khatun da ist. Sie kann über alles lachen*«.

Nur einen gab es, den konnte sie lange nicht für sich gewinnen, und das war ausgerechnet der englische Architekt Robin Macartney, ein sehr geschickter und ausdauernder Mitarbeiter. Sie sprach ihn auf ihre übliche zutrauliche Art an, fragte, was er von diesem Hügel und jenem Fundstück halte, wollte etwas über seine Familie erfahren und über die Grundrisse für das zu erbauende Haus. Aber Mac, wie er im Camp genannt wurde, schwieg sich aus. Er zuckte die Schultern oder schüttelte den Kopf, und manchmal sagte er: »Ach ja?« oder »*Das kann doch gar nicht sein.*« Agatha wähnte sich als eine dusselige *Memsahib* von ihm verachtet und vertraute sich besorgt Max an. Der beruhigte sie. Mac sei nun mal so. Er rede eben nicht. Dafür zeichne er hervorragend. Und noch etwas: Er malte. Als Agatha das erfuhr, verzieh sie ihm seine Wortkargheit und bat ihn, in London seine Werke betrachten zu dürfen. Da lächelte Mac zum ersten Mal. Er sollte später eine Reihe von Einbänden ihrer Kriminalromane gestalten – endlich so, wie es ihr immer vorgeschwebt hatte: eindeutige Szenerien in kraftvollen Umrissen und glühenden Farben. Die Cover-Frage war für sie bis dahin meist Anlass für Ärger, Beschwerden und Kummer gewesen, denn häufig erschienen ihr die dort abgebildeten Motive sinnlos oder abwegig. Mit Macartney begann eine neue Ära. Umschläge können, das hatte Agatha gelernt, für den Erfolg eines Buches sehr wichtig sein.

Am Ende war es Max, der gegenüber den Skeptikern recht behielt: er fand in der syrischen Region, die er erschloss, die Überbleibsel einer vorgeschichtlichen Handelsstraße, die einst in den Irak bis an den Tigris geführt hatte. Das war eine bedeutende Entdeckung; eine große Ausstellung im British Museum und ein weiteres Buch von Max sollten die Folgen sein. So wie Max Agatha anfeuerte, wenn sie fürchtete, als *mystery*-Erfinderin nachzulassen, hat Agatha Max Mut zugesprochen, wenn die Tiefenschicht wochenlang nichts hergab und die Arbeiter mal wieder wegblieben. Und wahrhaftig: mit Ausdauer und Glück hat das Mallowan-Team es geschafft und mannigfache Zeugnisse eine Ur-Kultur aus Erdreich, Sand und Schlick geborgen. *Wir können uns jetzt ein Bild davon machen, wie Tchárher vor fünftausend bis dreitausend Jahren ausgesehen hat. In vorgeschichtlicher Zeit muss hier eine vielbegangene Handelsstraße durchgeführt haben, die Harran mit Tell Halaf verband und weiter dem Jabal-Sinjar-Gebirge entlang bis in den Irak vorstieß und schließlich das alte Ninive erreichte. Tchárher gehörte zu den Handelszentren. Manchmal rührt uns ein persönlicher Zug: ein Töpfer, der sein Zeichen auf den Boden eines Keramik-Gefäßes geritzt hat, ein Versteck in der Mauer, wo ein Gefäß voll goldener Ohrringe steht. Ungefähr fünftausend Jahre alt sind ein paar wunderschöne Gefäße, nach meiner Ansicht von hoher handwerklicher Kunst. Aus jener Zeit stammen auch Frauenfigürchen mit Turban und üppigen Brüsten, sie sind grotesk und primitiv, spendeten aber zur ihrer Zeit Trost und Hilfe.*

Agatha schrieb zu der Zeit ein Buch, das *Mord in Mesopotamien* (englisch: *Murder in Mesopotamia*) heißen sollte und in dem sie ihre Erfahrungen als Khatun einbrachte. Die Idee dazu ging auf Algy Whitburn zurück, den Architekten von Ur; der hatte ihr einst vorgeschlagen, doch Katharine mal im Roman vorzuführen, sah er doch in ihr nicht zu Unrecht eine veritable *Memsahib*. Agatha konnte jetzt, da sie selbst als Expeditionsteilnehmerin und Khatun gewirkt hatte, eine Geschichte unter Archäologen im Irak spielen lassen, ohne sich zu vertun, ja sie konnte aus dem Vollen schöpfen. Sie brach einmal mehr das selbst auferlegte Gesetz, demzufolge sie die Menschen ihres Lebens nicht im Roman wiederkehren lassen wollte. Ihr Schauplatz ist das Camp von Ur, und die Personen sind den Leuten aus Woolleys Team nachempfunden. Poirot ist auch vor Ort und löst einen seiner verzwicktesten Fälle. Als Mordopfer wählte Agatha die Katharine-Figur aus, im Roman heißt sie Louise und ist nicht nur herrisch, sondern hat auch noch Halluzinationen. Agatha arbeitete mit allerlei Verfremdungen, was die Identität der Personen betrifft, so konnte sich niemand wirklich beleidigt fühlen, denn es gab immer eine Rückzugslinie: du bist doch gar nicht gemeint ... Sie widmete das Buch nicht ohne Hintergedanken: *Meinen vielen archäologischen Freunden im Irak und in Syrien.* Es beschwerten sich dann später gar nicht diejenigen Gefährten aus Ur, die sich wiedererkannt hatten, sondern jene, die gerne vorgekommen wären und ihr Portrait vermissten! Agatha seufzte: Wie man's macht, macht man's falsch ... Sie hatte aber doch viel Freude an dem Werk, das in der *New York Review of Books* als besonders originell gelobt wurde. Robin Macartney gestaltete einen prachtvollen Umschlag, auf dem ein geheimnisvoller bärtiger Reiter in einen tiefen Grabungsschacht blickt. Im Hintergrund sind schaufelnde Arbeiter zu sehen.

Die Grabungssaison begann normalerweise im November und dauerte bis ins Frühjahr hinein. Nachdem Max mit seinem Team bei Tchárher Bazar und Qamischli all die wunderbaren Funde aus prähistorischer Zeit gesichert und ein großartiges Haus im orientalischen Stil erbaut hatte, machte er sich mit Agatha im März 1935 fertig für die Rückreise. Die Khatun nahm Abschied. *Vom Hügel herab schaut man auf eine verlassene Welt. Heute ziehen nur Nomaden mit ihren braunen Zelten vorüber, aber früher, vor gut fünftausend Jahren, herrschte hier ein reges Leben. Hier begann Kultur, und hier hebe ich die Scherbe eines von Hand geformten Tongefäßes auf, mit einem Muster aus Punkten und schwarzer Kreuzschraffur, die Urform jener Woolworth-Tasse, aus der ich heute Morgen meinen Tee getrunken habe.* Agatha sollte noch viele Male mit Max nach Syrien zurückkehren.

Von London aus fuhr das Paar nach Wallingford, zu *Winterbrook House.* Den Sommer verbrachte es mit Rosalind in Ashfield, den Herbst bis zur nächsten Saison in London. Agatha erwarb ein weiteres Schmuckstück für die »Schatulle« ihrer Domizile: Sheffield Terrace Nr. 48 in Kensington. *Noch nie hatte ich mich so danach gesehnt, in einem Haus zu wohnen wie in diesem. Es hatte nicht viele Zimmer, aber sie waren alle groß und gut proportioniert. Es war genau das, was wir brauchten. Es war ein Haus, in dem das Glück wohnte. Ich fühlte das sofort, als ich es betrat.* Und hier hatte Agatha auch, so unwahrscheinlich sich das anhört, erstmals ein eigenes Arbeitszimmer. *Damit bereitete ich meiner Familie eine Überraschung, denn ich hatte noch nie daran gedacht, mir ein exklusives Refugium zuzulegen, aber alle mussten zugeben, dass es an der Zeit war, mir ein eigenes Zimmer zu gönnen.*

Agatha Christie war eine weltberühmte Schriftstellerin geworden, und kaum jemand hätte es für möglich gehalten, dass sie Schreibschwierigkeiten zu überwinden hatte. Sie veröffentlichte zuverlässig pro Jahr zwei Krimis, manchmal drei, außerdem Sammelbände ihrer zahlreichen Kurzgeschichten und ab und an auch einen Gedichtband, und dass sie nebenher noch Mary Westmacott war, wusste über fünfzehn Jahre hinweg nur eine Handvoll Eingeweihter. Dennoch kannte die Unermüdliche in der Anfangsphase, wenn sie über einem neuen Plot brütete, fallweise sehr wohl den Horror vor dem leeren Blatt. *Es ist eine Marter wie keine andere. Man sitzt in seinem Zimmer, knabbert an Bleistiften, betrachtet die Schreibmaschine, wandert auf und ab. Dann laufe ich aus dem Zimmer, belästige irgendjemand, der gerade mit etwas beschäftigt ist, meistens den gutmütigen Max, und sage:*

›Es ist schrecklich, Max, aber stell dir vor, ich habe das Schreiben verlernt. Ich kann es nicht mehr. Ich werde nie wieder ein Buch schreiben!‹

›O doch‹, tröstet er mich. Anfangs sagte er es mit einiger Besorgnis. Jetzt schweifen seine Augen zu seiner Arbeit zurück, während er noch beruhigend auf mich einredet.

Aber ich bin ganz sicher. ›Mir fällt nichts ein. Ich hatte da eine Idee, aber die taugt nichts.‹ ›Du musst dieses Stadium durchstehen. Das ist doch nichts Neues. Das Gleiche hast du letztes Jahr gesagt. Und vorletztes Jahr.‹

›*Diesmal ist es anders‹, erwidere ich mit Bestimmtheit.*

Aber Max hatte recht. Agatha fand stets zurück zu den Quellen ihrer Inspiration. Ihre Klagen ob der Schreibhemmung waren nicht gespielt oder übertrieben, sie vergaß einfach von Mal zu Mal, dass es ihr schon einmal so ergangen war und erschrak tief, wenn sie anfangen wollte und es nicht konnte. *Dieses graue Elend, diese Verzweiflung, diese absolute Unfähigkeit ... Und dann höre ich plötzlich und ohne bestimmten Anlass eine imaginäre Startpistole knallen. Ich beginne zu funktionieren, ich weiß, dass es losgeht, dass der Nebel zerreißt. Ich gehe aus dem Haus, die Straße hinunter, rede laut mit mir selbst ... Ich habe zwar noch keine Zeile geschrieben, aber ich bin siegessicher und ich bin da.*

In diesem Jahr 1935 ging es um *Die Morde des Herrn ABC*, eine raffinierte Poirot-Geschichte, in der Agatha viel Mühe darauf verwendete, das Freundschaftsverhältnis zwischen ihrem belgischen Detektiv und dem englischen Major Hastings zu schildern. Hastings ist der Side-Kick von Poirot, er ist nicht nur dessen Vertrauter, sondern auch quasi ein Kollege, denn er beteiligt sich an den Ermittlungen und wird just wegen seiner Naivität und Geradlinigkeit von Poirot geschätzt – hierin Dr. Watson, dem Side-Kick von Conan Doyles Sherlock Holmes, nicht unähnlich. Poirot, der Intellektuelle, ist mit seinen Gedanken schon eine Komplexitätsstufe weiter, während Hastings, der Praktiker, noch bei den offensichtlichen Zusammenhängen verharrt. »*Es ist mein Schicksal*«, sagt Poirot zu Hastings, »*dass Sie neben mir stehen und mich daran hindern, den unverzeihlichen Fehler zu begehen, das Einfache, Klare zu übersehen.*« Hastings fühlt, dass es ein vergiftetes Kompliment ist, das der Freund ihm da macht, dass es seine, Hastings', Tendenz zur einfachen Lösung ist, von der Poirot zu profitieren hofft und freut sich deshalb nicht wirklich, aber seine Treue zu dem kleinen Belgier ist unverbrüchlich, und für Poirot selbst gibt es keinen engeren Freund als den Major.

In den deutschen Übersetzungen siezen sich die beiden, und das ist dem Geist und der Stimmung jener Zeit in England, in der Distanz auch unter Freunden eine große Rolle spielte, angemessen. Hastings führt meist in Ich-Form durch die Poirot-Romane, er repräsentiert den gesunden Menschenverstand des lesenden Publikums – und er ist auch Agatha in ihrem sinnlichen kindlichen Ich sehr ähnlich, ein introvertierter Mensch unter Menschen, als der sich auch Agatha stets gefühlt hat. Poirot hingegen wurde ihr im Laufe der Zeit immer unheimlicher und auch unsympathischer, er ist ihre Schöpfung, aber nicht von ihrer Art. Irgendwann hat sie sich gewünscht, sie könne ihn loswerden, aber das war natürlich nicht möglich. Die Leute, die ihre Bücher kauften, verlangten nach ihm, und sie musste ihn immer wieder auftreten lassen, in einem »letzten Fall« nach dem anderen. Er war ja schon bei seinem ersten Auftritt ein Polizist auf dem Altenteil; in *Die Morde des Herrn ABC* macht er sich über sich selbst lustig. »*Seit meinem sogenannten Rücktritt komme ich mir vor wie eine Primadonna, die ihre Abschiedsvorstellung gibt. Diese Abschiedsvorstellung wiederholt sich unaufhörlich, viele, viele Male!*« Doch auch Poirot hat Züge seiner Erfinderin. So ist er einfühlsam und bescheiden, weiß aber, dass er zu Recht berühmt ist. Tief in ihm drin sitzt ein glühender Ehrgeiz. Er ist ein Mensch in seinem Widerspruch – wie alle. Na ja, und ein bisschen eitel ist er doch. Wenn auch – abgesehen von seinen Leistungen als Detektiv – bloß wegen seines Schnurrbarts.

Anders als Hastings hat Poirot ein Auge für Glück und Verhängnis, die sich an erotische Anziehung binden. Agatha hat von Anfang an geahnt und später verstanden, dass das Scheitern ihrer ersten Ehe nicht nur an der Liebe lag, die Archie für Nancy empfand, auch nicht an der Gewöhnung, durch die sein Verhältnis zu ihr gelitten hatte, sondern an dem sexuellen Verlangen, das ihn zielbewusst für eine Zukunft mit Nancy kämpfen ließ und dem sie, Agatha, nichts entgegensetzen konnte. Nancy war zehn Jahre jünger als sie und hatte noch kein Kind geboren, sie besaß diese mädchenhafte Taille, die Archie so gut gefiel und die auch Agatha einmal gehabt hatte, die ihr aber nach Rosalinds Geburt abhandengekommen war. Anfangs konnte sie es nicht fassen, dass es so einfach sein sollte: Da kam eine Hübschere, die auch noch Golf spielte und nahm ihr den Mann weg. Es war auch nicht ganz so einfach. Aber es war doch erhellend, es so zu sehen. Für Agathas Romanwelt war die zerstörerische Kraft des Eros ein wichtiges Element, dem sie gerne große Strecken der Handlung und der Motive ihrer Figuren überließ. Dabei schuf sie keine *femmes fatales*, das hatte sie nicht nötig. Sie charakterisierte ihre handelnden Personen immer nur mit wenigen knappen Sätzen, manchmal lieferte sie kleine Karikaturen, ihre attraktiven Frauen machen da keine Ausnahme. Meist sind diese Frauen gar nicht besonders schön, aber sie haben eine Ausstrahlung oder einen Blick, eine Stimme oder eine Art, sich zu bewegen, die die Männer in Bann schlagen. Sie portraitierte auch verführerische Männer – so in *Tod auf dem Nil* (englisch: *Death on the Nile),* die von ihrer eigenen Wirkung auf Frauen manchmal gar nichts wissen und sozusagen unschuldig einiges anrichten. Die Polizei achtet nicht auf die erotischen Valeurs, die in einem Kriminalfall eine Rolle spielen, sie ist dafür nicht ausgebildet und hat anderes zu tun. Auch Hastings ist in diesen Dingen auf seine typische Art etwas schwer von Begriff. Aber Poirot spürt sofort, wenn es erotische Funken sind, die in einem Szenario rund um ein Verbrechen aufblitzen und behält die Akteure im Blick. Er weiß manchmal früher als sie, dass sie Feuer fangen und dann womöglich nicht mehr Herr ihrer selbst sein werden.

Poirot ist Charakterkundler – aber in der Spielart weiser Mann, der die Menschen kennt, nicht als Explorator des Unbewussten. Agatha glaubte nicht daran, dass die menschliche Natur sich ändern ließe, sie hielt sie für festgeklopft und höchstens in ihren Ausdrucksformen wandelbar durch die Kultur. Das Böse in der Welt, so fürchtete sie, ließe sich höchstens in Schach halten, nicht besiegen. Doch was war das denn eigentlich: die menschliche Natur? Die war für sie ein Kraftfeld aus widersprüchlichen Impulsen und Begierden, die irgendwie in eine lebbare Balance zu bringen den Menschen aufgegeben war. Hierin unterschied sich ihre Überzeugung nicht von den Grundannahmen der Psychologie, die sich zu ihrer Zeit als Wissenschaft etablierte. Aber Agatha sah keine Möglichkeit, die menschliche Natur durch Aufklärung zu bessern und dadurch die Zivilisation auf eine höhere Stufe zu heben, während die psychologische Wissenschaft genau das versprach. Immer wieder machte sich Agatha in ihren Büchern über Dr. Freud und seine Versuche lustig, die Psyche zum Zwecke einer besseren Anpassung an die Gesellschaft zu zergliedern – für sie blieb die Seele Gottes Werk, ihr eigener Standpunkt in diesen Fragen voraufgeklärt. Das gibt ihren Werken bei allem Spaß, den die Jagd nach dem Täter macht und trotz ihres frischen Plaudertons einen dunklen Mollton mit. Ihr Menschenbild war das von William Shakespeare: Unsere Leidenschaften sind unsere Lebensquellen, und das Leben ist süß. Aber die Leidenschaften können uns ins Unheil stürzen, deshalb müssen wir sie zügeln. Doch ob uns das gelingt, ist offen. Letztlich haben wir nur sie.

In *Die Morde des Herrn ABC* lässt Agatha Poirot als Meister der Introspektion brillieren. Es geht um einen womöglich wahnsinnigen Serienkiller, der seine Spuren so geschickt verwischt, dass die Polizei und Poirot lange im Dunkeln tappen. Obwohl der nächste Mord schon angekündigt worden ist, können der professionelle und der Hobby-Detektiv im Grunde nichts tun. Das ist für Hastings eine Qual. Er macht Poirot Vorwürfe.

›Sie sitzen zu Hause wie ein … wie ein …‹, stotterte ich.

›Wie ein vernünftiger Mensch! Meine Stärke, Hastings, liegt in meinem Gehirn und nicht in meinen Füßen. Die ganze Zeit, in der ich Ihrer Meinung nach sinnlos rumsitze, denke ich intensiv nach.‹

›Nachdenken!‹, rief ich erbittert aus. ›Ist jetzt Zeit zum Nachdenken?‹

›Ja, tausendmal ja!‹

›Aber was können Sie denn erreichen, wenn Sie nachdenken? Sie kennen doch die Tatsachen der drei Fälle in- und auswendig.‹

›Ich denke ja auch nicht über diese Tatsachen nach, sondern über den Geist des Mörders.‹

›Den Geist eines Verrückten!‹

›Richtig. Und das erschwert meine Überlegungen. Aber wenn ich erst einmal weiß, wie dieser Mörder denkt und empfindet, dann werde ich auch herausfinden, wer er ist. Was wussten wir nach dem ersten Mord über ihn? So ziemlich gar nichts. Und nach dem zweiten? Ein wenig mehr. Und nach dem dritten? Wieder ein wenig mehr. Für mich nimmt langsam Form an – nicht, was Sie interessiert: sein Gesicht, seine äußere Erscheinung – aber innerhalb welcher Grenzen sich sein Geist bewegt. So oder so werden wir nach dem nächsten Mord viel klarer sehen. Verbrechen sind sehr, sehr verräterisch. Versuchen Sie, Ihre Methoden zu wechseln, Ihren Geschmack, Ihre Gewohnheiten, Ihre Geisteshaltung – Ihre Seele verrät sich durch Ihre Handlungen. Dieser Fall weist verwirrende Merkmale auf. Manchmal dünkt mich, es seien zwei verschiedene Geister am Werk, aber bald werden sich die Umrisse schärfer abheben, und ich werde klarer sehen.‹

Es ist dann eine Überlegung von Hastings, die Poirot auf die richtige Fährte bringt, und der Meisterdetektiv ist fair genug, seinem Kompagnon und Vertrauten dieses Verdienst ausdrücklich zuzubilligen.

Gern lud Agatha Freunde in ihr neu erworbenes Haus ein, um sie herumzuführen und die Residenz mit einer kleinen Party oder einem schönen Essen einzuweihen. Ihre Schwägerin Nan Kon bat sie exklusiv zum Tee und setzte sich mit ihr in das neu eingerichtete Arbeitszimmer, das ganz für sie allein bestimmt war – es stand nicht viel darin: nur ein Flügel, ein Sofa und der Schreibtisch. Nan war ihr als Familienmitglied und als Freundin besonders teuer, denn sie las alle ihre Werke sofort, und weil sie höchst intelligent war, interessierte sich Agatha besonders für ihr Urteil.

»Die Morde des Herrn ABC habe ich persönlich mit Begeisterung verschlungen«, sagte Nan, »aber unter meinen Bekannten gab es doch einige, denen die Geschichte ein wenig … ja, wie soll ich sagen? … ein wenig zu konstruiert war.«

»Du fandest das aber nicht?«, fragte Agatha vorsichtig.

»O nein, ich finde, die Konstruktion, auch die halsbrecherische, ist das Vorrecht der Kriminalschriftsteller. Sie muss allerdings durch die Zeichnung der Figuren, also durch die menschliche Seite, wenn ich so sagen darf, ergänzt werden, damit die Aufmerksamkeit der Leser durch Anteilnahme am Schicksal der Figuren wach bleibt. Aber die Handlung als solche darf gerne an Hochseilartistik erinnern.«

»Das sagst du gut.« Agatha lächelte. »Ich sehe es auch so. Zumal –« Sie zögerte. »Ich glaube, die meisten Menschen machen sich nicht klar, dass die Wirklichkeit die Phantasie auch der wagemutigsten Krimiautoren in den Schatten stellt. Wenn wir da an unseren Schreibmaschinen sitzen und konstruieren, was das Zeug hält, legt sich irgendein Serienkiller da draußen einen Plan zurecht, auf den unsereins nimmermehr gekommen wäre. Die Leser wollen immer volle Plausibilität. Das Leben aber ist nicht plausibel. Und Mörder setzen ihre tödlichen Pläne auf irrwitzige Weise um. Ich gebe mir redliche Mühe mit den Motiven und Verläufen und bleibe, was den allgemeinen Wahnsinn betrifft, bestimmt hinter der Realität zurück. Aber was du da gesagt hast über deine Bekannten, die sich über eine zu waghalsige Konstruktion beschweren, das nehme ich ernst. Dieser Eindruck darf eigentlich nicht entstehen. Es ist eine Frage des Wie. Man muss auch die verstiegenste Konstruktion so darbieten, dass die Leute sie als Version von Wirklichkeit akzeptieren.«

Nan nickte. »Vieles hängt an der Figur des Detektivs«, sagte sie. »Poirot ist ja selbst eine Konstruktion und keine realistische Figur. Mir gefällt das, und wie es aussieht, ist auch das große Publikum bereit, diese Mischung aus Übermensch und Rechthaber zu akzeptieren. Aber wenn dann noch eine äußerst unwahrscheinliche Handlung hinzukommt, steigen die weniger phantasiebegabten Leser aus. Also: Wenn du, was den Plot betrifft, einen Hochseilakt präsentierst, solltest du, was den Detektiv betrifft, auf dem Boden bleiben. Schick deinen famosen Superintendenten Battle los oder Inspektor Japp. Da fällt mir ein: Wo bleibt eigentlich Miss Marple? Ich habe ihren Einstand mit Wonne verfolgt. Aber jetzt scheint sie erst mal genug von Mord zu haben. Oder hast du genug von ihr?«

»Ach, ich wollte sie nur ein einziges Mal auftreten lassen, außerdem kommt sie ja noch in einigen Kurzgeschichten vor. Aber Cork hat mir mitgeteilt, dass es vonseiten der Leser Zuschriften gibt, die sich Miss Marple zurückwünschen. Meinst du, ich sollte …?«

»Unbedingt«, sagte Nan, »du musst Leserwünsche ernst nehmen.«

»Nun«, sagte Agatha, »zu Miss Marples Eigenschaften gehört ihre Ortsgebundenheit, sie kommt selten über St. Mary Mead und Umgebung hinaus, ich kann sie nicht auf Reisen schicken. Poirot hingegen ist ein Entwurzelter, er reist viel, und da mein neuer Roman *Mord in Mesopotamien* heißt, muss Poirot das Rätsel lösen.«

»Apropos, wirst du mir von deinem Leben als Khatun erzählen? Und ich erzähle dir von einem weiteren interessanten Buch, das ich kürzlich gelesen habe. Es heißt *Das unvollendete Portrait* und ist von Mary Westmacott.«

Agatha stellte ihre Teetasse ab und wandte Kopf und Blick langsam zu Nan. Es entstand eine Pause.

»Du willst mir wohl sagen«, sprach Agatha mit heiserer Stimme, »dass du –«

»Aber natürlich, Agatha. Ich weiß doch, wie du schreibst. Und ich kenne deine Geschichte. Mir gefiel das Buch.«

»Nan, mir liegt eine Menge daran, dass das Pseudonym gewahrt wird. Kannst du mir versprechen, dichtzuhalten?«

»Was denkst du von mir?!«, rief Nan.

Agatha mochte die Deutschen nicht. In *Tod auf dem Nil* kommt ein pedantischer deutscher Doktor vor, in *Die Morde des Herrn ABC* ist das erste Opfer mit einem Deutschen verheiratet, der dann auch prompt unter Verdacht gerät. Mr Franz Ascher ist ein übler Geselle, ein Trinker und Schmarotzer, der seine Frau verprügelt. Aber er hat natürlich nichts mit dem Mord zu tun. Dafür einiges mit dem Deutschen-Bild der gebildeten Engländer. Während der dreißiger Jahre wird dieses Bild immer düsterer, Agatha kann nur noch den Kopf schütteln. In ihren Memoiren berichtet sie von einer Begegnung zu Beginn des Jahrzehnts: *Wir waren zum Tee in Dr. Jordans Haus in Bagdad. Er versah das Amt des Direktors des Instituts für Altertümer. Guter Pianist, der er war, spielte er uns etwas von Beethoven vor. Dann kam ganz zufällig die Rede auf die Juden. Sein Gesicht veränderte sich – auf eine so erschreckende Weise, wie ich das noch nie bei einem Menschen erlebt hatte. ›Sie verstehen das nicht‹, sagte er, ›vielleicht sind unsere Juden anders als Ihre. Sie sind eine Gefahr. Man sollte sie ausrotten. Eine andere Möglichkeit gibt es nicht.‹ Fassungslos starrte ich ihn an. Er meinte es ernst. Es war das erste Mal, dass ich Bekanntschaft mit dem Unheil machte, das bald darauf aus Deutschland auf uns zukommen sollte.* Agatha ergriff ungern politisch Partei. Sie arbeitete ihre Erfahrungen und Ansichten auf diesem Feld in ihre Romane ein. Die Zeichnung bösartiger und fühlloser Deutscher als – wohlgemerkt! – Randfiguren in ihren Krimis war ihre Art, mit der Beunruhigung umzugehen, die vom zentraleuropäischen Nachbarn ausging.

Dabei war sie durchaus zur Selbstkritik bereit. Englische Aristokraten und Intellektuelle kriegten gern mal als Snobs und Poseure ihr Fett weg, während sie mit dem einfachen Volk sehr viel freundlicher verfuhr. Sich selbst nahm sie auch aufs Korn. Die Kriminalschriftstellerin *Ariadne Oliver* hatte sie schon in einigen Kurzgeschichten eingeführt, bevor sie ihr in *Mit offenen Karten* eine größere Rolle anvertraute. Sie darf als Selbstportrait verstanden werden. Mrs Oliver ist mit Hercule Poirot bekannt, mit dem sie später öfter im Duo ermittelt. Die Dame liebt Papageien und hält etliche in Volièren, sie haust inmitten eines monströsen Gewühls aus Papieren, Büchern, Heften, noch mehr Büchern, fliegenden Blättern, Zeitungen und Krimskrams, sieht öfters arg zerzaust aus und ist auf eine sympathische Art konfus und leicht ablenkbar. Sie hat großartige Ideen, die sogar Poirot verblüffen und die Lösung eines Falls entscheidend voranbringen können. Was diese Stärke betrifft, so stimmte Ariadne Olivers Wesen mit Agathas überein. Auch die Zerstreutheit ihres Geschöpfes, ihre Begriffsstutzigkeit und ihre Art, spontan mit einer Eingebung herauszuplatzen, hat Agatha aus der Selbstbeobachtung projiziert. Aber mit der heillosen Unordnung, in der Mrs Oliver lebt, hat die echte Kriminalschriftstellerin beim Selbstportrait ein bisschen übertrieben, hier hatte sie Lust zu fabulieren. Auch war Agatha – außer vielleicht manchmal als Khatun – immer gut frisiert und stolz auf ihr reiches lockiges Haar.

Im Jahr 1937 nahmen die Mallowans Tochter Rosalind mit nach Syrien. Die Siebzehnjährige hatte nach Aufenthalten in Paris und München die Schule mit Erfolg abgeschlossen und war stolz, an den Grabungsstätten als junge Khatun aufzutreten und ihren Beitrag zu leisten: sie war ziemlich gut mit dem Zeichenstift, weit besser als Agatha, sie konnte mit dem Abzeichnen der Fundstücke eine wichtige Aufgabe erfüllen. *Nur leider war Rosalind im Gegensatz zu ihrer unbekümmert voranstürmenden Mutter eine erklärte Perfektionistin. Wenn etwas nicht ganz so aussah, wie sie es haben wollte, zerriss sie es. Sie machte eine Anzahl von Zeichnungen und sagte dann zu Max: ›Die taugen nichts. Ich werde sie zerreißen.‹*
›Du wirst sie nicht zerreißen‹, erklärte Max.
›Ich werde sie zerreißen.‹
Es gab einen schrecklichen Streit. Rosalind bebte vor Wut, und auch Max wurde richtig zornig. Die Zeichnungen der bemalten Töpfe blieben erhalten und erschienen in Max' Buch über Tell Brak.
In dieser Zeit schrieb Agatha ihr Meisterwerk *Tod auf dem Nil,* in dem sie einen Plot einführte, den sie später wieder aufgreifen würde: Ein Liebespaar trennt sich zum Schein. Der junge Simon Doyle gibt seine Verlobte Jackie auf, um deren Freundin, die reiche und schöne Linnet, die sich Hals über Kopf in ihn verliebt hat, zu ehelichen. Die

Verlassene steckt aber nun mit dem jungen Ehemann nach wie vor unter einer Decke, ihre Eifersucht ist gespielt, der Mordplan erfolgreich. Denn es dauert nicht lange, bis die arme reiche Linnet an einer Schusswunde stirbt. Das bedeutende Vermögen der Toten geht auf den jungen Witwer über; nach einer angemessenen Trauerzeit würde er seine Geliebte von einst wiedersehen und ... Die Geschichte spielt auf einem Nildampfer; lauter Touristen sind versammelt, Simon und seine Angetraute auf der Hochzeitsreise, und die scheinbar verlassene Jackie ist ebenfalls dabei, sie stalkt die Jungvermählten. Es handelt sich um eine jener geschlossenen Szenarien oder auch *locked-room-mysteries* wie bei *Mord im Orientexpress* oder *Tod in den Wolken*, die Agatha sehr mochte und vielfach variiert hat. Ihr größter Erfolg, das Stück – und auch die *short story* – *Die Mausefalle* (englisch: *The Mousetrap),* spielt in einem eingeschneiten Haus. Und ein weiterer Mega-Erfolg: *Und dann gab's keines mehr* (englisch: *Ten Little Niggers*) – auf einer einsamen Insel. Aber auch Fahrzeuge bieten passende Schauplätze für *closed scenarios.* Niemand kann rein, niemand kann raus, im Grunde sitzt, da Poirot zugegen ist, der Mörder von Anfang an in der Falle. Nach dem Zug und dem Flugzeug jetzt also ein Schiff. Wie gut, dass Poirot so gern reist. Er ist auf dem Nil zugegen und ahnt in diesem Fall die wahren Zusammenhänge sehr früh. Irgendwie riecht er, dass der junge Simon und die ihn wütend verfolgende Ex-Verlobte Jackie immer noch zueinander gehören – in der Liebe wie im Verbrechen. Rosalind, die sich zu einer eifrigen Leserin und Kritikerin der Werke ihrer Mutter entwickelt hatte, las das neue Buch und fragte Agatha:

»Warst du eigentlich sehr eifersüchtig damals, als Papa sich in Nancy verliebt hat?«

Agatha runzelte die Stirn. »Ich war verzweifelt. Aber ich konnte Nancy verstehen.«

»Kein Hass auf sie? Kein Todeswunsch?«

»Natürlich habe ich mir gewünscht, dass sie verschwindet. Und das tat sie ja sogar. Ihre Eltern schickten sie auf eine Reise. Aber

Papa kam dennoch nicht zu uns zurück. Er versuchte es, aber es ging nicht. Er gehörte ihr.«

»Uuh«, machte Rosalind, »ich möchte mich nicht verlieben. Schreckliche Dinge können geschehen. Man kann umgebracht werden.«

»Tja, Eifersucht ist in der Tat ein mächtiges Motiv. Aber in *Tod auf dem Nil* ist es die Habgier, die zum Mord führt.«

»Mutter, ich habe gefragt, ob du eifersüchtig warst, weil ja das Opfer, die arme unschuldige Erbin, so unschuldig auch wieder nicht ist. Sie hat ihrer Freundin den Mann weggenommen. Und du bestrafst sie mit dem Tode. War da kein alter Groll dabei?«

»Mein liebes Kind, du solltest gehen und ein paar Töpfe abzeichnen.«

Agatha schrieb im Orient noch den Krimi *Der Tod wartet* (englisch: *Appointment with Death*) und setzte mit diesem Buch ihre Idee von der tyrannischen Mutter um, die ihren Kindern das Leben zur Hölle macht, wie sie es einst im Gespräch mit Madge dargelegt hatte. Mrs Boynton ist nicht zufällig von Beruf Gefängniswärterin. *Sie hat keine Schwäche für Tyrannei, weil sie Gefängniswärterin ist, sondern sie ist es aus dieser Neigung heraus geworden. Es gibt seltsame Dinge im menschlichen Unterbewusstsein, Grausamkeit, Wildheit und die Lust daran.* Agathas durch einen gering dosierten Optimismus und ein seltenes Erbarmen nur schwach getrübter Blick auf die menschliche Natur und der damit verbundene Gruselfaktor sind zweifelsohne ein Grund für ihren spektakulären Publikumserfolg. Ihre Geschicklichkeit beim Ersinnen komplizierter Plots allein hätte dazu nie ausgereicht.

In Syrien schrieb sie auch das Theaterstück *Akhnaton*, das im alten Ägypten spielt, von den Pharaonen Echnaton und Tutenchamun handelt und schwierige Themen wie die Entstehung des Monotheismus anschlägt. Agatha fand ihr Stück ausgezeichnet und sie war sehr enttäuscht, als sich kein Produzent fand, der es aufführen wollte. Als sie im Frühsommer mit den Ihren wieder in England ankam, gab es noch etwas anderes, das ihr großen Kummer machte. Ashfield oder besser gesagt: seine Umgebung, war nicht mehr wiederzuerkennen. Auf der einen Seite verstellte eine neu erbaute Schule die Sicht, auf der anderen eine Nervenheilanstalt. *Manchmal drangen sonderbare Geräusche zu uns herüber, und plötzlich tauchten Patienten im Garten auf. Einmal erschien, einen Golfschläger schwenkend, ein sehniger Oberst im Pyjama und zeigte sich wild entschlossen, alle Maulwürfe zu erschlagen. Am nächsten Tag kam er wieder, um unseren Hund umzubringen, weil er gebellt hatte.* Schlimmer noch waren die bebauten Felder ringsum: Hier waren Siedlungen entstanden, zahllose kleine Häuser, die ländliche Atmosphäre mit ihrer Ruhe und Schönheit war dahin. Agathas Herz schlug in Aufruhr und Seelenpein, aber was sollte sie machen. Sie beschloss Ashfield zu ersetzen; der Zufall wollte, dass ein guter Freund, Kollege ihres Mannes, ihr von einem zum Verkauf stehenden Haus erzählte, das sie schon kannte: *Greenway House*, von ihr bereits als Kind bewundert, lag erhöht ganz nah am Dart – Agathas Mutter hatte einst befunden, es sei das schönste aller Liegenschaften an diesem Fluss, ein *Traumhaus*. Es stammte aus dem Jahre 1780 und hatte später allerlei Anbauten erfahren. Seine Fassade schimmerte weiß durch die Bäume, es war zweistöckig und umgeben von einem Hain. Agatha erwarb es für eine sehr geringe Summe und ließ die Anbauten abreißen. *Heute wünschte ich, ich hätte noch viel mehr abgerissen: die riesige Speisekammer, das große Gewölbe, in dem das Vieh geschlachtet wurde, das Holzlager, die verschiedenen Spülküchen. Stattdessen hätte ich mir eine nette kleine Küche einrichten sollen, nur wenige Schritte vom Esszimmer entfernt, in der ich gut allein zurechtgekommen wäre. Aber mir kam damals nie der Gedanke, dass es eine Zeit geben würde, in der es kein Hauspersonal gab.* Greenway House wurde Agathas Refugium und Residenz, ihr Versteck und ihr Sommersitz, ihr Ort, um allein zu sein und um Feste zu geben. Es wurde ihre Heimat.

Greenway House im Jahre 1959. Agatha Christie lebte dort mit ihrem zweiten
Ehemann, Max Mallowan (1904–1978).

Nun musste sie noch einen weiteren Schritt tun, um wirklich
bereit zu sein für ein Leben in Greenway – sie musste Ashfield ver-
äußern, ihr und Rosalinds Geburtshaus, das in den diversen Krisen der Familie Miller schon mehrmals zum Zwecke des Verkaufs
geschätzt und doch immer wieder »gerettet« worden war. Sie hatte
es geerbt, sie hatte noch kürzlich den Sommer dort verbracht. Wie
schwer fiel ihr es, dieses Heim aufzugeben. Aber sie rang sich dazu
durch, schaffte ihre Sachen hinaus und verbiss sich die Tränen. Die
Einrichtung in dem so viel größeren und prächtigeren und auch besser erhaltenen Greenway House tröstete sie und lenkte sie ab. Tapeten
mussten ausgesucht und Teppiche angeschafft werden. Als Rosalind
nach ihrer »Einführung in die Gesellschaft«, ein Ritual, das für her-
anwachsende Mädchen der gehobenen Gesellschaftsschichten auch

im Jahre 1938 noch verpflichtend war, mit ihrer besten Freundin und deren Mutter eine Reise nach Südafrika unternahm, wusste Agatha, dass wieder eine Epoche zu Ende gegangen war. Sie war frei, sie hatte sich neu eingerichtet, sie wollte arbeiten, sie wollte mit Max zusammen sein. Sie schrieb *Hercule Poirots Christmas, Das Sterben in Wychwood* (englisch: *Murder is easy)* und *Und dann gab's keines mehr* – ein ähnlicher Aufreger wie einst *Alibi.* Es war eine glückliche Zeit, hat sie später gesagt. Aber es war ein privates, ein persönliches Glück, das nicht unberührt bleiben konnte von einer Art atmosphärischem Druck: schwarze Wolken waren aufgezogen am Himmel über Europa. Es war in der Küche von Greenway House, wo Max und sie im September 1939 der Kriegserklärung des Premierministers im Radio zuhörten. *Der Zweite Weltkrieg kam nicht mehr so aus heiterem Himmel wie der Erste. Man vertraute zwar Chamberlains Versicherungen und glaubte ihm, als er sagte, wir würden ›Frieden in unserer Zeit‹ haben. Aber nun lebten wir doch wieder in Kriegszeiten.*

VIII
Theater

»Nein, Mutter, das kannst du nicht machen! Das ist doch furchtbar leichtsinnig! Du setzt dein Leben –«

»Rosalind, du brauchst nicht zu schreien. Ich verstehe dich gut, die Verbindung ist störungsfrei.«

»Habt ihr denn keinen Keller bei euch in den Lawn Road Flats?«

»Natürlich haben wir einen Keller, aber ich bringe es nicht über mich, dort runterzusteigen. Letztlich ist die Gefahr, unter Tage eingeschlossen zu werden, beispielsweise von einer Feuersbrunst, genauso groß wie die Wahrscheinlichkeit, im oberen Stock von einer Bombe getroffen zu werden. *Ich schlafe prächtig bei Alarm, habe mir aber angewöhnt, ein Kissen übers Gesicht zu ziehen* – falls Trümmerteile oder Glassplitter auf mich fallen sollten.«

»Ich finde das alles überhaupt nicht witzig, Mutter.«

»Ich auch nicht, mein Herz. Und falls du fürchten solltest, dass ich nicht überlebe – hier habe ich einen Trost für dich. Ich schreibe gerade zwei Romane parallel, einen mit Poirot, den anderen mit Miss Marple, und ich werde die Rechte daran dir und Max reservieren. Außerdem werde ich verfügen, dass beide Werke erst nach meinem Tod publiziert werden dürfen. Das ist genauso gut, als ob ich eine Lebensversicherung abgeschlossen hätte, deren Prämie euch beiden zugutekäme, verstehst du.«

»Ach, Mutter …« Weil es so kläglich klang, als Rosalind das sagte und weil Agatha fürchtete, ihre Tochter könne das Gespräch beenden, sagte sie schnell:

»Welchen möchtest du haben – Poirot oder Miss Marple?«

»Ich denk drüber nach. – Jetzt muss ich dir aber auch etwas sagen. *Ich werde heiraten. Hubert Prichard, nächsten Dienstag.*«

Agatha schnappte nach Luft. »Das sagst du mir am Telefon?«

»Ein Informationsweg ist so gut wie der andere, denke ich. *Ich nehme an, du willst auch zur Hochzeit kommen, Mutter?*«

»*Natürlich will ich zur Hochzeit kommen!*«

»*Ich dachte es mir. Aber es wäre wirklich nicht nötig. Ich meine, es wäre einfacher und auch weniger anstrengend für dich, wenn du nicht kämst. Wir müssen oben in Denbigh heiraten, wo Hubert stationiert ist, weil er keinen Urlaub bekommt.*«

»*Das ist in Ordnung. Ich komme nach Denbigh.*«

»*Willst du wirklich?*«

»*Jawohl. – Es überrascht mich einigermaßen, dass du mich schon jetzt von deiner Hochzeit in Kenntnis setzt, statt es mir erst nachher mitzuteilen. Vermutlich hat Hubert dich dazu überredet.*«

Agatha legte auf. Ihre Hand zitterte. Rosalind ist wie ihr Vater, dachte sie, knochentrocken und kurz angebunden, wenn es um Gefühle geht. Warum kann sie nicht wenigstens bei ihrer Hochzeit in Feierlaune kommen? Rosalinds Zukünftigen hatte Agatha schon getroffen – aber sie wusste nie genau: ist das nun der Richtige oder bloß ein guter Freund? Prichard war aus Wales, ein Berufsoffizier, groß, angenehm, klug und zurückhaltend. Agatha mochte ihn. Sie wäre erfreut gewesen zu hören, dass die beiden verlobt waren. Hätte Rosalind ihr nicht schon länger mal was flüstern können? Dann aber sah Agatha die Ähnlichkeiten zwischen den Entscheidungen ihrer Tochter und ihrem eigenen Lebensweg und musste lächeln. Auch sie hatte zweimal fast heimlich geheiratet, ohne Aufwand, ohne Feier, weil die Umstände es erforderten. Und genau wie einst Clara war auch sie jetzt empört, als sie vernahm, dass ihre

Tochter eben nur schnell ihr Jawort loswerden und ihre Mutter gar nicht dabeihaben wollte. Wieder eine Kriegsheirat, wieder besondere Umstände. Ob es wohl jemals in ihrer Familie anlässlich einer Hochzeit die große Party mit Glanz und Tanz und köstlicher Tafel geben würde und sie in ihrem besten Kleid und festlicher Frisur dabei sein könnte? Agatha seufzte. Rosalind hatte recht. Jetzt spielten andere Dinge eine Rolle. ›Wir leben eben nicht in Friedenszeiten‹, murmelte sie vor sich hin, ›was jetzt regiert, ist das Böse in der Welt.‹

Max hatte sich nach Ausbruch des Krieges um eine Stellung bemüht, in der er England nützlich sein würde, aber da sein Vater Österreicher und dann auch noch beim Militär gewesen war, stieß er zunächst auf Skepsis seitens der Regierung beziehungsweise deren Personalberater. Ein Freund und Kollege namens Stephen Glanville, ein Ägyptologe, setzte sich für ihn ein, und so erhielt Max zu seiner und Agathas großer Freude einen Posten beim Luftfahrtministerium. Jetzt hieß es für Agatha, die stets so nah wie möglich bei ihrem Mann sein wollte, Greenway verlassen und verpachten und mit Max nach London ziehen. Es begann eine Odyssee durch verschiedene Wohnsitze und Bezirke; bald nachdem die Mallowans in Agathas Besitz *Sheffield Terrace* gezogen waren, wurde das Haus von einer Bombe getroffen; am Ende ließ sich das Paar als Mietpartei in den Lawn Road Flats in Hampstead nieder, einem modernen Bauhaus-Komplex. Stephen Glanville und seine Frau Ethel lebten ganz in der Nähe. Agatha suchte sich, wie auch schon während des Ersten Weltkrieges, eine Aufgabe, um Leid zu lindern; sie nahm eine Aushilfsstelle in der Apotheke am University College Hospital an. Ihr schönes Greenway House wurde zuerst in ein Heim für Kriegswaisen verwandelt, dann von der Admiralität requiriert und den Verbündeten, genauer: den Offizieren einer amerikanischen Flottille, zur Verfügung gestellt. Agatha wuchsen etliche graue Haare angesichts dieser Metamorphosen ihrer geliebten Residenz, aber sie erhielt einen finanziellen Ausgleich, und die Amerikaner verwüsteten das

Anwesen, anders als Agatha befürchtet hatte, keineswegs, sondern behandelten es pfleglich. Nur den Garten überließen sie sich selbst.

In der Lawn Road richtete Agatha sich mit Tisch und Stuhl und Schreibmaschine ein und arbeitete trotz Krieg und Knappheit, trotz Sorge um Leib und Leben und Dienst in der Apotheke mehr als je zuvor – ja, sie tat es nicht trotz, sondern wegen der schweren Zeit. *Anders als manche Kollegen hatte ich nie Schwierigkeiten, während des Krieges zu schreiben. Ich kapselte mich ab. Ich konnte im Buch mit den Menschen leben, über die ich schrieb, konnte ihren Gesprächen lauschen und sehen, wie sie sich in den Räumlichkeiten bewegten, die ich für sie erfunden hatte.* Im Jahr des Kriegsausbruchs war *Und dann gab's keines mehr* erschienen, ein Buch, das Furore machte und später mit hundert Millionen verkauften Exemplaren zu den Spitzentiteln auf der Liste aller Bestseller weltweit zählen sollte. *Ich sage nicht, dass es mir von allen meinen Büchern am besten gefällt oder dass es mein bestes ist, aber ich bin der Meinung, dass es mehr als jedes andere mein handwerkliches Können unter Beweis stellt.* Es gab durchaus positive Kritiken, aber auch abschätzige Stimmen, die sich über die irreale, verstiegene Konstruktion beschwerten. Dazu gehörte Agathas amerikanischer Konkurrent Raymond Chandler, der ihr mangelnde Plausibilität nachzuweisen suchte und schließlich resignierte mit dem Satz: »*Ich kann sie nicht lesen.*« Doch Agatha blieb unerschüttert. Sie wusste, dass sie mit diesem Krimi literarische Hochseilartistik geliefert hatte – das sollte er ihr erstmal nachmachen, der geschätzte Kollege. Der Plot geht so: Auf einer Insel nahe der Küste von Devon lädt ein Unbekannter eine Gruppe von Menschen zu einer Wochenendparty ein, einige von ihnen sollen dort auch Jobs machen: Küche, Service, Sekretärsarbeiten. Alles ist perfekt vorbereitet, die Leute kommen per Boot an und machen sich miteinander bekannt; man nimmt das Festmahl ein, aber der Gastgeber taucht nicht auf. Da stirbt einer der Gäste, man weiß nicht, woran. Die anderen schöpfen noch keinen Verdacht. Aber nach dem zweiten Todesfall wird klar: der seltsame Mr Owen, der mittels Tonband zu seinen Gästen spricht, verfolgt einen Plan. Er ist davon überzeugt, dass jeder einzelne seiner Besucher ein Menschenleben auf dem Gewissen hat und will jetzt für tödlich-ausgleichende Gerechtigkeit sorgen. Die Ge- und Verladenen entdecken, dass es kein zweites Gebäude auf dem Eiland gibt und dass die Bootsverbindung zum Festland abgebrochen wurde. Jetzt wissen sie: Sie sind gefangen, und der Mörder ist einer von ihnen. Jeder verdächtigt jeden. Am Ende ist keiner mehr am Leben.

Agatha telefonierte mit Nan, um herauszufinden, ob einer aus deren Freundes- und Bekanntenkreis sich in dem hochkomplizierten Handlungsgespinst verfangen und den Roman abgelehnt habe.

»Oh, nein«, antwortete Nan. »diesmal bist du zu weit gegangen, Agatha, und deshalb bewundern wir dich restlos. Wie kann man sich so etwas ausdenken! Das ist dermaßen kühn, dass jedes Gemeckere kleinlich wirkt.« Auch Edmund Cork beglückwünschte Agatha zu ihrem neuen Erfolg.

»Der Roman ragt heraus«, sagte er. »Das können Sie nicht mehr toppen. Erzählen Sie jetzt wieder was mehr *down to earth*, eine Geschichte mit realistischem Plot und bitte mit Monsieur Poirot.«

»Ja-ja«, sagte Agatha, »werde ich machen«, aber sie dachte noch in eine andere Richtung. Sie wollte *Und dann gab's keines mehr* auf die Bühne bringen, und zwar hatte sie fest vor, den Text dafür selbst zu verfassen, ehe irgendein Theaterautor sich an die Umarbeitung machte und ihre besten Einfälle und stärksten Figuren wegstrich. Das hatte sie schon erfolgreich mit dem *Haus an der Düne* durchgesetzt, ihr Stück, das zur Zeit mit Francis Sullivan als Poirot im *New Theatre* lief, und sie würde mit *Und dann gab's keines mehr* den Sprung über den großen Teich nach New York anpeilen – das war ihr vorläufig noch geheimer Plan und ihr größter Ehrgeiz. Cork gegenüber hielt sie lieber mit ihren Theaterideen hinterm Berg, denn ihr Agent und Berater schätzte es nicht, wenn sie allzu viele Ausflüge in benachbarte Kunstgattungen unternahm, also sich am Theater herumtrieb oder Herz-Schmerz-Romane unter Pseudonym schrieb. ›Junge‹, dachte Agatha bei sich in Richtung Cork, ›du kannst mich mal. Du verdienst einen Haufen Geld mit mir, und nun lass mir auch meine Freiheit als Schriftstellerin.‹ Sich selbst gestand Agatha ein, dass sie, seit sie als Sechzehnjährige die Tosca studiert hatte, ihren Traum von der Bühne nie ganz beerdigen konnte. Wenn es denn wegen ihrer schwachen Mittellage zur Sängerin nicht gereicht hatte, dann sollte ihre Stimme wenigstens durch den Mund ihres listigen Detektivs oder eines infamen Killers auf den Brettern erschallen. *Und dann gab's keines mehr* würde nicht leicht für die Bühne zu bearbeiten sein. Es gab ja in diesem Plot keinen Detektiv – aber einer oder eine musste übrig bleiben, sonst konnte man die Geschichte nicht erzählen. Der Schluss und somit auch die vorhergehenden Akte mussten völlig neu erfunden werden.

Agatha hatte noch einen weiteren Grund, die Bühne im Auge zu behalten: Es ging ums Geld. Theaterproduktionen brachten ordentliche Tantiemen ein, denn – so unwahrscheinlich sich das bei einer Bestseller-Autorin ihrer Klasse anhört – sie war wirklich klamm. Der Grund war eine des Krieges wegen reformierte Steuergesetzgebung, dank derer das Finanzamt tief in ihre Tasche greifen konnte. Ferner waren die amerikanischen Finanzbehörden auf die erfolgreiche Mrs Christie aufmerksam geworden und rechneten heraus, dass sie ihre Einkünfte auf dem US-Buchmarkt unzureichend versteuert hätte. Neue, kriegsbedingte und gegen jedes Rechtsempfinden zurückdatierte Bestimmungen erlaubten es den Ämtern, gegen im Ausland lebende Autoren große Forderungen zu erheben. Mithin hatte Christie in den Staaten unwissentlich eine beträchtliche Steuerschuld aufgehäuft, die dazu führte, dass die ihr zustehenden Honorare beschlagnahmt und einbehalten wurden und sie – so empfand sie es – nur noch schrieb, um sich aus dem Schatten des Steuerbetrugs herauszuarbeiten. Irgendwann fragte sie sich, ob es nicht günstiger für sie sei, mit dem Schreiben überhaupt aufzuhören oder wenigstens keine Bücher mehr in den USA herauszubringen.

Agatha Christie und die Schauspielerin Margaret Lockwood (1916–1990) bei der
Premiere von Towards Zero am 4. September 1956 im St. James Theatre, London.

Ihr amerikanischer Agent Mr Harold Ober war untröstlich wegen
der schlechten Nachrichten, die er immer wieder überbringen
musste. Auch ihr US-Verlag Dodd, Mead and Company konnte sich
gegen die Übergriffe des Finanzamts nicht zur Wehr setzen. Agatha
ihrerseits lehnte es ab, sich durch den Dschungel der Verordnungen,
Verfügungen und Sonderabgaben hindurchzuquälen. Sie überließ
alles ihren Agenten und den mit ihnen kooperierenden Anwälten
und musste sich der Tatsache stellen, dass sie, die so hart arbeitete
und so erfolgreich war, mit Schulden dastand. Sie hat nie verstanden, wie es dazu kommen konnte. Die Spur ihrer Enttäuschung ob
der gierigen Finanzämter, die ihr den Geldhahn abzudrehen und die
Freude an der Arbeit zu trüben drohten, findet sich überall in ihrem
Werk. Wenn sie Leute vorkommen lässt, die finanzielle Probleme
haben, ist gern mal der Staat dran schuld.

Um Cork und den Fans von Hercule Poirot Genüge zu tun, schrieb Agatha 1940 *Sad Cypress*, ein Buch, das des Krieges wegen mit Verzögerung in Deutschland unter dem Titel *Morphium* erschien. Diese Geschichte um eine große Erbschaft und einen Giftmord war eher eine Pflichtübung, und Agatha war nie zufrieden damit. *One, Two, Buckle My Shoe*, zu Deutsch *Das Geheimnis der Schnallenschuhe*, das von Poirot und Scotland-Yard-Mann Japp gelüftet wird, kam als Nächstes. Es gefiel ihr wieder besser. *Die Tote in der Bibliothek* (englisch: *The Body in the Library*) schrieb Agatha für ihre treuen Miss-Marple-Fans. In dem trefflichen Krimi *Das Böse unter der Sonne* (englisch: *Evil Under the Sun*) widmete sie sich der menschlichen Verstellungskunst, der Neigung, Fassaden zu errichten. Die Gäste eines *Jolly Hotels* an einem Küstenort sind nicht, was sie scheinen, bis Poirot ihnen die Masken abnimmt und aufzeigen kann, was Wahrheit ist und was Vorspiegelung. In den Jahren danach folgten *Kurz vor Mitternacht* (englisch: *Towards Zero*) und *Blausäure* (englisch: *Sparkling Cyanide*), in denen sich Agatha von Poirot erholte und auch Miss Marple nicht auftreten ließ, sondern Superintendent Battle und Oberst Race ins Rennen schickte; in *Blausäure* spann sie die Geschichte entlang der Frage: Selbstmord oder Mord? aus, in *Kurz vor Mitternacht* variierte sie noch einmal ihre beliebte Dreiecks-Konstellation: ein Mann zwischen zwei Frauen. Hinzu kam das Phänomen der falschen Selbstbezichtigung. Beide *mysteries* waren auch ohne die beliebten Detektiv-Figuren sehr erfolgreich.

Max wurde seiner Sprachkenntnisse wegen vom Kriegsministerium nach Kairo geschickt, um dort bei der Militäradministration für die Koordination zu sorgen – hierhin konnte Agatha ihm unter keinen Umständen folgen. Sie blieb allein – nicht einmal Carlo war noch an ihrer Seite, denn die Patriotin hatte in einer Fabrik angeheuert, die kriegswichtige Materialien fertigte. Agatha arbeitete Tag für Tag in der Apotheke und schrieb abends oder nachts ihre Bücher. Und Briefe an ihren Mann. »*An manchen Tagen ist meine Sehnsucht nach dir besonders heftig. Es ist wie ein Schmerz in meiner Mitte, der sich im Kreise dreht – hattest du je auch so ein Gefühl? Ich träume in letzter Zeit alle möglichen Träume von dir, wirklich sehr erotische und frivole Träume! Wie außergewöhnlich, nach all den Jahren, die wir nun schon verheiratet sind. Das hätte ich nie für möglich gehalten. Es ist schön, so zu träumen. Nur das Erwachen gefällt mir gar nicht.«* Max antwortete auf der nämlichen Wellenlänge, anspielungsreich, sehnsüchtig und voller Herz, wie es sich gehört für einen Liebenden. *»Merkwürdige Bilder tauchen auf. Wie ich den Garten in Greenway plante, unter den Linden saß und über den Rasen schaute, meine Bücher in der Bibliothek, unsere Gespräche über die Archäologie. Was ich an dir so mag, ist deine Phantasie, die eine ständige Anregung für mich ist, und das braucht der Wissenschaftler in mir, ebenso wie deine Liebe, ohne die das Leben eine triste Sache wäre ...«* ›Verdammter Krieg‹, dachte Agatha, ›wir friedlichen Leute müssen ihn bezahlen. Mit Heller und Pfennig und mit dem Leben. Nicht nur, dass so viele Menschen sterben, schon die Trennungen sind furchtbar. Die arme Rosalind sitzt in Wales bei der Familie ihres Mannes, frisch verheiratet und allein in ihrem Ehebett, während Hubert auf dem Kontinent kämpft. Und Max? Wer weiß, wann er wiederkommt – ob er wiederkommt?‹ Wenn sie sich gar zu allein fühlte, ging sie ins Theater, sah sich die neueste Shakespeare-Inszenierung an und traf sich anschließend mit Francis Sullivan. Der verstand sie von allen am besten, denn er versuchte nie, an Patriotismus zu appellieren, wenn sie von ihrer Einsamkeit sprach und von ihrer Sehnsucht nach Max.

»Der Krieg ist eine Katastrophe. Aber was sollen wir tun? Hitler das Feld überlassen? Dennoch: Man verlangt von den Frauen, für ihre Männer zu beten und für den Sieg. Dabei ist es ja nicht ihr Krieg. Oder?«

Agatha schüttelte den Kopf. »Vielleicht gibt es kriegerische Frauen. Ich gehöre nicht zu ihnen. Ich bin immer wieder erschrocken über die menschliche Natur. *Die Gier nach Macht, die Gier nach Grausamkeit, das wilde Verlangen, niederzureißen und zu zerstören, das ganze Erbe unserer menschlichen Entwicklung ... Jetzt erleben wir es – eine Abkehr von der Menschenliebe, vom Mitleid, vom brüderlichen guten Willen. Manchmal klingen die politischen Deklarationen, die den Krieg verteidigen, überzeugend, dank einer klugen Führung, einer geschickten Regierung, aber sie beruhen auf Gewalt, auf einem Fundament aus Grausamkeit und Angst. Sie öffnen weit die Tür, diese Apostel der Gewalt, sie lassen die alte Wildheit frei, die alte Freude an der Grausamkeit um ihrer selbst willen. Der Mensch ist ein Tier und hat ein sehr empfindliches seelisches Gleichgewicht. Sein oberstes Gebot ist es, zu überleben. Vielleicht ist es unvermeidlich, dass die Barbarei immer wieder ausbricht. Aber man darf sie doch nicht verherrlichen!«*

Francis ergriff ihre Hand und legte sie an seine Wange. »Max wird zurückkommen«, sagte er. »Arbeite nur unverdrossen weiter. Wie ich ihn kenne, freut er sich darauf, bald ein neues Manuskript von dir zu lesen.«

»Das muss er gar nicht. Er kann einen druckfrischen Roman lesen – du auch. Gerade erscheint *Das unvollendete Bildnis* (englisch: *Five Little Pigs*)«, sagte Agatha. »Ich habe das Dreieck noch einmal zum Ausgangspunkt genommen: ein Mann, der ein genialischer Maler ist, seine Frau und sein Modell. Die Frau ist der besorgte Typ, das Modell ein völlig sorgloses, sehr junges Mädchen. Es ist schön und genießt seine erotische Anziehungskraft. Aber diesmal entscheidet sich der Mann gegen die Verführerin.«

»Warum ist dann die Ehefrau in Sorge?«

»Weil er dem Mädchen nachgibt – in jeder Hinsicht.«

»Er schläft mit ihr?«

»Ja. Und sie träumt davon, dass er seine Frau aufgibt und sie heiratet.«

»Warum tut er so was, wenn er doch an seiner Ehe festhalten will?«

»Weil er das Entgegenkommen der jungen Frau braucht, solange er sie malt. Wenn das Bild fertig ist, will er sie aufgeben. Für die Kunst tut er alles, verstehst du, sie steht auf der Skala seiner

Prioritäten noch über der Liebe. Aber – das Bild wird nicht fertig. Er wird vorher ermordet. Wer hat ihn auf dem Gewissen? Die Frau? Das Modell? Ein alter Freund, der ihn um seine Attraktivität beneidet? Ich glaube, das Ding ist gelungen, Francis.«

Sullivan schrieb sich den Titel auf. Dann fragte er:

»Und wann folgt deine nächste Attacke auf das Theater?«

Im September des Jahres 1943 wurde der kleine Mathew Prichard geboren, Agathas Enkelsohn. Rosalind ließ es sich nicht nehmen, ihr Kind bei der geliebten Tante Madge auf Abney Hall zur Welt zu bringen. »*Als es so weit war*«, erinnert sich die Großmutter, »*bekam ich ein Telegramm und fuhr eilends hinauf. Stolz lag Rosalind in ihrem Bett. ›Er ist ein Monstrum‹, sagte sie, helles Entzücken im Gesicht, ›ein Riesenbaby‹. Ich besah mir das Monstrum. Glücklich und zufrieden lag es da. Und als Hubert und sein getreuer Bursche kamen, um den Kleinen anzusehen, herrschte eitel Wonne. Leider wurde es mit den Bomben immer schlimmer. Für eine junge Mutter war das besonders qualvoll, und ich wünschte, ich hätte Greenway zu meiner Verfügung gehabt.*« Agatha kehrte zum Zeitvertreib des Strickens zurück, den sie seit Längerem aufgegeben hatte, weil ihr die Geduld dazu fehlte. Jetzt war jemand da, der Mützchen und Jäckchen brauchte.

Max war inzwischen in Tripolis stationiert – er brachte es dort zum Rang eines Staffelkommandanten. Sein Freund Stephen Glanville war in London geblieben, Agatha sah ihn oft. Immer wenn es ihm oder seiner Frau gelungen war, knappe Lebensmittel zu ergattern wie etwa Butter, Eier oder frische Fische, rief er Agatha an und zelebrierte für sie und andere kleine Festessen. Eines Abends, als die übrigen Gäste gegangen waren und Ethel sich zurückgezogen hatte, saß er mit Agatha im *drawing room* und sagte mit verschwörerischer Stimme:

»Meine Liebe, ich habe da eine Idee, und du musst sie umsetzen! Warum nicht mal einen Kriminalroman schreiben, der im alten Ägypten spielt?«

»Was meinst du mit ›altem Ägypten‹? Dachtest du an die Vorkriegszeit?«

»Nein-nein, an das zweite Jahrtausend vor unserer Zeitrechnung.«

»*Aber das kann ich nicht.*«

»*O doch, du kannst es. Ich sehe keinen Grund, warum eine Detektivgeschichte nicht genauso gut im alten Ägypten spielen sollte wie im England des Jahres 1943.*«

»Stephen, das kann nicht dein Ernst sein. Damals galt Mord als Mittel der Politik, die Menschen schlugen einander aus dem Affekt heraus tot, und es gab keine Detektive. Recht sprachen die Götter.«

»Schon, aber es gab Schuld und Sühne, Rache und Vergebung, ganz wie heute. Ich meine, das müsste dich doch reizen, zu zeigen, wie tief diese Grundstöcke der Moral in der menschlichen Natur verankert sind.«

Agatha lächelte. Der gute Stephen besaß eine gefürchtete Redegabe, und Agatha wusste, dass sie sehr leicht zu beeinflussen war. Was jedoch ihr Werk betraf, so behielt sie sich stets das letzte Wort vor. Jedenfalls glaubte sie das.

»Ich fürchte, da kriege ich Schwierigkeiten mit Collins«, sagte sie. »Außerdem ist mir schleierhaft, wie ich das erzählen soll. Ich weiß ja nichts von dem antiken Alltag. *Was haben die Leute gegessen – wie haben sie ihr Fleisch zubereitet? Nahmen Männer und Frauen ihre Mahlzeiten gemeinsam ein oder voneinander separiert? Wie haben ihre Schlafräume ausgesehen? Haben sie ihre Wäsche in Schränken oder Kommoden aufbewahrt?* All das …«

»Siehst du, genau deswegen möchte ich, dass du das Buch schreibst«, rief Stephen, »weil ich das nämlich alles weiß. Ich kann und werde dich beraten. Und du musst immer wieder bei mir vorbeikommen und mich mit deiner liebenswürdigen Anwesenheit erfreuen und zerstreuen. – *Also hier*«, er wandte sich zu seiner Handbibliothek, »*hätten wir schon die eine oder andere Epoche.*« Er suchte ein halbes Dutzend Bücher über das alte Ägypten heraus, fuhr seinen Gast samt den Büchern in die Lawn Road und verabschiedete sich mit einem Handkuss. Agatha war sehr beeindruckt von Stephens Vertrauen in ihre Fähigkeiten. Sie war in die Falle getappt.

Aber erst einmal musste sie *Und dann gab's keines mehr* für die Bühne umschreiben. Das erforderte eine Neukonstruktion der ganzen Geschichte. Agatha saß bis tief in die Nächte an dem Stück und bewältigte es zum Preis eines dauernden Schlafmangels. Da sie sich zur selben Zeit in Mary Westmacott verwandelte und ihren dritten Roman unter diesem Namen schrieb, ein Buch, das ihr selbst von allen ihren Werken mit am besten gefiel, war sie nach Abschluss dieser Arbeiten vollständig entkräftet. *Ich sah so angegriffen aus, dass sich alle Leute Sorgen um mich machten. Man fürchtete, ich sei krank. Doch es war nur Müdigkeit und Erschöpfung, aber es war mir diese Müdigkeit und Erschöpfung wert, dass ich zur Abwechslung mal keine Schwierigkeiten beim Schreiben selbst gehabt hatte. – Ich nannte das Westmacott-Buch* ›Ein Frühling ohne dich‹, *nach jenem Sonett von Shakespeare, das mit den Worten beginnt: From you I have been absent in the Spring.* Der Roman, von Agatha in nur wenigen Tagen runtergeschrieben, erzählt von der Lebenskrise Joan Scudamores, einer Anwaltsgattin aus London, die während eines Unwetters und damit verbundenen Zugausfalls in einem kleinen Gasthof am Rand der syrischen Wüste festsitzt und anfängt, eine Art Lebensbilanz zu ziehen. Sie erkennt, dass vieles in ihrer Vita völlig anders war, als sie bis dahin angenommen hatte, dass ihr Mann eine andere Frau geliebt hatte und ihre Kinder nicht deshalb so früh, schnell und weit von zu Hause fortgegangen waren, weil sie ihr Glück in der Ferne suchten, sondern weil sie von ihrer Mutter loskommen wollten. Sie sah plötzlich, dass sie mit herrischem Zugriff auf das Leben ihrer Lieben nicht, wie sie stets und stolz geglaubt hatte, Glück, sondern Verzweiflung und Elend verursacht hatte. Es ging Agatha hier um die Kehrseite des Privilegs, das Frauen der betuchten Schichten ihrer Überzeugung nach genossen: die Befreiung von der Notwendigkeit, sich ums Geldverdienen zu kümmern und sich überhaupt für die weite Welt zu interessieren – diese müßigen Frauen entwickelten nicht selten eine zerstörerische Dominanz in ihrer kleinen familiären Binnenwelt, die alles negierte und unterdrückte, was ihren eigenen Maßstäben und Vorlieben entgegenstand. Agatha, die ja nun selbst eine äußerst berufstätige Frau war, sollte sich dennoch zeitlebens nicht aktiv für die Gleichberechtigung einsetzen – dennoch sah sie klar, wozu die Festlegung der Frauen auf die Familienrolle führen konnte. Im Grunde ist *Ein Frühling ohne dich* auch ein Krimi: eine Frau kommt sich selbst auf die Schliche.

Das Theaterstück nach dem Roman *Und dann gab's keines mehr* wurde am Ende des Jahres 1943 im St. James Theatre uraufgeführt, im Jahr darauf kam es, wie Agatha gehofft hatte, im New Yorker Broadhurst-Theater heraus. Als Dramatikerin hatte sich Agatha damit durchgesetzt, und das befriedigte sie mehr als alle Bucherfolge zusammen. *Jedenfalls leitete ›Last Weekend‹, wie das Stück in Amerika genannt wurde, ihre Doppelkarriere als Schriftstellerin und Bühnenautorin ein.* Das Interesse einer amerikanischen Filmproduktionsfirma an dem Stoff bedeutete ihr vergleichsweise wenig.

Mit Madge ging Agatha zu den Proben ins St. James und genoss den Duft von altem Samt und frischem Sperrholz. *Ich fand es immer erholsam, in Kriegszeiten mit Schauspielern zusammen zu sein, denn für sie gibt es nur die Welt des Theaters und sonst keine. Der Krieg war für sie ein Albtraum, der sie daran hinderte, ihr Leben zu leben, und darum redeten sie immer nur vom Theater, was es in der Welt des Theaters Neues gab und wer bei der Truppenbetreuung mitmachte. Es war wunderbar erfrischend.* Agatha hatte das Recht erworben, bei den Besetzungen und auch bei den Inszenierungen ein Wörtchen mitzureden; sie wusste, dass das ein Privileg war, denn normalerweise wollten sich die Bühnenprofis von niemand in ihre Arbeit reinreden lassen, eine Haltung, die Agatha gut verstand. Andererseits handelte es sich bei einer Inszenierung, anders als bei der Abfassung eines Romans oder eines Stücks, immer um Teamwork, das hieß, man musste sich auseinandersetzen und zusammenraufen. Zufrieden registrierte Agatha, dass das Theatervölkchen sie nach und nach als eine der Ihren empfand. *»Ich benehme mich schon ganz theatermäßig«*, schrieb sie an Max, *»und nenne die schrecklichsten Leute ›darling‹.«* Zur Premiere von *Und dann gab's keines mehr* erschien Agatha in einem Brokatkostüm und sprach bis zum Schlussapplaus kein Wort, damit niemand merkte, wie aufgeregt sie war. Zwischen ihr und Rosalind saß Stephen Glanville in der Loge. Er schrieb ihr am nächsten Tag:

»Liebste Agatha, der gestrige Abend war wirklich erinnerungsträchtig. Es war herrlich, mit so vielen absolut entzückenden Menschen zu feiern. Am besten von allen waren die verschiedenen Agathas: die nervöse Agatha (bis die Aufführung vorbei war) – mehr als schüchtern, sogar mitten unter ihren engsten Freunden; Agatha im Moment des Triumphes – strahlend, aber dennoch darauf pochend, nur von Freunden umgeben zu sein, und kein bisschen ich-bezogen; und zuletzt die gelöste Agatha – herrlich sie selbst, in Harmonie mit dem Erfolg und auch mit der Absicht, noch mehr zu erreichen.«

Sie arbeitete gerade an *Die Schattenhand* (englisch: *The Moving Finger*), ein Krimi mit einem kriegsverletzten Flieger im Mittelpunkt und mit Miss Marple, als Rosalind anrief und mitteilte, dass ihr Mann Hubert vermisst würde. Ach, in wie vielen Fällen war dieses »vermisst« nichts anderes als eine Todesanzeige! Agatha hatte ihrerseits lange nichts von Max gehört. Sie erwachte morgens mit einem Druck auf der Brust. Nachts träumte sie von einer Invasion der Hunnen auf die britische Insel. Als dann noch eine Bombe ins St. James Theater einschlug und die Inszenierung von *Und dann gab's keines mehr* nach Cambridge ausweichen musste, sank Agathas Mut, und ihre spontane Freude an der Arbeit litt. Sie machte trotzdem weiter – das müssen wir Profis eben, sagte sie sich. Ihr literarisches Alter Ego Mrs Oliver wird (in dem Krimi *Cards on the Table*) mal von einer jungen Bewunderin gefragt, wie es ihr so ergehe beim Schreiben und ob denn nicht Schreiben überhaupt das Schönste auf der Welt sei. Die Schriftstellerin – sie ist übrigens eine erklärte Feministin – antwortet: ›Warum?‹ ›Oh, Madam‹, sagt das Mädchen, ›es muss einfach wundervoll sein, sich hinzusetzen und ein ganzes Buch runterzuschreiben.‹ ›So läuft es aber nicht‹, sagt Mrs Oliver, ›erstmal muss man nachdenken. Und nachdenken ist immer öde. Außerdem muss man planen. Und dann bringt man die Dinge durcheinander und hat das Gefühl, nie wieder aus dem Irrgarten der eigenen Erfindungen rauszukommen. Aber man schafft es schließlich doch. Schreiben ist wirklich nicht sonderlich erfreulich. Es ist harte Arbeit – wie so vieles andere auch.‹ ›Es scheint aber nicht wie Arbeit‹, wendet die Bewunderin schüchtern ein. Mrs Oliver schüttelt den Kopf. ›Nicht für Sie! Weil Sie diese Arbeit nicht machen. Für mich fühlt es sich sehr wohl wie Arbeit an. Manchmal gelingt es mir nur fortzufahren, wenn ich mir ein ums andere Mal vorrechne, wie viel gutes Geld ich für die Rechte des Vorabdrucks in einer Zeitschrift einnehmen werde. Das spornt mich dann an, wissen Sie.‹ Desillusioniert verlässt die junge Dame das Studio der Schriftstellerin. Mrs Oliver steckt ihr noch schnell ein signiertes Buch zu, damit die Ärmste nicht gar so enttäuscht abziehen muss.

Arbeit ist indessen genau die richtige Ablenkung in Zeiten der Ungewissheiten und Ängste, also stürzte sich Agatha in den Roman *Rächende Geister* (englisch: *Death Comes As the End),* wie das Buch heißen sollte, das sie auf Anregung Stephen Glanvilles schrieb. Als Cork erfuhr, dass der nächste Christie im alten Ägypten spielen werde, sträubten sich ihm die Haare, und er versuchte, Agatha den Plan auszureden. »Aber ich habe einen wunderbaren Berater, Stephen Glanville, er kennt sich aus und wird alles gegenlesen.« Cork konnte Agatha nicht stoppen, er stellte sich mit Entsetzen vor, was Collins sagen würde. ›Warum ruiniert diese geniale Frau ihre Karriere durch solche Eskapaden?‹ So etwa würde er reagieren. ›Eine Geschichte, die vor viertausend Jahren spielt! Mit Priestern, Sternguckern, Sklaven und Konkubinen … Wer will denn so was lesen.‹ Mit Herzklopfen wartete Cork auf dieses vollkommen abseitige neue Manuskript. Derweil rief Agatha fast täglich bei Glanville an. »Wie haben die Menschen damals ihre Mahlzeiten eingenommen? Im Sitzen, im Hocken oder im Liegen wie die Römer? Besaßen sie öffentliche Bäder?« Manchmal wusste Glanville es auch nicht. Dann sagte er: »Mach es irgendwie, verlass dich auf dein historisches Einfühlungsvermögen. Du kannst dir auch ruhig mal was ausdenken.« Agatha hatte durch ihre Mitarbeit an den archäologischen Fundstätten im Orient tatsächlich so etwas wie ein Gespür für Geschichtlichkeit erworben, sie wusste im Großen und Ganzen, wann sie draufloserzählen konnte und wann es galt, sich in Büchern oder bei Stephen zu vergewissern, ob bestimmte Handlungsweisen ihrer Figuren sich so oder so ähnlich hätten zutragen können. Die alles umfassende Religiosität dieses antiken Universums, das stete Wandeln der Menschen im Schatten der schützenden und rächenden Götter, sorgte ja schon für ein inkommensurables Lebensgefühl angesichts der säkularisierten Welt, in der alle ihre sonstigen Krimis spielten. Dennoch: Es waren Menschen, die da agierten und litten, und ihre Natur war so anders als die der heutigen auch wieder nicht. Agatha wollte sich zwar einige Erfindungen leisten, aber keine offenkundigen Anachronismen. Ihr Ehrgeiz, dem Lesepublikum mit *Rächende Geister* eine versunkene Epoche so lebendig zu präsentieren, wie es die Tonscherben von Nimrud, die sie selbst gereinigt und klassifiziert hatte, auf ihre Art vermochten, war erwacht und leitete sie bei diesem anspruchsvollen Buch.

Dann kam sie, die Nachricht, dass Schwiegersohn Hubert gefallen war. ›Jetzt hat es uns doch getroffen‹, dachte Agatha. Sie war in jenen Tagen bei Rosalind in Wales, und sie wusste nicht, was sie tun sollte. Sie besprach sich in Gedanken mit Carlo, die nicht bei ihr sein konnte und fragte sich, was die Freundin ihr wohl geraten hätte. »Rosalind hat Huberts Kind«, hätte Carlo jetzt gesagt, »das wird sie trösten. Sie ist jung, sie wird darüber hinwegkommen.« Aber wann? Und wie am besten? Agatha fehlten die richtigen Worte, aber sie war immerhin da und nah. Rosalind war wie stets die Ruhe selbst, blass und gefasst. »Weine nicht, Mutter«, sagte sie. »Ich habe es vorausgeahnt. Du etwa nicht?«

›Bevor ich auch noch draufgehe‹, dachte Agatha auf der Rückfahrt nach London, ›überarbeite ich lieber das Buch, das Rosalinds Lebensversicherung sein soll.‹ Sie ließ *Ruhe unsanft* (englisch: *Sleeping Murder*), Miss Marples letzten Fall, die Aufklärung eines Mordes, der viele Jahre zurückliegt und an dessen Umstände sich eine junge Frau, die als Kind eine ungesehene Zeugin war, durch zufällige Assoziation schockartig, aber unklar erinnert, in ein Bankschließfach legen – erst nach ihrem Tod sollte das ingeniöse Werk herauskommen und ihren Erben etwas eintragen. Und so geschah es. *Sleeping Murder* schlief lange im Schließfach und wurde später ein spektakulärer Erfolg. Hinzu kam *Vorhang* (englisch: *Curtain*), Poirots letzter Fall, der zwar noch zu Lebzeiten Christies erschien, aber ebenfalls Jahrzehnte im Tresor auf seine Veröffentlichung warten musste. Agatha tauschte die Rechte-Übertragung auf ihre beiden Haupterben noch einmal aus. Max erhielt schließlich das Copyright an *Ruhe unsanft* und Rosalind das an *Vorhang*.

In Hollywood arbeitete der französische Regisseur René Clair an der Verfilmung von *Last Weekend;* die Besetzung war großartig, der Ruf des Filmemachers untadelig, dennoch fürchtete sich Agatha vor dem Resultat, denn schließlich war es nicht sie, die das Drehbuch geschrieben hatte. Umso froher war sie, als *Der Tod wartet* (englisch: *Appointment with Death*), einer ihrer Poirot-Romane aus den Dreißigern, in ihrer Bearbeitung im Piccadilly-Theater herauskam. Und weil das Stück so gut lief, brachte das Ambassador-Theater *Tod auf dem Nil* (englisch: *Hidden Horizon*) auf die Bühne. Agatha musste wieder ihre Hüte mit breiter Krempe aufsetzen, weil sie enorm populär geworden war und ihr auf der Straße die Fans auflauerten. ›Es ist bemerkenswert‹, dachte sie, ›dass mitten im Krieg, trotz Not und Gefahr, so viele Menschen ins Theater gehen. Oder sind es sogar mehr als in Friedenszeiten?‹

Agathas Fan-Gemeinde wuchs und mit ihr auch der Chor kritischer Stimmen. Vor allem in Amerika gab es Literaturkritiker, denen daran lag, den Reiz des Kriminalromans zu untersuchen und der Leserschaft mitzuteilen, dass das Genre seinen Höhepunkt bereits Ende des 19. Jahrhunderts überschritten hätte, nunmehr auf flache Unterhaltung hinausliefe und ein Kreuzworträtsel in der Zeitung denselben Dienst leistete. Auf Agatha schossen sie sich insbesondere ein, denn für diese Autorin gab es dort nicht die nationale Solidarität, die britische Leser vorab für ›ihre‹ Krimiautorin einnahm. Die Sorgfalt und Feinheit, mit der Christie ihre Detektivfiguren und ihre jeweiligen Hauptverdächtigen gezeichnet hatte, imponierte ihnen kaum, und sie zogen vom Leder, um die Leistung der Schriftstellerin auf eine Stufe mit trivialen Heftchen-Romanen herunterzuzerren. Cork sorgte dafür, dass Agatha Artikel solchen Inhalts tunlichst nicht zu sehen bekam. Der Ausspruch eines gewissen Edmund Wilson: »*Wen interessiert es schon, wer Roger Ackroyd ermordet hat?*«, wurde ihr vorenthalten. Seine abschätzige Kritik bedeutete auch nichts, denn Mr Wilson gab selber zu, bloß *Rächende Geister* gelesen zu haben, der ja nun ein ganz und gar untypischer Christie war. Schwerer wog die Anschuldigung des Antisemitismus, die ebenfalls gegen Ende des Krieges von den USA aus per Leserbriefpost und kritischer Stellungnahmen bei Collins eintraf. Agatha charakterisierte Nebenfiguren immer mit nur wenigen Strichen, und dass die Klischees ihrer Zeit, denen zufolge Italiener temperamentvoll, Franzosen galant, Deutsche grob und Juden geschäftstüchtig waren, dabei vorkamen, konnte sie kaum vermeiden. Die von den Deutschen betriebene Verfolgung und Vernichtung der Juden hatte die Sensibilität jetzt erhöht – man stieß sich vor allem in den USA daran, wenn im Krimi Juden mit langen Nasen und Sinn für Profit typisiert wurden, und da nützte es nichts, dass Agatha an anderen Stellen Juden durchaus positiv darstellte. Man hatte einen moralischen Hebel gefunden, um der allzu erfolgreichen Autorin am Zeug zu flicken und setzte ihn an. Auch des Rassismus wurde sie verdächtigt.

Der Titel *Ten Little Niggers* für ihre berühmteste *locked-room-story* ging gar nicht mehr, er musste geändert werden. Vorsichtig brachte Cork Agatha die schwierige Lage zur Kenntnis und ersuchte sie, hinfort mehr Fingerspitzengefühl bei der Charakterisierung jüdischer Figuren sowie bei der Wortwahl im Zusammenhang mit *coloured people* an den Tag zu legen. Agatha verstand gar nicht, was das alles sollte, und schüttelte nur verdattert den Kopf. *Political correctness* oder das, was zu ihrer Zeit dafürstand, war ihr ein Gräuel. Aber wie stets bei Kritik reagierte sie auch diesmal mit der Bereitschaft, sich anzupassen und aufzupassen.

Es war im Mai 1945, als Agatha gerade Heringe briet. Da hörte sie von der Straße her ein Poltern und Rasseln, wie es entsteht, wenn ein Mensch mit viel Gepäck sich seinen Weg bahnt. Agatha lief zur Tür und schaute über den Vorgarten hinaus. Und wirklich, da kam jemand auf ihr Haus zu. *Ich rätselte keinen Augenblick darüber, wer es wohl sein mochte – es war mein Mann! Zwei Minuten später wusste ich, dass alle meine Befürchtungen, er könne sich verändert haben, grundlos gewesen waren. Ich hatte Max wieder, und es war, als sei er gestern fortgegangen. Er war wieder da. Wir waren wieder da! Ein scharfer Geruch nach angebrannten Heringen stieg uns in die Nase, und wir stürmten in die Wohnung.* Das Wiedersehensmahl war gewöhnungsbedürftig, aber die Wiedersehensfreude frisch und wunderbar.

»*Max!*«, *rief ich,* »*du hast zwanzig Pfunde zugenommen!*«

»*Stimmt genau. Aber du bist auch nicht gerade schlanker geworden.*«

Agatha erklärte Max, dass die Mangelernährung während des Krieges paradoxerweise zur Gewichtszunahme führe, schon aus psychologischen Gründen, weil man ständig hamsterte und spachtelte, aus Angst, morgen nichts mehr zu bekommen.

»Damit ist es jetzt vorbei«, sagte Max. »Der Krieg ist aus.«

Als Erstes galt es, Greenway House wieder zu beziehen. Die Admiralität hatte eine Reihe von größeren Anbauten errichten lassen,

Agatha Christie und Max Mallowan im März 1946 auf ihrem Anwesen Greenway
House in Devonshire.

deren Abriss Agatha jetzt forderte. Aber man beschied sie, diese
Anbauten – es waren unter anderem vierzehn Toiletten – stell-
ten doch einen Wertzuwachs dar, und Agatha solle froh sein, dass
die Admiralität keine finanzielle Beteiligung fordere. Es gab einen
Papierkrieg, den Agatha gewann. Das Abrissunternehmen erschien.
Nach und nach machten die Mallowans Greenway wieder zu ihrem
Heim. Viel Arbeit verlangte der Garten. Die Amerikaner hatten
ihn verwildern lassen, aber die Mallowans waren froh, dass keine
Bäume gefällt worden waren und der Kräutergarten überlebt hatte.
Schwierig war es, Personal zu finden. Junge Frauen aus einfachen
Verhältnissen arbeiteten lieber im Laden oder im Büro als im
Haushalt, und die Männer der Unterschicht waren Soldaten gewe-
sen und gefallen. Kaum jemand wollte noch bei einer ›Herrschaft‹

im Dienstbotentrakt wohnen, die Köchin und der Gärtner gingen abends nach Hause. Agatha trauerte ihr Leben lang um die einst für die höhere Tochter so angenehme Arbeitsteilung zwischen Dienerschaft und Herrschaft auf Ashfield.

»Es ist seltsam«, sagte Agatha zu Max – sie saßen auf ihrer Bank an Rande des Gartens – »ich kann noch nicht recht glauben, dass wirklich Frieden herrscht. Dabei habe ich, solange der Krieg dauerte, täglich mit seinem Ende gerechnet. Weil er mir so absurd vorkam. Jetzt ist er vorbei, und ich glaube es nicht. Ich stelle fest, dass mir die Arbeit in der Apotheke fehlt. Ich verstehe mich selbst nicht.«

»Ich verstehe dich gut«, sagte Max. »Du begreifst nicht, dass er passiert, solange er passiert, der Krieg. Und wenn er vorbei ist, begreifst du es auch nicht. Unser Verstand ist nicht dazu gemacht, einen solchen Wahnsinn zu akzeptieren.«

»Wir sind noch gut weggekommen«, murmelte Agatha, »allerdings – der arme Hubert … Doch dir ist nichts geschehen. Und ich konnte immer schreiben. Und ich wurde satt. Aber ich habe dich entsetzlich vermisst.«

Max räusperte sich. »Du hast dich ja glücklicherweise ziemlich gut ablenken können. Deine Theaterproduktionen waren recht unterhaltend, oder? Jedenfalls hast du begeistert davon geschrieben, und Stephen schwärmt immer noch von deinen Premieren. Wie es aussieht, war er ständig an deiner Seite. Aber warum soll ich drum herumreden. Mir scheint, dass er sich in dich verliebt hat.«

Agatha lachte auf. »Max, du spinnst!«

»Hast du mitgekriegt, dass er sich von Ethel trennen will?«

»Was?!«

»Er hat es mir selbst gesagt.«

»Mit mir hat das nichts zu tun, Max. Eher mit dem Krieg. Er bringt die Menschen dazu, nur noch an sich selbst zu denken.«

Es gefiel Agatha, dass Max eifersüchtig war, aber sie beruhigte ihn natürlich. So gern sie mit Stephen zusammen gewesen war, sie hatte ihm nur ihre Aufmerksamkeit und ihre Sympathie, nicht ihr

Herz geschenkt. Und jetzt, wo er etwas so Verwerfliches getan hatte, wie sich von seiner Ehefrau zu trennen, spürte Agatha, dass ihre Zuneigung zu Stephen schwand. Zumal er sie dazu gebracht hatte, den Schluss der *Rächenden Geister* auf eine Weise umzuschreiben, die ihr gegen den Strich ging; sie hatte es dennoch gemacht, weil Stephen für sie nun mal die beratende Autorität bei diesem Buch war. Aber sie hat sich im Nachhinein über sich selbst geärgert und die Veränderung bereut. Anders als Cork und Collins befürchtet hatten, nahm indes die Leserschaft den Ägyptenkrimi samt Schluss gut an. Der Papierknappheit wegen blieben die Auflagen kleiner als gewöhnlich, während die Nachfrage anzog.

Gern benannte Agatha ihre Krimis nach Häusern; schon ihr Erstling *The Mysterious Affair at Styles*, ist nach einem Haus betitelt, ebenso das frühe Werk *Die Memoiren des Grafen*, das im Original *The Secret of the Chimneys* heißt – wobei *Chimneys* der Name eines Hauses ist. Später kamen *Das Haus an der Düne, Das krumme Haus, Das Eulenhaus* und andere hinzu. Und wenn die Häuser nicht im Titel auftauchten, so spielten sie doch meist für die Handlung eine entscheidende Rolle – so in *Ruhe unsanft* und in *Und dann gab's keines mehr*. Es sind ja auch keine schlichten Einfamilienhäuser, in denen diese Romane spielen, sondern weitläufige Landsitze, wo ganze Generationen ihr Leben zubringen, Herrenhäuser mit Zimmerfluchten, Tanzsälen, Bibliotheken (siehe *Die Tote in der Bibliothek),* mit Abseiten, Kammern, Kellern, und anderen Verstecken, manchmal gibt es auch einen Geheimgang. Es sind im Grunde lauter Variationen von Ashfield – oder von Greenway, das Agathas wiedererstandenes Ashfield war und in *Das unvollendete Portrait* eins zu eins als Vorbild für den Schauplatz fungiert. Nach dem Krieg brauchte Agatha nicht mehr zu befürchten, dass ihr das Haus überm Kopf zusammenstürzte oder abbrannte, sie konnte sich ihrer Liebe zu Villen oder Landhäusern wieder aus vollem Herzen widmen und sich von ihnen inspirieren lassen. In der Grafschaft Surrey besaßen ihr Freund Francis Sullivan und seine Frau Danae ein großes Anwesen – Agatha wählte es für ihr Buch *Das Eulenhaus* (englisch: *The Hollow*) zum Ort des Geschehens aus und ließ Poirot dort in einem besonders interessanten Fall ermitteln. Die Geschichte ist eines jener *mysteries*, wie Agatha sie als Herausforderung schätzte. Die betrogene Ehefrau steht mit dem Revolver in der Hand am Rande eines Swimmingpools, zu ihren Füßen die Leiche ihres Mannes. Also muss sie des Mordes schuldig sein. Aber sie kann es nicht sein – denn der Tote wurde nachweislich von der Kugel aus einer anderen Waffe niedergestreckt. Wie löst man so ein Rätsel? Agatha schaffte es mal wieder, *Das Eulenhaus* wurde eines ihrer besten Werke, und es kam auch auf die Bühne. Sie widmete es Francis und Danae Sullivan – mit dem Vermerk: *Bitte verzeiht, dass ich euer Schwimmbad als Tatort missbraucht habe.*

Im Jahre 1947 wurde die Königinmutter Queen Mary achtzig Jahre alt; auf die Frage eines Journalisten, was sie sich denn am meisten wünschen würde, antwortete sie: ein Stück von Agatha Christie. Der Wunsch wurde von der BBC an die Autorin herangetragen, und die war sehr gerührt. Zuerst zögerte sie; sie war keine Auftragsschriftstellerin und wollte es auch nicht werden. Ferner fürchtete sie, das allerhöchste Wohlwollen womöglich nicht erwirken zu können. Aber wie das immer so war bei Agatha – wenn ein Samenkorn auf jenes große fruchtbare Feld gefallen war, für das ihre Phantasie stand, dann keimte auch irgendwann etwas, und diesmal war es die Idee für ein Hörspiel. In die Geschichte gingen Elemente einer wahren Begebenheit ein. Ein durch Schneewehen vollkommen von der Umwelt abgeschnittenes Haus, eine Pension mit mehreren Gästen, ist der Schauplatz – ein *locked-room*-Szenario. Niemand kann entfliehen, niemand zur Rettung herbeieilen. Und so vollendet ein zu allem entschlossener Rächer sein Werk. Er und seine Geschwister wurden während des Krieges bei einer sadistischen Ziehmutter untergebracht, welche die ihr anvertrauten Kinder misshandelte und eines sogar tötete. Weitere Personen, die ihre Verantwortung vergaßen, waren in den Skandal verwickelt. Jetzt schlägt die Stunde der Schuldigen. Agatha nannte das zwanzigminütige Hörspiel *Three Blind Mice (Drei blinde Mäuse)*. Sie wird später einen Kurzkrimi daraus machen und danach ein Theaterstück, das es unter dem Titel *Die Mausefalle* (englisch: *The Mousetrap)* zum am längsten *en suite* gespielten Stück der Theatergeschichte bringen wird.

Es war ebenfalls im Jahre 1947, als Agatha einen Brief von Rosalind bekam, in dem ihr und Max mitgeteilt wurde, dass die verwitwete Tochter in wenigen Tagen heiraten werde – Anthony Hicks, einen hochgebildeten Juristen und Orientexperten, der zu einem Lieblingsverwandten von Agatha aufsteigen sollte. Die Trauung werde im kleinen Kreis stattfinden, und die Eltern brauchten sich wirklich nicht die Mühe zu machen … Diesmal musste Agatha lachen.

»Es ist mir nun mal nicht vergönnt«, sagte sie zu Max, »in meinem Leben auf einer prachtvollen Hochzeit zu tanzen. Aber eigentlich mag ich ja auch keine Partys. Der Familienkreis allerdings ist etwas anderes.«

»Freu dich doch einfach aus der Ferne an ihrem Glück«, sagte Max und stopfte seine Pfeife. »Mir scheint, dir bleibt nichts anderes übrig. Ich schicke Rosalind eine Kiste Wein. Glücklicherweise konnte ich ihr diese Genussquelle erschließen – die du Unbelehrbare ja leider ignorierst.« Agatha holte ihr Strickzeug und setzte sich zu ihrer besten Entspannungstätigkeit zurecht. Sie zwinkerte Max zu.

»Ich mag nun einmal den Alkohol nicht. Und wenn wir ausgehen, bist du immer sehr froh über meine Enthaltsamkeit, weil ich dann diejenige bin, die das Auto nach Hause lenkt. Übrigens«, fuhr sie fort, »erinnerst du dich an meine Kurzgeschichte *Zeugin der Anklage*? Ich glaube, sie ist gut gelungen und bietet den richtigen Stoff für ein Bühnenstück. Würdest du sie dir daraufhin durchlesen?«

Max wurde im Herbst dieses Jahres zum Ersten Vorsitzenden der Abteilung für westasiatische Archäologie an der University of London ernannt. Das war ein großer und wichtiger Karrieresprung, stieg doch Dr. Mallowan so von einem Privatgelehrten in den Rang eines Universitätsprofessors auf. »Meinst du, ich kann Vorlesungen halten?«, fragte er Agatha, die ihn stolz umarmte. »Die Studenten werden dich anhimmeln«, antwortete sie und küsste ihn, »sie werden an deinen Lippen hängen, Herr Professor.« Am Swan Court 48 nahe der King's Road bezogen Max und Agatha eine neue Stadtwohnung. Und dann planten sie ihre erste große Reise seit Kriegsende: nach Bagdad, um von da aus alles für die nächsten Grabungen in Nimrud vorzubereiten. Agatha schrieb *Der Todeswirbel* (englisch: *Taken at the Flood*); der Titel ist ein Shakespeare-Zitat aus dem Drama *Julius Caesar*, die Figur *Enoch Arden*, die im Verlauf der Handlung auftritt, ist ferner ein Verweis auf Alfred Tennyson und sein berühmtes Versepos. Agatha wird den Anklängen in puncto Dramatik durchaus gerecht, und Poirot muss sich, ganz gegen sein Naturell, aus dem *armchair* hinausbegeben und in *action*-Szenen überzeugen. Der Roman kam zuerst in den USA bei Dodd, Mead & Co. heraus und hieß dort *There is a Tide*, danach erst im Vereinigten Königreich. Dort herrschte immer noch Papierknappheit, wie überhaupt die Versorgungslage noch lange nach dem Krieg kritisch blieb. Agatha schrieb im Anschluss an den *Todeswirbel* einen ihrer Krimi-Lieblinge: *Das krumme Haus* (englisch: *The Crooked House*), in dem ein Amateur ermittelt, und zwar aus einem urprivaten Interesse: Er ist in des Mordopfers Tochter verliebt, die unter Verdacht steht. Das Buch kam bald nach Agathas und Max' Rückkehr aus dem Orient im Mai 1949 auf den Markt. Gleichzeitig fand Agatha zu ihrer Zweitexistenz als Mary Westmacott zurück und schrieb *Die Rose und die Eibe* (englisch: *The Rose and the Yew-Tree*), ein Roman, in dem es um Politik geht, was Collins gar nicht behagte, woraufhin Agatha Cork bat, einen anderen Verleger zu suchen. *Die Rose und die Eibe* erschien beim Verlag Heinemann, der Collins einen Verrückten nannte und mit dem Buch gutes Geld verdiente. Agatha war es mittlerweile ziemlich unwohl mit ihrem *nom de plume*, denn in den USA hatte man herausgefunden, wer dahintersteckte und es zu ihrem Leidwesen ausposaunt. Das war ein Schock für Agatha, der so viel an ihrer Privatsphäre lag und die alles dafür tat, sich als Privatperson vor dem Zugriff des öffentlichen Interesses in Sicherheit zu bringen. »*Dürfen die so was?*«, fragte sie Cork. Der hob die Schultern und die Augenbrauen. Hinter die Fassaden schauen, den Schleier eines Geheimnisses lüften – das tat nun mal alle Welt gerne, und mit dieser allzu menschlichen Vorliebe verdiente auch die Krimiautorin Agatha Christie ihr Geld.

Jene Schauspieltruppe, die *Und dann gab's keines mehr* auf die Bühne gebracht hatte, fragte erneut bei Agatha an: Ob sie eine weitere Kriminalgeschichte aus ihrer Feder dramatisieren dürfte? Agatha sagte ja und freute sich zu hören, dass die Truppe *Mord im Pfarrhaus* ausersehen hatte. Diesmal schrieb Agatha die Bühnenversion nicht selbst, sondern überließ das den Schauspieltruppenmitgliedern Barbara Toy und Moie Charles. Mit dem Resultat war sie sogar ganz zufrieden. »*Miss Toy hat gute Arbeit geleistet*«, schrieb sie an Cork, »*aber das Stück enthält immer noch zu viel von der eher gemütlichen, romanhaften Atmosphäre des ›Lasst uns mal Platz nehmen und überlegen, wer es gewesen sein könnte‹ – doch andererseits wüsste ich auch nicht, wie man das bei diesem Buch umgehen kann.*« Agatha nahm an den Proben teil und bewunderte die Regisseurin Irene Hentschel, die mit den Darstellern die Schlussfassung erarbeitete. Miss Marple wurde von Barbara Mullen gespielt, die eine überzeugende Vorstellung ablieferte. Premiere war am *New Theatre* Northampton im Oktober 1949, zwei Monate später kam die Aufführung nach London. Dort wurde Agatha bei der Premiere stürmisch gefeiert. ›Ich bin am Ziel‹, sagte sie sich voll tiefer Zufriedenheit, ›meine Stimme erschallt auf der Bühne.‹

Ihre jüngsten Reiseerfahrungen flossen ein in Agathas neuen Krimi *Sie kamen nach Bagdad* (englisch: *They Came to Bagdad*); in dem nachfolgenden Roman *Vier Frauen und ein Mord* (englisch: *Mrs McGinty's Dead*) stellte sie Poirot wieder Ariadne Oliver zur Seite. Wenn sie überlegte: *What next?*, fielen ihr aber nicht so sehr literarische Themen und ihre Verlage Collins und Dodd, Mead and Company ein, sondern – wieder das Theater! *Three Blind Mice* waren im Radio gelaufen und hatten der Königinmutter sehr gut gefallen, sie konnten auch als Kurzkrimi überzeugen –, aber eignete sich der Plot nicht noch besser für ein abendfüllendes Stück? Agatha rief Peter Saunders an, einen verdienten Produzenten, der ihr *Eulenhaus* herausgebracht hatte, und trug ihm die Idee vor. Saunders war sofort begeistert, und Agatha machte sich an die Arbeit. Sie brauchte auch einen neuen Titel, weil es *Three Blind Mice* ja nun schon gab. *Was* Die Mausefalle *anderen Stücken voraus hat, ist, so meine ich, die Tatsache, dass es aus einer verdichteten, auf zwanzig Minuten zusammengedrängten Darstellung entstanden ist. Es war schon alles da, bevor ich noch anfing, und damit war ein gesunder Aufbau gewährleistet. Was den Titel angeht, bin ich meinem Schwiegersohn Anthony Hicks zu Dank verpflichtet.* Der hatte die Idee. *Die Mausefalle* ist ein Zitat aus Shakespeares *Hamlet* – Agathas Lieblingsdrama und letztgültiges Vorbild für alle ihre Krimis. Es kommt eine Theater-im-Theater-Szene darin vor. Hamlet will seinen Onkel des Mordes überführen, dafür lädt er eine Schauspieltruppe ein, die einen Königsmord genauso inszenieren soll wie er, Hamlets Verdacht zufolge, tatsächlich passiert ist. Das Stück im Stück hat seinen eigenen Namen, es heißt *The Murder of Gonzago*. Als der neue Herrscher, Hamlets Onkel und Tatverdächtiger, in den Theatersaal einzieht, um sich die Vorstellung anzusehen, fragt er den Neffen eher nebenbei, was denn gegeben werde und wie das Stück heiße, und Hamlet antwortet ebenso beiläufig: *Die Mausefalle.* Er nennt nicht den Namen, sondern den Zweck des Stückes, denn er hofft, dass sich der König durch eine panische Reaktion bei der Darbietung seiner eigenen Schandtat verraten werde. Und so kommt es. Agatha hat ihrerseits mehrfach *Reenactments*, also Aufstellungen im Sinne von Nach-Inszenierungen der Tatumstände und der Tat selbst verwendet, um einen Mörder mit seiner Schuld zu konfrontieren.

Das Stück hatte seine Londoner Premiere im November 1952 im New Ambassador-Theater. Richard Attenborough, seinerzeit ein großer Star, und seine Frau Sheila Aim spielten die Hauptrollen. *Ich muss gestehen, ich hatte nicht das Gefühl, dass es ein großer Erfolg sein würde. Ich fürchtete, mich zwischen zwei Stühle gesetzt zu haben. Ich hatte zu viele komische Szenen eingebaut, es wurde zu viel gelacht – und das musste auf Kosten der Spannung gehen. Ja, ich erinnere mich, ich war ein wenig deprimiert. Aber Peter Saunders nickte mir ermutigend zu und sagte: ›Keine Bange! Ich schätze, dass es über ein Jahr laufen wird. Ich tippe auf vierzehn Monate.‹ Ich widersprach. ›So lange nicht. Ich rechne mit acht Monaten.‹* Das war Agathas wohl dramatischste Fehleinschätzung. Die – von ihr zugunsten der Spannung umgearbeitete – *Mausefalle* brach sämtliche Rekorde, die in der Theaterwelt je verzeichnet wurden. Nach sechzigjähriger *en-suite*-Laufzeit ohne Pause feierte man im Londoner Westend die 25 000ste Vorstellung, und es geht immer noch weiter. Jährlich gibt es zudem die *Mousetrap*-Partys im Londoner Savoy-Hotel. Vom New Ambassador wechselte die Inszenierung nach einundzwanzig Jahren ins nahe St. Martin's Theatre; ganze Generationen von Bühnenstars und Regisseuren agierten für *Die Mausefalle*, die Säle der Westend-Theater wurden mehrfach renoviert, die Bestuhlung erneuert und auf der Bühne die verschlissenen Kulissen ersetzt. Für London-Touristen gehört ein Theaterbesuch im St. Martin's mittlerweile ebenso zum Pflichtprogramm wie ein Blick auf den Buckingham-Palast und die Besichtigung des Towers. Sogar aus den USA mussten eingeschworene Christie-Fans anreisen, um das Theaterstück zu sehen, denn vertraglich ist festgeschrieben, dass es dort erst nach Ende der Laufzeit in England gespielt werden darf. Agatha vermachte die Einnahmen an diesem Stück ihrem Enkel Mathew. *Er war immer das Sonntagskind der Familie,* schrieb sie in ihren Erinnerungen, *und so war es nicht verwunderlich, dass er das große Los zog.*

Agathas Glanzzeit hob an, und sie genoss sie – wenn auch mit ihren typischen Ambivalenzen, denn der öffentliche Auftritt blieb für sie immer eine angstbesetzte Herausforderung. Schreiben konnte sie allein im Kämmerlein, Buchpremieren und öffentliche Lesungen waren noch nicht erfunden, ihre Kernkompetenz entwickelte und bewies sie im Stillen. Aber am Theater wurden die Dinge gegenständlich, und auch die Autorin musste sich zeigen. Es war ferner unmöglich vorherzusagen, wie ein Publikum reagierte. Das bestkomponierte Stück konnte durchfallen, und eine irgendwie zusammengestoppelte Posse Begeisterungsstürme entfachen, ein Premierenpublikum war unberechenbar. So fürchtete Agatha, ihre *Zeugin der Anklage*, die sie in Bagdad für die Bühne mit einem neuen Schluss versehen hatte, einem Schluss, der dem Publikum *den Atem rauben sollte*, könne jämmerlich durchfallen. Es geht um einen jungen Mann, der des Mordes an einer alten Lady verdächtigt wird, die Ermordete hatte ein Testament zu seinen Gunsten aufgesetzt. Er beteuert seine Unschuld. Da kommt überraschend seine Ehefrau aus dem Ausland zurück und belastet ihn schwer – jetzt droht ihm die Todesstrafe. Es folgt dann allerdings eine überraschende Wendung … Peter Saunders hatte sich der Sache angenommen, er verpflichtete einen ausgezeichneten Regisseur, und der erarbeitete eine ebenso perfekte wie aufwendige Inszenierung mit einer zweiunddreißig Personen starken Besetzungsliste und einer getreulichen Nachbildung des berühmten Gerichtsgebäudes Old Bailey auf der Bühne. Derek Bloomfield spielte die Hauptrolle. *»Es ist eine sehr teure Produktion«*, schrieb Cork an Mr Ober in Amerika, *»deshalb muss sie ein Erfolg werden.«* Genau diese Art von Druck ertrug Agatha schlecht. Es muss … Es muss … Und wenn nicht? Im Oktober 1953 hatte die *Zeugin der Anklage* in London im *Wintergarten des Drury Lane* Premiere.

Agatha: *Premieren sind für gewöhnlich qualvoll und kaum zu ertragen. Für den Autor gibt es nur zwei Gründe, dabei zu sein. Der erste ist – sozusagen ein edles Motiv – dass die armen Schauspieler* die Vorstellung durchstehen müssen, und wenn es schiefgeht, ist es nur fair, dass der Autor da ist, um den Schmerz mit ihnen zu teilen. Der zweite Grund ist Neugier. Ich weiß, dass ich mir selbst zuwider sein werde, dass mir kein Fehler, kein Schnitzer, kein Versprecher entgehen wird. Aber ich gehe hin, weil mich die Neugier treibt. Fröstelnd sitze ich da, es überläuft mich abwechselnd heiß und kalt, und ich hoffe zu Gott, dass mich da oben auf der Galerie, wo ich mich versteckt halte, niemand erkennt. –

Die Premiere von Zeugin der Anklage war indes keineswegs qualvoll. Ich genoss die Vorstellung. Sie war ein großer Erfolg. Und ich war glücklich, unsagbar glücklich, berauscht vom Applaus des Publikums. Wie es meine Gewohnheit war, verließ ich das Theater, nachdem der Vorhang sich gesenkt hatte. In wenigen Minuten, während ich mich noch nach meinem Wagen umsah, umringten mich freundliche Menschen, Theaterbesucher, die mich erkannt hatten, mir auf den Rücken klopften und mich mit Lob überschütteten. ›Das Beste, was Sie bisher geschrieben haben!‹ – ›Erstklassig!‹ – ›Wunderbar!‹ Sie zückten Autogrammbücher, und ich unterschrieb munter drauflos. Ja, es war ein denkwürdiger Abend. Ich bin immer noch stolz auf diesen Erfolg. Hin und wieder tue ich einen Griff in die Kiste meiner Erinnerungen, hole ihn hervor, betrachte ihn und sage mir: ›Das war die Premiere aller Premieren!‹

IX
Queen of Crime

»Was hat sie bloß mit diesen Kinderreimen am Hut? *One, Two, Buckle My Shoe, Five Little Pigs, Ten Little Niggers* und jetzt noch *Hickory, Dickory Dock*. Man denkt doch dabei an Bücher für unsere lieben Kleinen. Und *A Pocket full of Rye* (deutsch: *Das Geheimnis der Goldmine*) klingt auch ein bisschen arg verträumt.« Collins klopfte seine Pfeife aus und sah Cork vorwurfsvoll an. Der lächelte.

»So ist sie eben. Sie spricht gern von ihrer Kindheit, und ich glaube, ich weiß, wie das bei ihr abläuft. Ihre Ideen stammen von heute, aber ihr Schreibimpuls wurzelt in alten Zeiten, in den *temps perdu*, verstehen Sie? Es sind Erinnerungen, die sie zur *recherche* anstiften, Erinnerungen an Stimmungen, an Befürchtungen, an Überraschungen aus frühen Jahren, als das alles noch frisch war. Um arbeiten zu können, braucht Agatha diese Rückbindung an ihre Kindheit. Es war eine gute Zeit für sie, aber das Böse in der Welt, vor allem das Unheimliche, hat sie genauso wahrgenommen wie das Gute, und es hat sie stark beunruhigt. Vielleicht geht uns allen das so, wenn wir Kinder sind, und wir vergessen es später. Sie nicht. Und ein Arbeitstitel, der sie ganz schnell über eine Assoziation in diese Zeit zurückführt, erleichtert ihr das Erzählen. Sie arbeitet sehr viel mit halbbewussten Prozessen, und ich vermute, dass ihre Fans genau das mögen. Weil sie es von sich selber kennen, aber vergessen haben und staunen, wenn es zurückkehrt.«

Collins runzelte die Stirn. »Das ist mir alles zu vage. Mir gefällt an Agatha gerade ihre Präzision. Dass nie ein Motiv bei ihr verloren geht. Wenn sie Ihnen auf Seite 25 erzählt, dass die Heldin eine Narbe am Ohr hat, können Sie sicher sein, dass es spätestens auf Seite 75 genau darum geht!«

»Ja-ja, das ist richtig«, nickte Cork, »das ist ein Ausweis ihres Genies. Sie liefert beides, Logik und Intuition, Theorie und Ahnung, Beobachtung und Deutung. Es wird ja auch beides gebraucht, um ein Verbrechen aufzuklären. Da muss die Lupe von Sherlock Holmes genauso ran wie die Eingebung von Hercule Poirot. Sie hat beides im Blick.«

»Schön und gut, Edmund. Aber können Sie ihr nicht diese Abzählverse ausreden?«

»Unmöglich. Das wäre eine Art Kastration ihrer Vorstellungskraft. Sie müssen Hickory Dickory hinnehmen, Billy.«

Collins blätterte in dem Papierstapel auf seinem Schreibtisch und murmelte: »Je nun, in Anbetracht dessen, dass sie unser bestes Pferd im Stall ist … Ich sage nichts mehr dazu. Fünfzig Millionen in hundertundzwanzig Länder verkaufte Bücher machen mich mundtot. Wobei Sie allerdings wissen müssen, dass nicht nur Agathas Genie einen so hohen Umsatz generiert, sondern ebenso die Erfindung des Taschenbuchs. Wie geht es denn mit der neuen Rechtsform, der Agatha Christie Limited? Wächst der bürokratische Aufwand?«

»Eher im Gegenteil. Es läuft rund. Ihr Schwiegersohn Anthony Hicks ist eine große Hilfe.«

»Eins aber macht mir doch Sorgen. Und das ist das Engagement unserer lieben Christie für das Theater, es ist mir einfach nicht geheuer. Wenn sie ständig bei den Proben hockt, kann sie nicht gleichzeitig am Schreibtisch sitzen.«

»Vergessen Sie nicht die Werbeeffekte! Kürzlich waren die Queen und der Herzog in einer Vorstellung von *Witness for the Prosecution* im *Windsor Repertory*, und die Verkäufe von *Der unheimliche Weg* zogen sofort an, das haben Sie mir selbst mitgeteilt.«

»Im Vereinigten Königreich – ja, da gebe ich Ihnen recht. Aber wir erwirtschaften inzwischen weit mehr auf dem Weltmarkt. Und der kümmert sich nicht um die Theaterbesuche unserer Royals.«

»O doch. In Deutschland zum Beispiel ...«

»Erstaunlich, dass die Deutschen Christie überhaupt lesen. Bei den Watschen, die sie den Hunnen immer wieder verpasst ...«

»Tja, die Deutschen scheinen mir ein Volk von Masochisten zu sein.«

»Ganz im Gegensatz zu uns Briten. Wir wollen möglichst gut wegkommen. Und da muss ich Ihnen sagen: Christies Erfolgswelle am Theater ist ausgelaufen. Gut, die *Mausefalle* hält sich, und die *Zeugin der Anklage* wird in den Repertoires bleiben, aber alle Neuproduktionen der letzten Jahre waren Reinfälle, die Kritiken gelinde gesagt abschätzig. Bitte reden Sie Agatha zu, dass sie ihren Ehrgeiz von der Bühne abzieht! Außerdem stößt mir die Sache mit den Filmrechten auf. Da stimmt was nicht. Ich finde, wir werden über den Löffel balbiert. Schließlich sind wir es, die die Autorin betreuen und dafür sorgen, dass sie vernünftige Plots produziert. Die Filmfritzen greifen das dann einfach so ab. Können Sie mit den Amerikanern nicht noch nachverhandeln, Edmund?«

Cork wiegte den Kopf. »Ich glaube, dass Mr Ober dort drüben tut, was er kann. Sie müssen auch hier den Werbeeffekt bedenken. Jede Verfilmung eines Christie-Romans weckt Interesse an künftigen Büchern ...«

»Ja schon, das ist mir bewusst. Aber ich möchte verhindern, dass Agatha sich womöglich zur Drehbuch-Autorin entwickelt und die Literatur aufsteckt. Bedenken Sie: Dieses tolle Ding – wie hieß es gleich?, ach ja, *Ein Mord wird angekündigt* mit der bezaubernden Miss Marple, und dann *Fata Morgana*, auch mit der ausgekochten alten Jungfer, und darauf wieder ganz was anderes, ein Thriller – oder?: *Der unheimliche Weg*. Also, diese ganzen Sachen sind doch weit interessanter und origineller als alle Zelluloidkolportagen zusammen.«

Cork lachte. »Da machen Sie sich mal keine Sorgen! Agatha ist immer noch weit davon entfernt, den Film als Kunstgattung anzuerkennen, sie schluckt jedes Mal, wenn von einem Vertrag mit einer Filmproduktionsfirma die Rede ist und unterschreibt nur des Geldes wegen. Sogar René Clairs *Last Weekend* hat sie abgelehnt, dabei ist der Film gelungen und international erfolgreich. Und das neue Medium Fernsehen ist ihr ganz und gar verhasst. Sie hat ultimativ ausgeschlossen, dass je ein Buch von ihr dort ›verwurstet wird‹, wie sie sich ausdrückt.«

»Es freut mich, das zu hören«, sagte William Collins und stopfte seine Pfeife. »Und es ist gut zu wissen, dass es Sie gibt, Edmund. Ich wüsste nicht, wer sonst imstande sein sollte, mit dieser schwierigen Autorin umzugehen.«

»Oh, sie ist alles andere als schwierig. Bei einem guten Abendessen zum Beispiel geht sie ganz aus sich heraus und redet, gestikuliert und lacht wie ein kleines Mädchen.«

»Genau das meine ich«, seufzte Collins. »Sie ist nicht wirklich berechenbar, wissen Sie. Das wäre aber besser bei ihren Umsätzen.«

»Nein-nein, da liegen Sie falsch, Billy. Just weil sie ist, wie sie ist, kommen diese Umsätze zustande. Ich wüsste keine Autorin weit und breit, die Treuherzigkeit und Raffinesse so vereint wie sie – als Mensch und in ihren Büchern. Im Übrigen gibt es noch jemand, dem wir dankbar sein müssten. Ich denke da an ihren ersten Mann, an Archie Christie.«

»Weil er ihr diesen wohlklingenden Namen vermacht hat?«

»Nein, weil er sie verlassen hat. Er hat sie – verzeihen Sie den Ausdruck – mit einem Arschtritt aus ihrem viktorianischen Mädchentraum in die raue Wirklichkeit befördert, wo sie seitdem wie Alice im Wunderland herumstreift, immer auf der Suche nach den geheimnisvollen Gesetzen der menschlichen Natur. Ohne diese schmerzliche Erfahrung von damals wäre sie wohl nicht derart produktiv als Schriftstellerin.«

»Dann müsste sie selbst ja Mr Christie dankbar sein.« Collins hatte seine Pfeife fertig gestopft und verbrauchte ein paar Streichhölzer, um sie anzuzünden. Cork hustete.

»Das ist es eben«, sagte er, »das könnte sie niemals. Sie ist drüber weg, und sie hat ja Mr Mallowan, aber tief drinnen brennt die Wunde immer noch. Sie kommt damit klar, sie macht Dreieckskonstellationen in ihren Büchern daraus, und alle Welt liest das mit Behagen. Wir sollten es auch zufrieden sein, und ihr einen neuen Westmacott-Roman gönnen. Inzwischen ist das Pseudonym gelüftet, die Anfangsaufmerksamkeit garantiert. *A Daughter's a Daughter* soll er heißen. Schlicht, aber immerhin kein Kinderreim.«

»Na«, knurrte Collins und paffte, »aber nah dran.«

Während ihr Agent und ihr Verleger sich derart über sie austauschten, saß die Frau, um die sich alles drehte, in einem Camp bei Nimrud und konzipierte ihren neuesten Kriminalroman mit dem Arbeitstitel *16.50 Uhr ab Paddington* (englisch: *4.50 from Paddington)*, ein Miss-Marple-Krimi der Extraklasse. Inzwischen fuhr Agatha mit Max wieder wie vor dem Krieg jährlich zu den Grabungssaisons in den Irak, verwandelte sich in eine *Khatun*, half wie üblich beim Klassifizieren der Fundstücke – und schrieb ihre Romane. Im großen Haus des Teams hatte sie einen eigenen Anbau mit einem soliden Tisch, auf dem sie ihre Schreibmaschine postieren und ihre Notizen ausbreiten konnte. Die Entfernung von London und vom Bahnhof Paddington erleichterte es ihr sogar, das Hin und Her auf den Bahnsteigen zu schildern. Alles Nötige dafür hatte sie im Kopf. Und Miss Marple, ihre ureigene Kreatur, wartete geduldig im fiktiven St. Mary Mead, um von ihrer Schöpferin auf die Spur eines brutalen Verbrechens gesetzt zu werden. Ein Mann erwürgt eine Frau während einer Zugfahrt. Er weiß nicht, dass jemand zuguckt. Irgendwann nämlich überholt der Express einen Vorortzug, und in dem sitzt die ältliche Mrs Elspeth McGillicuddy. Sie schaut aus dem Fenster in den schnelleren Zug hinüber und beobachtet die Tat. Zufällig ist sie mit Jane Marple befreundet. Und die bekommt bald Besuch ... In diesem Krimi stellt Agatha eine junge Frau namens Lucy Eylesbarrow vor, die in Oxford studiert hat und dennoch beruflich nichts anderes machen möchte, als einen großen Haushalt führen – nicht ihren eigenen, sie bietet eine Dienstleistung an. Für Miss Marple ist sie von Bedeutung, weil sie eine ideale Spionin ist, die ohne Verdacht zu erregen in ein Haus geschickt werden kann, von dessen Bewohnern man gerne mehr wüsste. Und für Agatha ist sie wichtig, weil ihr immer daran gelegen war zu betonen, dass die Führung eines Hauswesens eine komplexe, schwierige und im Falle des Gelingens zu hoher Zufriedenheit führende Leistung darstellt, die zu Unrecht von den modernen Frauen gering geschätzt wird. Versteht sich, dass Miss Lucy Eylesbarrow auch im Rahmen der Krimihandlung ganz außerordentlich effizient ist.

»Eine tolle Sache«, rief Collins begeistert nach der Lektüre des Manuskripts. »Unsere Agatha wird immer besser. Dabei ist sie ja nun nicht mehr die Jüngste. Ich bin gespannt, wie lange es dauern wird, bis sich wieder einer dieser Filmmoguln bei uns meldet, um die Geschichte auf die Leinwand zu bringen. Diesmal verlangen wir das Doppelte!« In der Tat gab es bald darauf einen Vertrag über Filmrechte, und zwar für *Zeugin der Anklage*. Kein Geringerer als Billy Wilder sollte Regie führen, und für die weibliche Hauptrolle war Marlene Dietrich, für die männliche Charles Laughton vorgesehen. Als Agatha davon erfuhr, atmete sie tief durch. Das waren Namen! Ob es wohl doch einmal geschah, dass sie mit der Filmversion eines ihrer Werke zufrieden sein konnte? Sie trat aus dem Haus und blickte über die Wüste hin. ›Dass es ausgerechnet die Wüste sein würde, die mich so tief und so lange, über die Jahrzehnte hinweg, gefangen nimmt – das hätte ich seinerzeit auf der Empire-Tour niemals gedacht. Das Farbenspiel über dem Sand und in der Weite ist unvergleichlich. Hier möchte ich für immer bleiben und schauen.‹ Aber ihre Gedanken wanderten zurück in die Heimat. Wie es Rosalind wohl erging? Sie hatte sich lange nicht mehr gemeldet, sie war keine große Briefschreiberin. Agatha entschloss sich, an ihren Enkel Mathew einen Brief zu schicken. Der würde antworten! Und sie dachte an ihre großen Erfolge auf der Bühne: *Die*

Zeugin der Anklage und *Die Mausefalle,* die immer noch lief. Vor Kurzem hatte sie einen Brief von Eden Philpotts erhalten, er schrieb ihr: »*Ich sehe voller Bewunderung, wie Sie Ihre große Erfindungsgabe der Figurenschöpfung einsetzen, denn Ihre Charaktere sind so voller Leben wie eh und je. Es ist eine hervorragende Arbeit, die Sie leisten.*« Agatha führte den Brief mit sich, sie kannte ihn fast auswendig. Auch einen Fan-Brief, in dem es hieß: »*Sie sind die zweitbeste Autorin in der Geschichte der menschlichen Spezies, nur Shakespeare ist besser als Sie*«, hatte sie dabei, um ihn bei Gelegenheit herumzuzeigen, aber eher, um gemeinsam mit Freunden darüber zu lachen. Der Ruhm war schon eine seltsame Sache. Man wurde gnadenlos überschätzt – aber ebenso unterschätzt. Denn es gab auch gnadenlose Kritiker, vor allem in der Welt des Theaters. Und die machten ihr wirklich zu schaffen. Mit mäkeligen Literaturkritikern hingegen hatte sie Frieden geschlossen. Ihre stetig wachsenden Umsätze sprachen für sich. ›Wie dankbar kann ich sein‹, dachte sie, ›dass ich so weit gekommen bin. Es ist ein Jammer, dass Clara das nicht mehr erlebt hat. Sie hat ja nicht einmal den Erfolg von *Alibi* richtig mitbekommen.‹ War sie allein, überließ sich Agatha ihren schmerzlichen Gefühlen, und die galten damals auch der kürzlich verstorbenen Marguerite Mallowan, Max' Mutter, die immer darauf gehofft hatte, Agatha würde eines Tages von der Unterhaltung weg- und zur seriösen Literatur hinfinden. Sie galten ihrer Schwester Madge, die im Jahre 1950 verstorben war. In Momenten wie solchen weinte Agatha. Und faltete die Hände zu einem kleinen Gebet – für die Seelen ihrer Eltern, ihres Bruders, ihrer Schwester, ihres ersten Schwiegersohns und ihrer Schwiegermutter, und dass es ihr selbst vergönnt sein möge, noch eine Weile unter diesem großen Himmel zu leben.

Als Agatha mit Max im Sommer 1956 nach London zurückkam, im Gepäck die Dramatisierung ihres Krimis *Kurz vor Mitternacht* (englisch: *Towards Zero)* für das *St. James Theatre*, wartete eine ganz besondere Ehrung auf sie. Sie wurde mit dem Orden des *British Empire* ausgezeichnet, also symbolisch in den Adelsstand erhoben.

Sie war sprachlos, als sie das erfuhr, ein wenig peinlich berührt, aber auch stolz. Dann dachte sie praktisch. ›Was werde ich für diese Zeremonie tragen? Ich muss mir etwas Passendes schneidern lassen.‹ Eine Zeitschrift verlangte ein Foto-Shooting, aber Agatha lehnte resolut ab. »Ich bin zu dick für eine Fotostrecke in einer Illustrierten«, sagte sie zu Max, »die Sache ist nämlich die: Man sieht auf diesen Bildern immer doppelt so beleibt aus, wie man in Wirklichkeit ist.« Max war nicht ganz überzeugt, nickte aber. »Wenn du keine Fotografen im Haus haben willst, mein Engel, dann lässt du auch keine rein«, sagte er. »Publicity hast du nicht nötig.« Erneut musste sich Agatha gegen die Presse zur Wehr setzen, als sie 1958 zur Vorsitzenden des *Detection-Club,* einer losen Vereinigung von Koryphäen der Kriminalliteratur, gewählt wurde. Sie war ja nun die *Queen of Crime* und konnte sich gegen eine solche Verantwortung nicht länger sträuben. Die nahm sie aber nur unter der Bedingung auf sich, dass bei jeglichem Procedere wie Abstimmungen und dergleichen, sowie beim Reden-Halten anlässlich eines Jubiläums oder einer Preisverleihung, eine Vertretung an ihrer Stelle agieren würde.

Im selben Jahr fuhr Agatha mit Max in die USA; ihr Mann hatte von der Universität Pennsylvania eine goldene Medaille verliehen bekommen, seine Verdienste als Archäologe machten in der akademischen *community* die Runde, und man feierte ihn weltweit. Er selbst plante ein großes Buch über sein Lebenswerk: *Nimrud and its Remains,* das die assyrische Zivilisation genauestens beschreiben und bei Collins erscheinen sollte. Cork war ganz dagegen, dass Agatha ihn auf dieser Reise begleitete und womöglich bis nach Hollywood fuhr; er fürchtete, die Filmgewaltigen könnten ihr schöne Augen machen und sie unter Umgehung seiner Autorität in irgendwelche Projekte einspannen. Aber Agatha ließ sich nicht aufhalten. Sie hatte auch einen eigenen Grund, in den Staaten zu erscheinen: vor drei Jahren war ihr ein wichtiger Preis, der *Grand Masters Award of Mystery Writers,* verliehen worden, und dafür wollte sie sich gerne persönlich bedanken. Aber sie reiste jetzt vor allem als

Mrs Mallowan, Max sollte im Mittelpunkt stehen. Doch natürlich wusste die Öffentlichkeit dort, wer Mrs Mallowan war und äugte neugierig zur Frau an der Seite des Professors hinüber. Die besprach sich mit ihrem Mann, und beide fuhren nach Los Angeles und trafen jede Menge Filmleute. *Witness for the Prosecution* war im Jahr zuvor in die Kinos gekommen, Agatha hatte den Film nicht nur akzeptiert, sondern gemocht, und sie war ihrerseits in den Studios von *United Artists* hochwillkommen. Zu neuen Filmplänen ließ sie sich aber nicht überreden. Im Gegenteil – die Idee, *Mord im Orientexpress* auf die Leinwand zu bringen, wies sie zurück.

Wieder in Greenway, das zwischenzeitlich von Rosalind und Anthony gewartet wurde, setzte sich Agatha an einen ihrer besten Krimis: *Feuerprobe der Unschuld* (englisch: *Ordeal by Innocence),* eine Geschichte, in der es keinen Detektiv gibt, nur einen Alibi-Zeugen, der den Tathergang rekonstruiert, weil er sich verantwortlich fühlt. Als der Mord an einer älteren Frau begangen wurde, hatte der Zeuge den späteren Verdächtigen, Sohn der Toten, in seinem Auto mitgenommen – der junge Mann hatte also ein valides Alibi. Aber der Fahrer des Wagens, der Alibi-Zeuge, konnte nicht aussagen, weil er am Tage nachdem er den jungen Anhalter aufgelesen hatte, zu einer Polarexpedition aufgebrochen und dort für längere Zeit quasi verschollen und von allen Informationen abgeschnitten war. Nach seiner Rückkehr hört er von dem Fall, erfährt auch, dass der Junge, den er in seinen Wagen hatte einsteigen lassen, zwischenzeitlich für den Mord verurteilt worden und im Gefängnis gestorben war. Jetzt will er die Dinge richtigstellen und wundert sich, dass aus der Familie der Ermordeten niemand ihm dabei helfen mag ... *Feuerprobe der Unschuld* greift ein Motiv auf, das Agatha häufig variiert hat, das ihr also sehr am Herzen lag: die in Herrschsucht umschlagende mütterliche Fürsorge. Auch in ihren Westmacott-Romanen streift sie immer wieder dieses Thema. Ihr letztes Werk unter diesem – inzwischen bekannten, von ihr gleichwohl weiter benutzten – *nom de plume*, erscheint 1956 bei Heinemann: *Spätes Glück* (englisch: *The Burden).*

Im Jahr 1960 wurde auch Max zum *Commander of the British Empire* ernannt, und im Jahr darauf erhielt Agatha die Ehrendoktorwürde der Universität Exeter.

»Wo soll das noch enden?«, sagte Agatha zu Max, während sie ihre Lockenpracht ordnete, denn die beiden wollten ins Theater gehen und sich *Richard III.* anschauen. »Werden wir eines Tages das Vereinigte Königreich regieren?«

»Es ist schon lustig«, antwortete Max und kämmte sorgfältig seinen Schnurrbart, »dass wir beide *Commanders of the British Empire* sein sollen in einer Zeit, in der das Empire praktisch nicht mehr existiert.«

»Jedenfalls können wir mit Shakespeare sagen: *Nun ward der Winter unseres Missvergnügens*«, zitierte Agatha gut gelaunt, »*glorreicher Sommer durch die Sonne Yorks.* Und für ›York‹ setzen wir unsere Verdienste ein – du die Wiederbelebung der alten Assyrer und ich die Gerechtigkeit, der Poirot und Miss Marple so viele Bösewichter überstellt haben.«

Dass das englische Weltreich nach den beiden großen Kriegen im 20. Jahrhundert untergegangen war, konnte jeder sehen, aber dass es einmal bestanden hatte und seine Ausstrahlung und seine Spuren noch lange nach seiner Auflösung weiter wirkten, einerseits in Gestalt des Commonwealth, andererseits durch die Verbreitung der englischen Sprache und Kultur, war eine wichtige Nebenbedingung für Agatha Christies beispiellosen Erfolg. Ihr Absatzmarkt war von Anfang an sehr groß. Tatsächlich kam im globalen Ranking der Verkaufsziffern Agathas Werk direkt nach der Bibel und Shakespeare – und danach kam lange nichts. Sie war also die umsatzstärkste Autorin der Welt – gegen Ende des Jahrhunderts, 25 Jahre nach ihrem Tod, schätzte man zwei Milliarden verkaufter Bücher. Selbstverständlich sorgte ihr Erfolg dafür, dass Kritiker und Neider auftauchten; neben der treuen weltweiten Fangemeinde gab es auch den Chor ablehnender Stimmen, die immer wieder betonten, Agathas Geschichten, ihre

Schauplätze, ihre Figuren einschließlich ihrer Detektive seien gar zu einfach gestrickt, seien platt, banal, vorgestrig und provinziell. Aber das Gegenteil ist richtig. Agatha hatte auf ihrer Empire-Tour den einstigen Einflussbereich der britischen Zivilisation selbst bereist, sie kannte sich aus, und sie konnte gar nicht anders, als in ihren Romanen diese über den ganzen Erdball verteilten Zonen des englischen Weltreiches immer in die Handlung hineinspielen zu lassen. Kaum ein Roman kommt ohne eine Figur aus, die in Indien geboren oder in Südafrika aufgewachsen ist; junge Männer, die als entfernte Verwandte nach einem Todesfall anreisen, kommen aus Ägypten oder dem Irak oder wenigstens aus Irland, Nebenfiguren, die Anwälte oder Finanzberater sind, leben in den USA, junge Glücksritter stammen aus Kanada oder Australien, und so manche Abenteurerin, die ihren Mann vor seiner Ermordung auf einem Ozeanriesen kennenlernt, ist von der Karibik her aufgebrochen. Ein Großunternehmer, der umgebracht wird, ist ein immigrierter Grieche, eine Mörderin wurde in Norwegen geboren und wanderte auf die Insel aus. Auch Italiener oder Russen lässt Agatha in Großbritannien neues Glück suchen, und dass Frauen, die mit dem Mordopfer verbandelt waren oder selbst getötet wurden, öfter mal aus Frankreich stammen oder spanische Vorfahren haben, verstand sich von selbst. Der soziale Hintergrund von Agathas Büchern ist zwar zumeist die von Krisen gebeutelte britische Großbourgeoisie mit ihren Landsitzen und Dienerschaften, insofern konnte man ihr schon nachsagen, sie sei in der Vergangenheit verhaftet, aber sie lernte in den fünfziger Jahren dazu und siedelte ihre Plots auch mal im Kleinbürgertum, in Künstlerkreisen oder unter sozial Entwurzelten an. Die große Migration indes, die immer intensiver geworden war, seit die Menschen sich nicht mehr nur zu Fuß oder mit Pferden fortbewegten, sondern die Eisenbahn, die Dampfschiffe oder das Automobil benutzten, kommt in ihren Büchern immer vor, ihre Figuren sind von überallher unterwegs, und deshalb – natürlich auch weil Englisch zu ihrer Zeit schon Weltsprache war – wurden ihre Bücher fast überall rezipiert und verstanden. Poirot ist selbst Immigrant, ja Flüchtling, er ist auch deshalb interessant, weil er kein Engländer ist. Bei Miss Marple sind wir zwar wirklich in der englischen Provinz. Es gelingt Agatha aber, diese Provinz als einen Ort zu schildern, an dem sich die menschliche Natur als ein sozusagen globales und überzeitliches Phänomen den scharfen Augen ihrer Detektivin darbietet. Es gibt auch einen Miss-Marple-Fall, in dem die Detektivin in die Karibik gereist ist und der erste Mensch, mit dem sie im Buch einen Dialog führt, ein Major aus Kenia ist. In der großen Mehrzahl von Agathas Romanen findet man jede Menge Reflexe aus dem Leben aller Kontinente, insbesondere aus jenen Hemisphären, die einst zum englischen Empire gehört hatten, die seine Kolonien oder Mandatsgebiete gewesen oder wenigstens seine Nachbarn waren – und die Ubiquität des Schauplatzes, die Agatha auf diese Weise kreierte, trug wesentlich zu ihren enormen Umsätzen bei. Dabei war ihre Konzentration auf ethnische Diversität, wie man heute sagen würde, keine Berechnung. Es war ganz einfach ihre Erfahrung. Und ihre Beförderung zum *Commander of the British Empire* insofern wirklich verdient.

Eine weitere Angriffsfläche für Agathas Kritiker war ihr Stil. Der sei unüberbietbar schlicht, wenn nicht gar primitiv, sprachlich habe sie rein gar nichts zu bieten und schon deshalb sei die Lektüre ihrer Romane eine Zumutung. Agatha selbst wusste sehr gut, dass sie keine innovative Sprachkünstlerin war, und es ist letztlich nicht fair, sie an einem Anspruch zu messen, den sie nie gestellt hat. »*Wenn du nicht Lokomotivführer werden kannst*«, hat sie einmal gesagt, »*dann werde Heizer.*« Sie wollte damit zugeben, dass sie keine Dichterin war, dass also der Lokführer Shakespeare ein unerreichbares Vorbild bleiben würde. Sie als Heizerin konnte aber Spannung erzeugen und gute Unterhaltungsliteratur produzieren, das wusste sie und das genügte ihr, wenn sie auch mit ihren Betrachtungen über die menschliche Natur ein bisschen mehr geben wollte und gab als nur Spannung. Und ganz nebenbei lieferte sie in ihrer einfachen, klaren, oft bewusst verkürzenden und verknappenden Sprache eine

Chronik des Wandels der englischen *society* während ihrer Lebensspanne: von der selbstbewussten Großmacht in der viktorianischen Ära zur mit Selbstzweifeln ringenden modernen Gesellschaft in den 1970ern. Und ja, zum Stil kann noch gesagt werden: Agatha hat durchaus ihren eigenen Ton, den typischen Agatha-Sound: beweglich, humorig, anspielungsreich, meist dahineilend im Allegro, dann aber wieder zu ausgiebigen Fermaten und überraschenden Synkopen geneigt und passagenweise voller Melancholie.

Im Jahr 1960 verhandelte Cork mit der amerikanischen Filmfirma Metro Goldwyn Mayer um die Rechte für einige Miss-Marple-Stoffe, obwohl seine Autorin Christie skeptisch blieb. Der erste Film, der jetzt entstand und 1961 in die Kinos kam, war *16 Uhr 50 ab Paddington*. Agathas Kommentar lautete: *Offen gesagt – er ist ziemlich schwach. Die Wahrheit ist: es gibt in dem Film nichts, was das Interesse wachhält, es ist ein heilloses Durcheinander.* Es kostete sie große Überwindung, die Schauspielerin Margaret Rutherford in der Rolle der altjüngferlichen Spürnase zu akzeptieren – und sie hat es auch nie wirklich getan. Sie konnte aber anerkennen, dass Rutherford eine vorzügliche Schauspielerin war und die Figur der alten Miss mit Leben erfüllte – es war jedoch das Leben der Rutherford und nicht das der Jane Marple, so wie Agatha sie ersonnen und geschildert hatte. Ihre Miss Marple war schlank, fast zart und eher verhalten, Rutherfords Marple dagegen laut und temperamentvoll, ein dröhnendes Schlachtschiff, das dort, wo es einlief, schäumende Bugwellen hinterließ anstatt eines stillen Wassers, wie es Agathas Heldin gemäß gewesen wäre. *Miss Rutherford hat, obschon ich sie für eine ausgezeichnete Schauspielerin halte, keinerlei Ähnlichkeit mit meiner Vorstellung von Miss Marple,* fand sie. Es war aber Rutherford, die die Figur kaperte und dem großen Publikum nahebrachte, obschon sie in Erscheinung, Präsenz und Ausstrahlung das Gegenteil der ursprünglichen Romanfigur war. Außerdem wurde ihr in der Gestalt eines alten Freundes namens Mr Stringer ein Side-Kick

Margaret Rutherford (1892–1972), englische Schauspielerin, verkörpert Miss
Marple im Film *Murder Ahoy!*, 1964.

beigesellt, der ganz und gar der Phantasie der Drehbuchschreiber entsprungen war und mit Agathas Romanwerk nichts zu tun hatte. Hilflos, seufzend und hin- und hergerissen – denn sie bewunderte die Kunst der Rutherford aufrichtig und widmete ihr den Miss-Marple-Roman *Mord im Spiegel* (englisch: *The Mirror Cracked from Side to Side)* – musste sich Agatha den Gegebenheiten fügen. Gegeben war eine korpulente, pfiffige Miss Marple auf der Leinwand, in die das Publikum sich verliebte, obwohl es doch zuvor die zierliche, subtil-intelligente Marple der Romane ins Herz geschlossen hatte. ›Das Publikum ist wetterwendisch und jederzeit verführbar‹, dachte Agatha, ›aber solange es der Figur der Miss Marple, sei sie nun dick oder dünn, treu bleibt, will ich meinen Frieden mit ihm schließen.‹

Das galt nun auch für Agathas Einstellung zur Filmkunst. Billy Wilders *Zeugin der Anklage* hatte sie bekehrt, die Leistungen der großen Stars Marlene Dietrich und Charles Laughton beeindruckten sie, auch der junge Tyrone Power in der Rolle des Verführers und Taugenichts Leonard Vole agierte genau so, wie Agatha sich das vorgestellt hatte. Es ging also! Ihre Literatur ließ sich tatsächlich auf eine Weise in Bilder bringen, die ihrer inneren Schau entsprach. Ja, wenn das so war ... Zu Corks großer Freude bröckelte Agathas Abwehrmauer gegen die Ästhetik und Dramaturgie des Lichtspiels; die Schriftstellerin hielt jetzt durchaus eine Versöhnung von Bild und Sprache, *movie* und Literatur, Kameraauge und Text für möglich. ›Vielleicht‹, dachte sie, ›kann ich doch irgendwann einmal ein Drehbuch schreiben.‹ Sie sprach mit Cork darüber, und der warnte sie. Drehbücher, meinte er, enthielten eine Menge technischer Hinweise für die Kamera, für das Licht und die Perspektiven, darüber wisse Agatha zu wenig, sie solle sich damit begnügen, interessante Plots zu verfertigen.

»Und noch etwas«, fügte er hinzu, »wir leben jetzt in den Sixties. Die Sitten haben sich geändert, sie sind freier geworden. Die jungen Menschen reden offen über Sexualität und probieren manches aus, was in Ihrer Jugend unaussprechlich gewesen wäre. Vielleicht sollten

Sie in Ihren nächsten Büchern die erotische Thematik etwas unverblümter anschlagen?« »Schon recht«, antwortete Agatha, »ich weiß, was Sie meinen.« Zu Hause machte sie sich eine Notiz in ihr Büchlein. Sex unverblümter … Sie überlegte und schüttelte den Kopf. ›Nein‹, dachte sie, ›die Sinnlichkeit meiner Figuren muss sich durch die Art bemerkbar machen, wie ich sie beschreibe, wie sie reden und wie sie sich verhalten. Sie muss sich indirekt mitteilen, das wirkt viel stärker. Von Unverblümtheit halte ich gar nichts. Im Leben schon, aber nicht in der Literatur. Obwohl … Es gibt Dichter, die das können. Aber für mich wäre das nichts.‹ Auf dem Weg von ihrem Schreibtisch zum Schlafzimmer blieb sie vor dem Spiegel stehen. Sie war jetzt siebzig Jahre alt und hatte alle ihre Reize verloren – vor vielen Jahren schon. Immerhin hatte sie noch ihr dichtes Lockenhaar, die hohe Stirn, die schönen Brauenbögen, die großen Augen, die römische Nase und den ausdrucksvollen Mund mit der betonten Unterlippe, aber die Haut war schlaff geworden. Von ihrem schlanken Hals war nichts mehr übrig, sie hatte ein Doppelkinn, und der Kopf saß direkt auf den Schultern, das machte so alt! Und die Figur – wie rund sie doch war, eine Taille ließ sich nicht mehr erahnen. Sie seufzte. ›Wenn ich Mathew und seinen Freunden gegenüber erwähne, dass ich mal ein hübsches Mädchen war, dann verbeißen die sich ein Grinsen‹, dachte sie. ›Sie glauben es nicht, sie denken, ich spinne. Aber ich weiß es. Und erinnere mich gern daran. Obwohl sie ja sehr schnell verflogen ist, meine Schönheit. Ich habe so viel und immer wieder darüber nachgedacht, warum Archie damals gegangen ist. Heute weiß ich es: Er war in Nancys Bann, weil sie schön war, und ich nicht mehr, jedenfalls nicht in seinen Augen. Das war alles. Wie schrecklich, dass das Aussehen so entscheidend sein und ein ganzes Leben zerstören oder doch zumindest aus den Fugen reißen kann. Das bloße Aussehen … Man verweist auf die Heiligkeit der Ehe und nennt das hübsche Gesicht, die anziehende Gestalt, in die ein Mann – oder eine Frau – sich verliebt, eine Äußerlichkeit. Aber das ist Unsinn. Schönheit ist viel mehr, sie ist Macht und Schicksal. Und sie kommt in meinen Büchern ständig vor. Ist nicht mein Simon Doyle aus *Tod auf dem Nil* das Urbild eines Mannes, nach dem die Frauen den Kopf drehen, auch wenn sie dabei erröten? Und meine Elsa Greer aus *Das unvollendete Portrait* das Urbild einer Frau, die ihre Jugend und Attraktivität genießt und ausspielt und im Bewusstsein ihres erotischen Zaubers ein Zerstörungswerk anrichtet? Ich habe diese Art Figuren immer wieder erzählt, Cork tut mir Unrecht. Es gibt genug Erotik in meinen Büchern, und ich nehme sehr wohl wahr, dass sich die Umgangsformen ändern und reagiere darauf. Er wollte mir wohl schonend beibringen, dass ich zum alten Eisen gehöre, wenn ich nicht ein paar sexy Untertöne in meiner Prosa mitschwingen lasse. Pah, altes Eisen … Das wollen wir doch mal sehen.‹

Im Jahr 1958 war Archie Christies zweite Frau Nancy gestorben. Agatha hatte kaum noch Kontakt zu ihrem Ex-Mann, aber jetzt setzte sie sich hin und schrieb ihm einen Beileidsbrief, an dem sie lange feilte. Nur vier Jahre später starb auch Archie. Er hinterließ einen erwachsenen Sohn – Rosalinds Halbbruder. Die Geschwister nahmen – jetzt erst – Kontakt auf und lernten einander schätzen. Kurz nach Nancys Tod hatte Archie Christie seiner Tochter – nach langer Pause – wieder einen Brief und einen Ring geschickt: »*Alle deine Briefe, die ich aufgehoben habe, las ich noch einmal: aus der Schule, aus dem Ausland, während des Krieges. Einige waren sehr gut, mit neuen Ideen, und alle waren sehr liebevoll …*«

Obwohl Agatha nicht umhinkonnte, das Kino zu akzeptieren, schon weil es eine bedeutende Einnahmequelle für sie wurde, aber auch weil sich die Filmkunst weiterentwickelte und Agatha anerkennen musste, dass wunderbare Werke entstanden und sie schließlich auch gern hin und wieder ins Kino ging, blieb ihr Lieblingsmedium außerhalb der Literatur das Theater. Die Gegenliebe aber hatte sich abgekühlt, das traf Agatha hart. Immerhin blieb ihr der Ruhm ihres größten Erfolges: 1962 fand das zehnjährige Bühnenjubiläum der *Mausefalle* statt, und Peter Saunders richtete eine große Party aus – zu Werbezwecken und natürlich auch, weil es für alle Beteiligten Grund gab, diese lange Laufzeit zu feiern. Schauplatz war das Savoy-Hotel; Agatha fand sich als Ehrengast verabredungsgemäß eine halbe Stunde vor Beginn ein. Sie hatte sich sogar von Saunders dazu breitschlagen lassen, eine kleine Rede zu halten – so ein Auftritt lag ihr gar nicht, ihr Ja war ein echtes Entgegenkommen. Der Portier des Hotels hatte die öffentlichkeitsscheue Mrs Christie noch nie gesehen, und als da eine ältere Dame, schnaufend wegen ihres beträchtlichen Übergewichts, Anstalten machte, in den Festsaal vorzudringen, hob er entsetzt die Hände und verwies sie des Raumes. »Es ist noch kein Einlass, Madam«, rief er. »Bitte warten Sie draußen.« *Ich zog mich zurück. Warum ich den Satz: ›Ich bin Mrs Christie, und man hat mich gebeten, schon früher zu kommen‹, nicht über die Lippen brachte, weiß ich nicht. Es war meine entsetzliche Schüchternheit, die ich nicht zu überwinden vermochte. So wanderte ich trübsinnig durch die Gänge des Savoy, bis mir Saunders' Sekretärin zu Hilfe kam. Als sie erfuhr, was los war, konnte sie sich das Lachen nicht verbeißen, und Peter Saunders lachte noch mehr. Ich wurde in den Saal geführt, wo ich mich genötigt sah, einfältig lächelnde Bühnenkünstler abzuküssen und jene Verletzung meiner Eitelkeit hinzunehmen, die dann eintritt, wenn ich meine Wange an die einer jungen und hübschen Schauspielerin drücke und genau weiß, dass wir am nächsten Tag auf den Theaterseiten aller Zeitungen zu finden sein werden – sie strahlend schön und im Hochgefühl ihres Erfolges, und ich schlicht und einfach entsetzlich.* Agatha schlug sich dann aber recht wacker mit ihrer Rede, wenn auch Rosalind fand, die Mutter hätte sich ein bisschen mehr anstrengen und länger reden sollen. *»Heute Abend haben Sie Theatergeschichte geschrieben«, munterte Saunders mich auf. Und das war auch richtig.* Kein anderes Stück war je en suite über einen so großen Zeitraum gelaufen – und es sollte ja noch lange, lange so weiter gehen. So ganz nach ihrem eigenen Geschmack feierte Agatha ihre Bedeutung für die Bühne durch eine Reise nach Bayreuth zu den Wagner-Festspielen – in Begleitung ihres gut aussehenden Enkelsohnes Mathew Prichard, der zu ihrer großen Freude ein Opernfan und Wagnerianer geworden war.

Agathas allmähliche Annäherung an die Welt des Films erfuhr im Jahre 1964 eine empfindliche Unterbrechung; die Firma Metro Goldwyn Mayer war bei der Verfilmung von *Vier Frauen und ein Mord* (englisch: *Mrs McGinty's Dead*) derart frei mit der Handlung verfahren, dass Agatha ihr Werk nicht wiedererkannte. Ein neuer Miss-Marple-Film schließlich hatte gar nichts mehr mit irgendeinem Buch von ihr zu tun, man bediente sich einfach nur ihrer Marple-Figur und ihres Renommees. Agatha war furchtbar wütend. *Wenn man die Figuren eines Autors gegen dessen Willen in einem Film verwendet, so scheint mir das ungeheuerlich und in höchstem Maß unmoralisch.* Cork musste versuchen, beide Seiten zu besänftigen und hatte seine liebe Not damit; für eine Weile wollte Agatha nichts mehr von Filmrechten hören. Um ihren Ärger zu vergessen, aber auch weil Max sein großes zweibändiges Werk über *Nimrud and its Remains* abgeschlossen hatte, machte sie mit ihrem Mann Urlaub in Ägypten. *Ich sitze in der Sonne und fühle mich ruhig und zufrieden wie eine heilige Kuh,* schrieb sie an Cork. Sie stellte Bände mit Gedichten und Kurzgeschichten zusammen und verfasste einen ihrer interessantesten Krimis mit Thriller-Elementen: *Bertrams Hotel* (englisch: *At Bertram's Hotel*). Mit Miss Marple mittendrin. Nach ihrer Heimkehr ging es mit den Ehrungen für die Mallowans weiter: Max wurde wegen seiner Verdienste um die britische Archäologie in den Ritterstand erhoben. Agatha durfte sich Lady Mallowan nennen. Sie erinnerte sich daran, dass sie als kleines Mädchen nichts so sehr gewünscht hatte, wie eine Lady zu sein. »Das geht nicht«, hatte Nursie gesagt, »*als Lady muss man geboren werden.*« Ganz hatte das nicht gestimmt, aber etwas Richtiges war daran: Die Freude, die Agatha über ihre *Ladyship* empfand, war nicht annähernd so stark wie einstmals ihre kindliche Sehnsucht danach. ›So ist es wohl meistens‹, dachte Agatha, ›wenn die kühnsten Wünsche in Erfüllung gehen, ist es sozusagen immer zu spät. Man empfindet nicht mehr viel.‹ Dann überlegte sie noch und sah ein: ›Damals, als Archie gegangen war und ich wieder atmen konnte, habe ich mir einen neuen Mann gewünscht. Ich habe nicht davon gesprochen und es mir selbst auch nicht gern eingestanden, aber ich hatte diesen Wunsch. Dann kam Max. Ich glaubte nicht daran, dass er mein Mann werden könnte, weil er so viel jünger war. Aber er wurde es. Und er blieb es. Und mein Glück war nicht kleiner als zuvor meine Sehnsucht. Halleluja.‹

In all diesen Jahren schrieb Agatha nebenbei immer wieder an ihrer Autobiografie. Nachdem ihr Ruhm und ihr Ruf als Krimiautorin höchste Höhen erreicht hatten, meldeten sich häufig Aspiranten bei ihr, die gern ihre Lebensgeschichte aufzeichnen wollten, was Agatha überhaupt nicht verstand, denn kein einziger dieser fremden Menschen kannte ihre Vita. Sie war ja nun wohl die Einzige, die in der Lage sein würde mitzuteilen, wie alles anfing und weiterging und was in ihrem Leben zählte. Obschon sie anfangs gar nicht dazu aufgelegt war, Memoiren zu verfassen, spürte sie jetzt eine Art Verpflichtung – denn sie musste fürchten, irgendein Unberufener könnte nach ihrem Tod eine sogenannte Agatha-Christie-Biografie verfassen, in der es von hanebüchenen Verdrehungen nur so wimmelte. Dann mache ich es lieber selbst, sagte sie sich und ihren Lieben und ging ans Werk. Die Anfangskapitel über ihr Leben als kleines und junges Mädchen in Ashfield machten ihr besonders viel Spaß, sie gerieten sehr ausführlich, weshalb Agatha immer wieder davon sprach, irgendwann die belastende Arbeit der Kürzung auf sich nehmen zu müssen. Als sie im Jahr 1926 angekommen war, versagte ihr die Sprache, sie übersprang diese größte Krise ihres Lebens, merkte aber an, dass sie es tat. *Wenn man den Blick zurückwendet auf die lange Reise, die unser Leben ist, hat man das Recht, die Erinnerungen, die einem zuwider sind, zu ignorieren. Oder ist das feige?* Aus den Ashfield-Kapiteln wurde nichts gestrichen, die Autobiografie erschien mit dem Agatha-typischen Akzent auf der Kindheit unter dem Titel *Meine gute alte Zeit* (englisch: *Agatha Christie: An Autobiography)* 1977, ein Jahr nach ihrem Tod, und wurde genauso erfolgreich wie ihre Krimis.

Einstweilen ließ die Schriftstellerin in Greenway das Ashfield-Gefühl wieder aufleben – mit einer tüchtigen Haushälterin, guter Küche und viel Gartenarbeit. Aber auch Winterbrook, das Max zugeeignete Haus, wurde von den Mallowans bewohnt und in Schuss gehalten. Sie pendelten also zwischen Devon und Wallingford, und seit Max zum Fellow des *All Souls College* in Oxford gewählt worden war, hatte sich noch ein weiterer Lebensmittelpunkt für das Paar hinzuaddiert. All das war ziemlich anstrengend, zumal die beiden auch noch ihre Londoner Stadtwohnung unterhielten. Aber Agatha war immer eine große Reisende gewesen, und sie und Max fuhren auch jetzt noch in der Welt umher – nach Jugoslawien, Spanien, Persien und Indien, und immer hatte Agatha ein Manuskript dabei, an dem sie unterwegs arbeitete. Sie las auch viel: Noam Chomsky, Herbert Marcuse, Frantz Fanon. Politik interessierte sie nicht als aktuelles Gerangel um Macht, wohl aber als Geschichte. Und in der Geschichte fahndete sie nach der Macht der menschlichen Natur. Hierfür las sie Sigmund Freud, C. G. Jung und Ludwig Wittgenstein.

Greenway in Devon war ihr mit seinem wundervollen Blick auf den Fluss Dart von all ihren Anwesen das liebste, hier gab sie auch gerne mal eine Dinnerparty oder einfach nur einen Tee mit Scones. Zu ihrem Freundeskreis gehörte neben ihrem Agenten, ihrem Verleger und einer ganzen Riege von prominenten Schauspielerinnen und Regie-Stars, von Archäologen und Kolleginnen auf dem Felde der Literatur auch Mrs Dorothy North, die Mutter von Rosalinds bester Freundin, sowie selbstverständlich der sympathische und umtriebige Peter Saunders. Mit den beiden Letzteren saß sie an einem schönen Sommerabend nach einer kleinen Teerunde im Garten von Greenway zusammen. Wie fast immer wollten ihre Gäste wissen, woran sie gerade arbeitete.

»Es ist ein Poirot-Fall«, erklärte Agatha, »ich nenne das Buch *Third Girl* (deutsch: *Die vergessliche Mörderin)*. Ariadne Oliver soll auch dabei sein.«

»*Third girl*?«, Dorothy hob die Brauen. »Nennt man so nicht eine – Untermieterin?«

»Ganz recht«, antwortete Agatha, »es ist ein Wort aus den Zeitungsannoncen. Ihr wisst schon, wenn zwei Mädchen sich eine Wohnung teilen und sich die Miete eigentlich nicht leisten können und noch ein Zimmer übrig ist. Die suchen dann per Anzeige eine dritte Mitbewohnerin, das *third girl*.«

»Na, das ist ja eine ziemlich moderne Lebensform«, fand Saunders. »Ich nehme mal an, Agatha, in Ihrer Jugendzeit hätte es so was nicht gegeben. Junge Mädchen lebten bis zu ihrer Verheiratung bei den Eltern.«

»Und heute leben sie bis zum Antritt eines Jobs zum Beispiel als *third girl*«, sagte Agatha. »Ob das nun die befriedigendere Lebensform ist, will ich dahingestellt sein lassen. Darum geht es in meinem Buch auch nicht. Außer … Ich möchte Cork beweisen, dass ich sehr wohl mitbekomme, wie die jungen Menschen heute leben und was sie anders machen. Er hat nämlich darauf angespielt, dass ich in meinen Szenarios womöglich von gestern sein könnte.«

»Oho!«, rief Mrs North, und Saunders erklärte: »Ohne Ihnen zu nahe treten zu wollen, liebe Agatha, mir sagt es durchaus zu, wenn das Gestern nicht völlig in Vergessenheit gerät, denn das Heute hat gar keine andere Wahl, als auf dem Gestern aufzubauen. Also muss das Gestern auch vorkommen, es muss bewahrt und gezeigt werden.«

»So ist es«, sagte Dorothy, »und das gilt nicht nur für die Lebensformen, sondern auch für die Kunstformen. Ich glaube nicht daran, dass das Theater gänzlich vom Film und womöglich noch vom Fernsehen abgelöst werden wird. Die Menschen werden immer das Bedürfnis haben, lebendige Wesen auf einer Bühne zu sehen, egal, wie faszinierend die kinematographischen Abbilder auf der Leinwand sein mögen. Was sagst du dazu, Agatha?«

»O ich … ich denke daran, dass gegen Ende des vorigen Jahrhunderts niemand in meinem Umkreis daran glaubte, dass das Automobil auf den Märkten eine echte Chance haben würde, weil alle überzeugt waren, dass die Menschen für ihre Fortbewegung stets ein lebendiges Vehikel bevorzugen würden, also das Pferd. Und wie ist es gekommen? Man sieht manchmal noch ein Brauerei-Pferd auf den Straßen, aber sonst sind diese Tiere hierzulande nur noch für den Sport wichtig. Oder für den Zirkus. Ich selbst gehörte zu denen, die sich lieber heut als morgen mit dem Kraftfahrzeug und dessen Pferdestärken angefreundet haben, und ich bin eine begeisterte Autofahrerin geblieben. Nein-nein, Dorothy, so leid es mir im Grunde tut: die Bevorzugung des Lebendigen ist kein Gesetz. Wir werden uns damit abfinden müssen, dass Maschinen und Reproduktionen unser Leben begleiten.«

Es entstand eine Pause. Saunders holte sein Zigarettenetui hervor und suchte sein Feuerzeug. »Es ist erschreckend, Agatha«, sagte er, »wie hellsichtig und wie illusionslos Sie sind.«

»Sagen sie das mal Cork«, rief Agatha, »er fürchtet, dass ich den Anschluss an die neue Zeit verpasse. Ich werde ihn eines Besseren belehren, insofern ist es egal. Aber was mir wirklich zu schaffen macht, das ist der Umgang der Filmfirmen mit meinen Romanvorlagen. Es ist ein Graus. Sie tauschen Poirot gegen Marple und umgekehrt und fügen Personen hinzu, die nichts mit der Handlung zu tun haben. Ich denke doch meine Plots immer zu Ende. Das macht Mühe. Und dann kommt jemand und wirft alles über den Haufen!« Agatha war rot im Gesicht, ihre Stimme bebte. Dorothy nickte heftig und sagte, um Agatha zu bestätigen und damit zu besänftigen:

»Ich würde noch weiter gehen und behaupten, dass eine Figur wie Poirot im Grunde unverfilmbar ist. Und auch auf der Bühne nicht wirklich funktioniert. Und was die Filmversionen betrifft, haben wir uns ja mehrfach über die Besetzungen gewundert, auch bei Miss Marple. Poirot wurde von hochgewachsenen Schauspielern gespielt, Miss Marple von dicken Schauspielerinnen. Aber selbst wenn die

Filmmoguln in Amerika einen kurzen Poirot und eine elfenhafte
Marple fänden, würden die uns nicht überzeugen. Denn die beiden
sind ja auch in den Romanen keine wirklichen Menschen, sondern
eher Figurinen – oder Ideen. Die Ideen der Gerechtigkeit. Oder der
Menschlichkeit.«

»So ist es«, sagte Agatha würdevoll, »ich kann es ja schon nicht
ertragen, wenn Poirot auf einem Buchumschlag erscheint. Er ist nun
mal kein Akteur, sondern ein Beobachter, deshalb passt er auch nicht
wirklich auf die Bühne, kommt da jedenfalls nur als schrecklicher
Besserwisser rüber. *Die Mausefalle* funktioniert nicht zufällig ohne
ihn, die *Zeugin der Anklage* desgleichen. Die einzige Gestalt, die er
annehmen kann und soll, befindet sich in den Köpfen der Leser. Und
wisst ihr, was ich glaube? Ich glaube, dass wir uns nur in der Literatur Gestalten leisten können, die Ideen oder Prinzipien verkörpern.
Beim Film ist das unmöglich. Dafür ist er zu naturalistisch, dazu
lässt er der Phantasie des Publikums zu wenig Raum.«

»Hm«, machte Saunders, »erinnert ihr euch an den deutschen
Film *Nosferatu*? Oder an *Metropolis*? Was war daran naturalistisch? Ich glaube, ihr unterschätzt die Möglichkeiten des Films. Wir
werden uns alle noch wundern. Irgendwann wird sogar der ideale
Poirot dort auftauchen.«

»Immer müssen Sie widersprechen, Peter«, murmelte Agatha.
»Hier, bitte, benutzen Sie den Aschenbecher.«

In Agathas Kriminalromanen geht es nie nur darum, wer der
Mörder ist – oder die Mörderin. Es gibt immer Subthemen, die
mit Wahrnehmung zu tun haben, letztlich mit der Frage: Was ist
Realität? Der Schein verdeckt die wirklichen Zusammenhänge, die
dank des Scharfsinns von Poirot, Miss Marple, Ariadne Oliver oder
Inspektor Japp herausgearbeitet werden, das ist das Grundkonzept.
Aber der Weg zur Lösung ist lang und holprig, weil jeder Beteiligte
die Dinge anders sieht und es am Ende nur Plausibilitäten gibt, keine
reine Wahrheit. Der Schein ist manchmal doch diejenige Variante

der Ereignisse, die nicht trügt. Agatha kommt immer wieder auf ihn zurück. Was jedoch regiert, ist der Zweifel. In *Bertram's Hotel* entwirft sie eine Nobelherberge mit perfekter edwardianischer Fassade, eine Illusion jener Zeit, die in Frankreich *belle époque* hieß und in der Agatha jung war. Miss Marple macht Urlaub im traditionsreichen *Bertram's*, genießt eine Weile die gediegene alte Ausstattung, das geschulte Personal, das sich *old-fashioned* gibt, und den Anblick der illustren Gäste, die von Adel, aus dem Klerus oder aus dem Militärstand sind. Bis sie erkennt, dass alles gespielt ist, bloße Camouflage, hinter der sich die Zentrale eines Verbrechersyndikats verbirgt. Dennoch trügt der Schein ja manchmal auch nicht, der Zweifel aber bleibt sein mächtiger Gegenspieler und wird nie ganz beseitigt, sondern im Falle eines Falles höchstens selbst bezweifelt. Am überzeugendsten spielt Agatha dieses Thema in ihrem Nicht-Krimi *Ein Frühling ohne dich* durch, den sie als Mary Westmacott schrieb. Ihre Lösungen in den Krimis sind denn auch nie die einzig wahren, sondern eher diejenigen, die die meisten Fragen beantworten und die gröbsten Fehlinterpretationen tilgen. »*Erst als ich die Dinge vom richtigen Blickwinkel aus betrachtete, klärten sie sich*«, sagt Poirot in *Die vergessliche Mörderin*. Lösungen sind immer nur jeweils eine Version. Aber sie sind die befriedigendsten, und falls der Täter gesteht oder ein unwiderleglicher Beweis auftaucht, dürfen sie gelten, wenn auch nie absolut. Es ist die Autorität der jeweiligen Detektiv-Figur, die für sie bürgt. Und da Agatha Christie für ein weltweites Publikum schrieb, das sich wünschte, eine Welt, die durch einen Mord erschüttert worden war, ließe sich am Ende wieder *in die Fugen* rücken, getreu dem Ausspruch von Hamlet: »*Die Zeit ist aus den Fugen – weh mir zu denken, dass ich geboren ward, sie einzurenken*«, deshalb schloss Agatha einen Kompromiss und stellte die jeweiligen Auflösungen ihrer *mysteries* stets so dar, als gäbe es keinen Zweifel mehr. Wer sie aber wieder und wieder liest und wer zwischen den Zeilen liest, versteht, dass sie davon im Grunde nicht überzeugt war. Doch sie war nun mal keine Philosophin und keine Erkenntnistheoretikerin, jedenfalls nicht in erster Linie, sie wollte unterhalten und wusste, was sie ihrer Lesegemeinde schuldig war. Obwohl ihr die Arbeit bisweilen zum Halse heraushing, war das Ganze, waren ihr Werk und ihre Mühe damit auch wieder ein Hauptspaß für sie.

Im Jahre 1969 ließ sich Agatha von Oskar Kokoschka malen; eigentlich fertigte der Meister keine Portraits mehr an, aber bei Agatha, die er verehrte und gerne las, machte er eine Ausnahme. Die Portraitierte war entsetzt über das Ergebnis, gestand aber: *Wenigstens sehe ich nach jemand aus!* 1971 wurde sie zur *Dame of the British Empire* befördert, eine weitere große Ehre, die sie mit tiefem Respekt empfing. Mehr Vergnügen machte ihr ein Jahr später die Aufnahme ins Wachsfigurenkabinett der Madame Tussaud. ›In diese Atmosphäre der unheimlichen Doppelgänger passe ich ja doch am besten hinein‹, sagte sie.

Die Schwierigkeiten mit den Steuerbehörden in Großbritannien und Übersee verfolgten Agatha bis zu ihrem Ende; sie hatte zwar in Cork und ihren sonstigen Beratern und Anwälten Fachleute, die alles für sie erledigten, aber natürlich kam dann und wann die eine oder andere schlechte Nachricht auch bei ihr an. Um die Dinge zu vereinfachen, hatte man eine Treuhandgesellschaft gegründet, die Agatha Christie Limited, deren Angestellte Agatha jetzt war; sie bezog ein Jahresgehalt und nannte sich kokett eine *Lohnsklavin* – immerhin war es für die freie Autorin eine neue Erfahrung, angestellt zu sein, wenn auch bei der eigenen Firma. Letztlich handelte es sich um eine Konstruktion, die mehr Übersichtlichkeit über die Einkommens- und Vermögensverhältnisse gestatten und die Steuerforderungen erwartbar machen sollte. Rosalind, die mit ihrem Mann Anthony Hicks in Wales wohnte, arbeitete in Abstimmung mit Cork für diese Treuhandgesellschaft, ihr Mann, der juristische Kenntnisse besaß, wirkte auch mit – die Agatha Christie Limited war eine Art Familienunternehmen mit einem exorbitanten Umsatz aus zahlreichen, höchst unterschiedlichen Quellen. Die Korrespondenz in dem Dreieck Agatha-Rosalind-Cork zeigt, dass der Haussegen in der Firma manchmal schief hing; Agatha wollte im Grunde mit all den Finanzfragen nichts zu tun haben, zugleich aber ihr luxuriöses Leben mit Max führen, wie es ihr gefiel und sich, was ihre literarische Produktion betraf, nichts sagen lassen. Sie war öfters kapriziös und zuweilen ungerecht. Rosalind und Cork repräsentierten die Vernunft in diesem Dreieck, waren ja aber zugleich von Agatha in vielerlei Hinsicht abhängig – vor allem Rosalind hatte es nicht leicht. Glücklicherweise war ihr Sohn Mathew, Agathas Liebling und geschätzter Reisegefährte, immer wieder imstande, aufziehende Gewitterwolken zu vertreiben.

Unter den Krimis, die Agatha in den 60er Jahren schrieb – dazu gehören *Das fahle Pferd* (englisch: *The Pale Horse)* mit Ariadne Oliver und *Eine karibische Affäre* (englisch: *A Caribbean Mystery)* mit Miss Marple – ragt *Mord nach Maß* heraus. Es ist eine Geschichte ohne Detektiv, der Täter erzählt sie selbst, ähnlich wie in *Alibi*. Collins verlegte das Buch 1967. Wie bei so manchem von Agathas Werken lässt auch bei diesem der englische Titel viel mehr von der Atmosphäre ahnen, auf die man sich bei der Lektüre einlassen muss. Er lautet: *Endless Night*, das ist ein Zitat aus einem Gedicht von William Blake: »*Some are born to sweet delight / some are born to endless night*«, und stellt Agathas wohl kühnsten Versuch dar, einen Kriminalroman mit sozial-realistischer Note zu verfassen. Der Ich-Erzähler Mike Roberts ist ein charmanter und cleverer junger Windhund, er stammt aus kleinsten Verhältnissen und will hoch hinaus – aber nicht durch Leistung, sondern durch Verbrechen. Mike charakterisiert sich selbst als zunächst nur auf seinen Vorteil bedachter Tunichtgut, der erst allmählich merkt, wie fremd ihm Skrupel sind. Schutzherr dieses Romans ist wieder Shakespeare, sein *Macbeth* lässt grüßen. Nicht nur eine Hexe geistert durch den Wald und sagt die Zukunft voraus, auch eine ehrgeizige Frau stiftet zum Mord an, und das erste Opfer erscheint als Geist. Hier kommt Agatha ganz ohne einen Landsitz und eine geschäftige Dienerschaft aus, wenngleich ein Haus wiederum eine wichtige Rolle spielt. Aber es ist ein Neubau, der im Laufe der Erzählung erst entsteht. – In ihrem Roman von 1970, *Passagier nach Frankfurt* (englisch: *Passenger to Frankfurt*) geht es um einen Neo-Nazi-Ring; Agatha nutzte die Gelegenheit, um ihre Abneigung gegen alle Ideologien, die Welterlösung versprechen und deshalb glauben, beliebig Opfer fordern zu können, an ihr Publikum zu bringen. Im nächsten Jahr gelang ihr mit *Das Schicksal in Person* (englisch: *Nemesis*) ein weiterer imponierender Miss-Marple-Roman. Sie versuchte es auch noch mit einem Theaterstück, aber *Fiddlers Three* floppte. Die Kritiken fielen in der Mehrzahl sehr abschätzig aus.

In den USA waren es häufig Zeitungen und Zeitschriften, die Agathas Romane vorab als Fortsetzungsgeschichten herausbrachten; die *Saturday Evening Post* lehnte nun ihren Roman von 1968 *Lauter reizende alte Damen* (englisch: *By the Pricking of my Thumb*) ab mit der Begründung, die Themen und Gestalten seien altbacken. Man hatte hier nicht den Eindruck, dass Dame Agatha noch imstande sei, mit der Zeit zu gehen und nahm die Vermarktungsstrategien rund um ihren immer noch klingenden Namen lieber selbst in die Hand. Man stellte neue Kurzgeschichten-Bände zusammen, wobei man Teile aus bereits erschienenen Büchern einfügte, die Detektive austauschte und sich auch sonst allerlei Freiheiten herausnahm. Das galt ebenso für die Welt des Theaters und des Films. Cork und Rosalind bemühten sich, solche Eingriffe zu unterbinden und sie, waren sie einmal passiert, vor Agatha geheim zu halten. Als aber plötzlich bei Dodd, Mead & Co. ein Sammelband *Für die Jugend* erschienen war, bekam Agatha das mit. Sie erstarrte vor Schreck und Zorn und setzte sich brieflich zur Wehr: *Meine Bücher sind für Erwachsene geschrieben, immer schon. Ich glaube, Ihnen ist gar nicht klar, wie sehr es mich stört, wenn mir solche Dinge wie ›Für die Jugend‹ übergestülpt werden. Habe ich denn keinerlei Kontrolle, wenn die Dinge, die ich geschrieben habe, veröffentlicht worden sind? Wenn ich es verbieten kann, dann erkläre ich hier und jetzt, dass ich nie wieder eine Geschichte aus ›Die ersten und die letzten Arbeiten des Herkules‹ separat veröffentlicht sehen möchte ... Sie sind als Serie gedacht. Sowohl Sie als auch Harold Ober müssen auch an mich denken und wie ich mich dabei fühle.* Agathas Proteste gegen die willkürliche Vermarktung und Verramschung ihrer Werke fruchteten immer nur kurzzeitig, und so war es letztlich am gescheitesten, wenn Cork und Rosalind aufpassten, dass sie so wenig wie möglich davon mitbekam.

Zu ihrem 80. Geburtstag erschienen mehrere Neuauflagen, der Gesamtumsatz stieg noch einmal kräftig an, und Agatha gab sogar Interviews. Auf Greenway House wurde eine Dinnerparty für sie ausgerichtet, und so beschrieb sie selbst die Speisefolge: *Avocados / Vinaigrette / Hummer à la Crème / Brombeereis mit richtigen Brombeeren und viel Sahne / und als besonderen Leckerbissen eine halbe große Tasse reine Sahne für MICH, während die anderen Champagner trinken.* Von Cork bekam sie einen goldenen Füllfederhalter geschenkt, dazu bemerkte sie: *Jeder, der ihn borgt und nicht zurückgibt, riskiert sein Leben.*

Unangefochten saß sie auf dem Thron der *Queen of Crime*. Sie war stolz, doch darüber hinaus vor allem dankbar für ihr gutes, interessantes, genussreiches Leben. ›Bald wird es vorbei sein‹, dachte sie, ›und was ich zu sagen habe, habe ich gesagt.‹

Die Filmindustrie wusste zwar, dass Agatha sie nicht liebte, aber sie konnte, hungrig nach Stoffen wie sie stets war, nicht an Christie und der Magie ihres Namens vorbei. Besonders *Mord im Orientexpress* erregte ihr Verlangen, und als sich der mit dem Königshaus verwandte Lord Louis Mountbatten persönlich an Agatha wandte und sie bat, seinem Schwiegersohn die Rechte an einer britischen Produktion anzuvertrauen, wurde sie weich. »*Wie Sie wissen*«, schrieb der Lord ihr, »*ist meine ganze Familie Christie-Fan, und keiner von uns findet, dass die bisherigen Filme dem ›Geiste Agatha*

Christies‹ Gerechtigkeit widerfahren ließen.« Es schmeichelte Agatha zu hören, dass sie, zumindest nach Ansicht Lord Mountbattens, einen eigenen Geist besaß, denn das sah sie auch so. Also sagte sie Ja zu dem neuen Filmplan. Das Leinwand-Opus *Mord im Orientexpress* von 1974, unter der Regie von Sidney Lumet und mit Albert Finney als Poirot sowie einer Riege Superstars in den übrigen Rollen, wurde ein Welterfolg. Selbst Agatha akzeptierte das Werk. Es war der Beginn eines neuen Umgangs mit ihren Büchern als Vorlagen fürs Kino. *Tod auf dem Nil* und *Das Böse unter der Sonne* wurden ebenfalls erfolgreiche Filme – ernsthafter, getragener, dramatischer als die vorherigen Versuche, Billy Wilders Meisterwerk *Zeugin der Anklage* immer ausgenommen. *Endless Night* von 1972 allerdings erregte wegen seiner heftigen Sexszenen Agathas Missfallen.

Ihre nächsten Romane diktierte sie. 1972 erschien: *Elefanten vergessen nicht* (englisch: *Elephants Can Remember*), ein Fall für Poirot und Mrs Oliver. Agatha fand bei dieser Arbeit, dass die Literatur eben doch ihr wichtigstes Medium geblieben war, weil sie nur dort alle Fäden selbst in der Hand hatte. Ihr letztes Buch kam 1973 auf den Markt: *Alter schützt vor Scharfsinn nicht* (englisch: *Postern of Fate*), alle ihre Anverwandten, die das Manuskript gelesen hatten und auch die Lektoren von Collins hatten Bedenken wegen dramaturgischer Schwächen gehabt. Aber der Roman wurde auf Anhieb ein Bestseller.

In ihren 80ern war Agatha nun doch schlecht zu Fuß. Zur Zwanzig-Jahre-Jubiläums-Party der *Mausefalle* ging sie das letzte Mal aus. Einmal stürzte sie in Winterbrook House und brach sich das Becken, dann wieder fiel sie in eine gläserne Verandatür und erlitt Schnitte im Gesicht. Sie erholte sich, blieb aber schwach, die Arbeit wurde ihr zur Last. *Ich bin jetzt 83*, notierte sie, *will ich mich noch wie sechs fühlen, wie zehn oder 25? Nein, will ich nicht. Das würde bedeuten, eine Ära des Seelenfriedens, der Gelassenheit, der interessanten Erinnerungen aufzugeben und sich wieder den Aktivitäten*

Portrait aus dem letzten Lebensjahr, 1975.

hinzugeben, was nicht geht, wenn man die dafür nötige Maschinerie nicht mehr besitzt. Ich freue mich an Musik und wie eh und je an der Landschaft, der roten und goldenen Herbstschönheit der Blätter und Bäume, der Freude, langsam in den Schlaf zu sinken, die sich mit der Dunkelheit einstellt.

Poirots letzter Fall *Vorhang*, von Agatha schon im Jahr 1940 als eine Art Versicherung für ihre Lieben verfasst, erschien 1975, und bald würde auch Miss Marples letzter Fall, *Ruhe unsanft*, herauskommen, der jetzt noch im Schließfach lag. Rosalind kümmerte sich, oft in Begleitung von Anthony, von früh bis spät um ihre Mutter, zumal Max nach ein paar kleineren Schlaganfällen in keiner guten Verfassung mehr war. Mathew, seit einigen Jahren verheiratet, schaute vorbei. Täglich kam Fanpost, die Rosalind sortierte und Agatha dann vorlas. Aber die wollte gar nicht mehr viel hören und sagte, sie sei *dankbar für Tage ohne Post*. Zu Füßen der Schriftstellerin kauerte misstrauisch der Terrier Bingo. Er zwickte jeden ins Bein, der sich ohne Frauchens ausdrückliche Zustimmung ihrem Sessel näherte. Max' Waden waren von Narben übersät, Besucher hielten Abstand. Nur seiner Agatha tat Bingo nie etwas, er liebte sie über alles, wich nie von ihrer Seite und schlief auf ihrem Bett.

Solange ihre Augen es ihr noch gestatteten, las Agatha während ihrer letzten Jahre viel in ihren eigenen Büchern, gerne in ihrer Autobiografie und in den Westmacott-Romanen. Sie hatte 66 Kriminalromane geschrieben, sechs Erzählungen unter ihrem Pseudonym M. W., 21 Theaterstücke und eine inzwischen kaum mehr überblickbare Anzahl von Kurzgeschichten. Es war jetzt, als wollte sie sich ihres eigenen Schaffens vergewissern, indem sie das meiste noch einmal las. – Nach einem Herzanfall konnte sie nicht mehr für längere Zeit aufstehen, die Medikamente raubten ihr den Appetit, sie verlor ihre imposante Statur. Jetzt brauchte sie ständige Pflege. Ihre Familie war stets um sie herum, eine Nachtschwester wurde engagiert. Spuren ihrer blitzenden Neugier und ihrer seelenvollen Vitalität behielt die große Schriftstellerin bis zuletzt. Sie konnte immer noch lachen und zuhören. Aber ihr Gedächtnis ließ nach, ihre Konzentration auch. Gegen Ende des Jahres 1975 ging es geschwind abwärts. Am 12. Januar 1976 starb Agatha Christie in Winterbrook House an Herzversagen. Sie wurde, wie sie es gewünscht hatte, im engsten Familienkreis auf dem nahen kleinen Friedhof von Chol-sey beigesetzt, der Grabstein trägt den Namenszug *Agatha Mallo-wan*. Und diesen Vers: *Nach Mühsal der Schlaf, / Nach stürmischen Meeren der Hafen, / Nach Krieg der Friede, / Nach Leben der Tod, / Labet die Seele*, ein Zitat aus Edmund Spensers *Faerie Queene*. Die Londoner Trauerfeier fand in St. Martin-in-the-Fields am Trafalgar Square statt, Billy Collins hielt die Ansprache. Eine Heerschar von Bewunderern und Journalisten zog nach Wallingford, wo Rosalind und Max nach bester Christie-Manier alle weiteren Auskünfte ver-weigerten. Die *Queen of Crime* war gegangen, ihr Leben hatte sich erfüllt, jetzt gab es nichts mehr zu sagen. Ihre Bücher waren ja alle noch da. Was sie je zu sagen gehabt hatte, steckte in ihrem Werk.

Editorische Notiz

Bei den kursiv gesetzten Passagen in dieser Romanbiografie handelt es sich um Originalzitate aus dem autobiografischen Werk von Agatha Christie und aus Briefen.

Auswahlbibliografie

I. Agatha Christie
13 ausgewählte Kriminalromane von insgesamt 66 Werken dieses Genres:

The Mysterious Affair at Styles, 1921
(deutsch: Das fehlende Glied in der Kette)
Christies erstes veröffentlichtes Buch, ihr erster Krimi, introducing Hercule Poirot.

The Murder of Roger Ackroyd, 1926
(deutsch: Alibi)
Christies umstrittenster Krimi, da die Auflösung allzu verblüffend ist.

Peril at End House, 1932
(deutsch: Das Haus an der Düne)
Ein besonders raffinierter Krimi, mit Hercule Poirot.

Murder on the Orient Express, 1934
(deutsch: Mord im Orientexpress)
Einer von Christies unglaublichsten und populärsten Krimis.

And Then There Were None, 1940
(deutsch: Und dann gab's keines mehr)
Das weltweit am meisten verkaufte Buch der Christie.

Evil Under the Sun, 1941
(deutsch: Das Böse unter der Sonne)
Ein erfolgreich mit Peter Ustinov als Poirot verfilmter Krimi.

Five Little Pigs, 1942
(deutsch: Das unvollendete Bildnis)
Ein Buch, das Christie selbst besonders mochte.

The Hollow, 1946
(deutsch: Das Eulenhaus)
Einer der Krimis, die Christie selbst für die Bühne bearbeitet hat.

The Crooked House, 1949
(deutsch: Das krumme Haus)
Dieses Buch hielt Christie für perfekt.

4.50 from Paddington, 1957
(deutsch: 16 Uhr 50 ab Paddington)
Einer der beliebtesten Miss-Marple-Romane.

Ordeal by Innocence, 1958
(deutsch: Feuerprobe der Unschuld)
Ein weiteres Buch, das Christie selbst für besonders gelungen hielt.

The Pale Horse, 1961
(deutsch: Das fahle Pferd)
Einziger Krimi mit Detektivin Ariadne Oliver in charge alone.

Sleeping Murder, 1972
(deutsch: Ruhe unsanft)
Christies letzter Krimi – mit einer glänzenden Miss Marple.

II. Ausgewählte sonstige Werke

An Autobiography, 1977
(deutsch: Meine gute alte Zeit)
Ihre äußerst lesenswerten Memoiren.

Come, Tell Me How You Live, 1946
(deutsch: Erinnerung an glückliche Tage)
Bericht über eine Grabungssaison.

The Unfinished Portrait, 1934
(deutsch: Das unvollendete Porträt)
Unter dem Pseudonym Mary Westmacott erzählt Christie das Drama ihrer Trennung von ihrem ersten Ehemann.

Absent in the Spring, 1944
(deutsch: Ein Frühling ohne dich)
Als Mary Westmacott erzählt Christie von den Schattenseiten des Ehe- und Hausfrauberufes.

III. Sekundärliteratur

Janet Morgan: **Agatha Christie. A Biography,** London, 1984
(deutsch: Agatha Christie, Eine Biografie, Hamburg, 1986)

Laura Thompson: **Agatha Christie. An English Mystery,**
London, 2007
(deutsch: Agatha Christie, Frankfurt am Main, 2010)

Monika Gripenberg: **Agatha Christie,** Reinbek, 1994

Dawn B. Sova: **Agatha Christie A to Z: The Essential Reference
zu Her Life and Writing,** New York, 1996
(deutsch: Das große Agatha-Christie-Buch. Ihr Leben und ihre
Romane von A–Z, Frankfurt am Main, 2006)

Abbildungsnachweis